영원한 사랑 대한민국

『한민신보』 발행인 정기용의 해외민주화운동 비망록

정기용 지음

도서출판 정음서원

■ 머리말

    어느덧 산수(傘壽)가 넘었다. 아찔하고 아득하다.
  게으르고 한량 끼 타고난 나에겐 거문고와 시, 술을 벗 삼는 北窓三友(북창삼우)의 삶이 제격이나 그를 이루지 못했다. 내 안에 열정과 의기(義氣)는 시대와 불화하며 영원한 긍지를 택했다.

  빈곤과 불평등, 광기가 만연한 사회였다. 해방된 조국은, 국가의 구성원들에게 상상력과 자유의 꿈을 허여하지 않았다. 이승만과 박정희로 이어지는 질곡의 시대에 인간의 존엄성은 무지하고 무도한 권력 앞에서 맥없이 무너졌다.
  권력은, 순응하는 인간형들에게만 숨 쉬는 것을 허락했다. 이성에 눈뜬 모두는 공포의 시간 위에 놓여 있었다.

  혁명의 이상을 믿었다. 그것은 단순했다. 인간답게 살 권리다. 그조차 사치스런 단어로, 불량스런 생각으로 몰렸다.
  내가 겪은 4.19와 굴욕적인 한일회담에 반대한 6.3 투쟁은 그 이상을 향한 신념의 질주였다. 그리고 역사와 세계에 눈뜬 청년들의 순정(純情)이었다.

  나는 안락한 보료 위에 앉아 있을 운명이 아니었다. 나의 젊음은 모국에서 이격(離隔)됐다. 샌프란시스코를 거쳐 워싱턴에서 〈한민신보〉란 반독재민주화 신문을 발행하면서 나는 저항의 가치에 탐닉했다. 때론 한국민주회복통일촉진국민회의(한민통)에서, 한국민주혁명당이란 조직을 통해 불의의 권력과 싸웠다. 그것은 우리 안의 야만과 무지와의 투쟁이기도 했다.

1970년대, 폭력과 공포가 심화되면서 내 조국의 진실 된 입과 정의로운 목소리들에는 재갈이 물려 있었다.

침묵의 시간이 길어질 때 해외에서의 민주화 투쟁은 더욱 빛을 발했다. 대한민국의 참상을 세계에 알렸고 모국의 인권과 민주화를 목소리 높여 외쳤다. 워싱턴은 그 해외 민주화운동의 성지였다.

16년간이었다. 인권과 민주화를 위한 그 길에서 고통은 늘 그림자처럼 끈질기게 따라 다녔다.

그래도 인간다운 세상에 대한 믿음이란 방렬(芳烈)한 향(香)이 나와 우리를 지키는 힘이 되었고 긍지가 되었다.

나는 지금, 명예로운 과거사를 회고하려는 게 아니다. 무용담을 나열하려는 것도 아니다.

미주지역 한인 역사서가 각 도시에서 발행됐으나 70년대 이후 민주화운동사는 흔적조차 보이지 않는다. 그 격렬했던 반독재 민주화운동사가 잊히고 묵살 당한다는 것은 역사를 망각하는 큰 죄악이란 생각이 든다. 적어도 우리의 후세대에게 선조들이, 선각들이 불행한 시대에 어떻게 싸웠는지 전해야 한다는 의무감이 나를 일으켰다.

또한 모국은 해외의 동포들이 독재세력들에 맞서 어떻게 싸워왔는지, 대한민국의 현대사에서 어떤 족적을 남겼는지 무관심하다. 민주진영에서조차 방외(方外)의 기억으로 폄하한다. 그것은 반쪽짜리 민주화운동사이자 역사일 뿐이라 생각한다.

　대다수의 동지들이 세상을 뜨거나 고령화되어 이젠 그 기억의 존재마저 사라지고 있다. 안타까울 따름이다. 그래서 나는 자유와 인권, 민주주의를 갈구한 시대에 해외동포들이 민주화를 위해 어떻게 투쟁했는지, 그 실제를 기록해놓고 싶었다. 물론 내가 겪은 경험과 사건을 중심으로 서술할 수밖에 없으나 객관적이고 사실적인 기록을 남기고자 했다.

　얼마 전 시력의 대부분을 잃은 나는 혼신의 힘으로 기억을 되살리고 아내 정문자의 지극한 도움으로 자료를 찾아 그 공백을 메우려 했다. 그 과정에서 워싱턴 한국일보 이종국 국장은 나의 충실한 안내자였고, 기억을 확인해주는 사서(司書)였으며, 담백한 문장으로 나를 도와주었다. 그리고 내 회고의 일부는 몇 해 전 미주 한국일보에 연재되며 호평을 받았다.

　되돌아보면 나의 지성은 가난했고, 나의 도량은 좁았으며, 철없는 만용이 시도 때도 없이 넘실댔다.
　참회할 시간만 남았다. 기도로 나의 흠결을 씻고 부끄러움을 덮으려 한다. 혹여 타고난 천성이 발동되면 달밤에 오동꽃 지는 정취를 벗 삼아 한잔 술로 즐거움을 삼고자 한다.

2022년 늦가을
워싱턴 우거(寓居)에서

차례

- ■ 머리말 ··· 3
- ■ 추천사
  - 조국을 위한 사랑과 기도/김도현 전 문체부차관 ································· 9
  - 잠자고 있는 우리들의 양심에 불을 지르다/김정남 전 청와대 교문수석 ········· 13
  - 미주 한인사의 정치적 시련과 집단적 기억의 중요한 기록/정종욱 서울대 명예교수 ······ 15

제1화 6.3사태와 한민통, 그리고 김대중

1. 윤천주 문교장관, "얘들 빨갱이 아냐!" ·· 25
2. 윤보선 전 대통령이 건네준 김지하의 시, '오적' ································· 33
3. "3선 개헌은 거짓말, 박정희는 총통제로 간다" ·································· 41
4. DJ의 정보력, 청와대 화장실 대화 내용까지 파악했다 ······················· 46
5. 동교동으로 국제전화하니, "국가를 배신하지 마라" ··························· 56

제2화 유신시대의 명암들

6. 종교계와 별들의 이반 ·· 65
7. 메릴랜드대서 '김지하의 밤' 열어 ··· 76
8. DJ, "이 사람아—, 야당 하는 사람이 돈이 어디 있어!" ······················ 81
9. 장도영 전 육참총장 방북 사건 ·· 85
10. 민주 진영 분화하다 ··· 88
11. 김형욱, 친북 노선으로 선회하다 ··· 92

제3화 북한과 재미동포 사회

12. 재미 지식인사회의 이념 성향 ··· 99
13. 북한의 재미동포사회 침투 및 회유 공작 실태 ······························ 101
14. "미국의 정기용을 데려와라" ··· 115

15. "김일성 수령님도 만나게 해 주겠소" ··· 119
16. "서울에 피의 혁명이 일어날 것이요" ··· 127
17. 김지하의 오적과 반공법 폐지 사설 ·· 135
18. 이상호 정보부 공사의 회유 ·· 138

제4화 박정희 피살과 광주항쟁

19. 한국민주혁명당을 창당하다 ··· 151
20. "뭐라고, 박정희가 죽었다고?" ··· 154
21. 광주항쟁-백악관 앞 89일간의 1인 시위 ··· 159

제5화 워싱턴에서 만난 인물들

22. 서민호 의원과 그의 아들 ·· 173
23. 이철승에 망명을 권하다 ·· 175
24. 김재준 박사와 김대중 ·· 178
25. 김영삼 "정 사장 고생 많재이" ·· 180
26. 중정 공사 나무란 양일동 ·· 183
27. 이기택의 회식자리 ··· 186
28. 정대철, 오세응과의 인연 ·· 188
29. 최은희 납북 예상했던 신상옥 감독 ··· 191

■ **부록 1 – 추억의 시간 속으로** ··· 194

■ **부록 2 – 칼럼**
- 개띠의 해와 인간 체면 ·· 203
- 예수, 석가 그리고 김수환 ··· 206
- 아시안 게임과 인공기 해프닝 ··· 209
- 통일의 키워드 '원수사랑' ··· 212

차례

- 독도수호, 북한도 함께 하라……………………………………216
- 한국 정치인의 탈당 감상법……………………………………220
- 냉면축제, 자존심과 돈키호테…………………………………223
- 코스모스 연가……………………………………………………226
- 박정희 전 대통령 평가의 명암…………………………………229
- 김정은 위원장에 보내는 편지…………………………………232
- 역순으로 가는 대북 행보………………………………………235
- 정치 9단 김종필의 재조명………………………………………238
- 민족 자존심 포기한 성조기 데모 부끄럽다……………………241
- 교황의 북한방문 환상과 혁명…………………………………244
- 日 상품 불매운동과 친일 망령…………………………………247
- 기러기 울어 예는 가을의 노래…………………………………250
- 북한 개별 방문 허용 추진 재고를………………………………254
- 전광훈의 신성모독을 고발한다…………………………………257
- 신비의 여로, 고독 환상곡………………………………………260
- 뒤만 돌아보면 앞이 보이지 않는다……………………………263
- 이 가을의 정취, 축배와 찬가……………………………………266
- 3.1독립선언과 일본의 본색……………………………………269
- 대북 전단 살포, 현명한 일인가…………………………………272
- 6월 매미들의 대합창 소감………………………………………275
- DJ 타계 12년, 그리운 리더십……………………………………278
- 12월 단상, 낙원의 부활…………………………………………281
- 재외선거운동 규제는 막장 드라마……………………………284
- 꼴찌에게 보내는 박수……………………………………………287
- 난세의 영웅, 젤렌스키 대통령…………………………………290
- 삶은 봄을 기다리는 것…………………………………………293
- 저항시인 김지하 미니 평전……………………………………296
- 북핵 칼럼에 대한 설왕설래……………………………………300
- 잠 못 이루는 윤석열 대통령……………………………………304

■ 맺음말……………………………………………………… 307

■ 추천사

조국을 위한 사랑과 기도

김도현
전 문화체육부 차관

　정기용 회장과 사귄 이들은 그를 누구에게나 친근한 호남아요, 쾌남아라고 할 것입니다. 사람과 어울리기를 좋아하고 술잔을 기울이며 노래하기도 즐기는 풍류남아이고 스스로도 북창삼우를 그리워하는 한량기가 넘친다고 했습니다.
　그러나 그의 이 비망록을 대충이라도 읽고 나면, 그는 참으로 어려운 조건에서 치열한 투쟁으로 조국의 민주화를 위해 헌신하면서, 한국·소련·미국 그리고 북한 정보기관의 유혹과 함정을 용하게 극복하면서 초지일관 민주화 반독재운동에 치열하게 투신했음에 새삼 경탄을 금할 수 없습니다. 미국 사정을 잘 모르는 우리가 멀리서 생각하기엔 자유 천지에서 어려움 없이 재미 삼아 민주화운동에 참여했으리라 잘못 생각했던 적도 있었습니다.

　1964년 한일협정을 둘러싸고 굴욕외교 반대 학생운동에 정 회장과 함께 참여한 적이 있었지만 개인적으로 가까운 사이는 아니었습니다. 10.26 뒤 나는 만사 제쳐 놓고 박 정권 동안 여권이 안 나와 못해 본 외국 구경을 나섰습니다.

미국 워싱턴 DC에 가서 대학 때 친한 친구인 민병석 총영사를 만났더니 첫 바람에 아주 죽이 잘 맞을 분을 소개하겠다면서 정 회장을 만나게 해주었습니다. 잠시 듣기로는 얼마 전 서울에서 온 정부 쪽 사람이 지나친 소리를 한다고 면상에 빈대떡을 붙여준 무용담의 주인공으로 총영사 입장에서는 반정부 인사로 관리대상으로 보고 있는 인물이란 것이었습니다. 그럼에도 민병석이 나와 허물없는 친구이듯이 민과 정 회장도 어느덧 허물없는 사이가 되어 있었습니다. 워싱턴에 머무는 얼마 동안 그의 집에서 밤새워 바둑을 두다가 술을 마시다가 논쟁과 토론을 하며 보내기도 하고 그의 사무실에서 〈한민신보〉를 제작하는 것을 구경도 하고 신문 발행 밑천을 조달해야 한다며 포카판을 다녀와야겠다는 말도 들었습니다.

그가 그곳에서 만나는 사람은 참으로 다양해 보였습니다. 주유소 막일꾼, 인텔리, 한국에서의 전직이 의심스러운 아가씨(결례를 무릅쓴 나의 망발일 수도 있음) 등 다채로웠는데 하나같이 그야말로 친구와 동지처럼 보였습니다. 그 뒤 한국에 와서 서민연합을 조직하기도 했지만 정말 서민의 친구였습니다.

얼마 뒤 정 회장은 서울에 왔습니다. 프레스센터 전문위원과 윤길중 선생 보좌역을 했는데 윤 선생은 민정당 대표로 있긴 했지만 지난날 대표적 혁신계 인사요, 중후한 인격자이고 법률가로 나도 진작부터 높이는 분으로 아마도 전 정권의 폭주를 순화시키기 위해 참여한 것으로 나는 이해했고 그런 역할을 했을 것으로 믿습니다.

그 시절 나는 김대중, 김영삼을 지도자로 한 민추협 기관지 〈민주통신〉 주간으로 재야의 민주헌법쟁취국민운동본부(국본)에 참여하여 4인 기획팀으로 박종철 사건 뒤 2.7, 3.3, 6.10, 6.26 국민행진을 기획하며 문건을 작성하면서 당국의 눈을 피해 집에 들어가지 못하고 국본 일꾼들과 여기저기서 합숙을 하던 중이었습니다. 나는 정 회장이 머물던 서초동 하숙집을 내가 써야겠다고 정 회장에게 막무가내 요구하여 그곳에서 비밀리에 6월 항쟁 문건을 작성하고 국본을 조직하고 시위계획을 의논했습니다. 6.29 뒤에야 정 회장에게 사실을 설명하고 양해를 구하고 감사인사를 했습니다.

그 뒤 정 회장은 서울시장에 출마했습니다. 나는 얼마 되지는 않지만 돈을 갖다 준 것 외에는 돕지 못했습니다. 당시는 내 신분이 명색 고위 공무원이었습니다. 그 뒤 〈서민연합〉〈자유광장〉 등 서민운동을 했지만 나는 스치는 정도의 친구였지 도움이 되지는 못했습니다.

정 회장이 가까이 하는 분은 우리 친구들 말고도 내가 존경하는 분, 또 가까운 분이 많았습니다. 우리 처를 따라 내가 제일 존경하는 성공회 김성수 주교는 정 회장의 이종형님으로 6월항쟁 때 성공회 대성당을 6.10대회 장소로 내놓았고, 나는 문화체육부 일을 할 때 문화재이기도 한 대성당 수리를 도와드렸습니다. 이수성 총리와 정 회장은 어릴 때부터 친숙한 사이였는데 나 역시 그 집 4형제 모두와 친한 사이였습니다. 또 이성호씨는 나의 고교 동창 이형택의 삼촌이고 민주화운동을 격려했던 김호길 포항공대 학장은 우리 가까운 일가로 나와 친한 사이였습니다.

정 회장 비망록은 그의 진지하고 대담한 행동과 열정, 위험한 유혹과 함정을 극복한 지혜와 용기를 알기에 부족함이 없습니다. 스웨덴의 북한기관에서 남한에 가서 한국인 출신으로 가짜 미국 영주권으로 입대한 미군 병사에게 접근하여 권총을 입수해서 한국 서울대

생에게 주어서 데모 때 사용케 하라는 권유를 받은 것과 같은 사실은 참으로 믿기 어렵고 결코 있어서는 안 될 무서운 일로 남북한은 같은 민족이기는 하지만 남북 정권의 적대적 대치는 무서운 냉엄한 현실임을 거듭 깨닫게 합니다.

광주를 항의한 89일간 백악관 앞 단독시위와 엘리자베스 테일러의 격려를 받은 일, 서울의 가친이 고초를 겪은 일, 박 정권의 압력과 소련 북한기관의 유혹과 함정을 겪은 일 등은 민주화 운동이 상상 이상의 위험을 돌파해야 함을 말해줍니다. 또 정 회장은 민주화 운동 중에 만난 김대중, 김영삼, 이철승, 양일동, 김재준, 최덕신, 서민호, 이기택, 장도영 등 저명인사의 민낯을 솔직하게 들려줍니다. 정 회장의 비망록은 우리 민주화운동사를 보완하는 중요한 자료가 될 것입니다. 이토록 헌신하신 정 회장이 조국에서 보다 보람 있는 일을 크게 하실 여건을 마련해 주지 못한 조국의 친구로서 죄스럽습니다.

정 회장은 근래 심한 정도로 시력의 상처를 입고도 추호도 흔들림 없이 특유의 호기와 유머를 잃지 않고 꿋꿋이 친구들과 조국을 위해 사랑과 기도를 바칩니다. 오직 놀랍고 고개가 숙여질 뿐입니다. 그가 보낸 젊은 날은 투쟁뿐 아니라 어쩌면 오늘의 거대한 인격을 쌓아온 수행의 길이었을 것이란 생각이 듭니다. 남은 생애가 평화 가운데 더 큰 인격, 진정한 영웅이 되시기를 빕니다. 부인 정 여사께도 평강이 함께 하기를 빌면서 정 회장의 과분한 사랑에 영 미치지 못한 나 자신을 부끄럽게 여기면서 용서를 빕니다.

■ 추천사

잠자고 있는 우리들의 양심에 불을 지르다

김 정 남
전 대통령 교육문화사회 수석비서관
전 평화신문 편집국장

정기용 형이 책을 낸다고 한다. 필경 그동안 한국과 미국에서 그때 그때 외쳤던 목소리들을 한 자리에 모았을 것이다. 그렇다면 그것은 "이래서는 안 된다", "가야 할 길은 여기다" 길을 밝힌 사자후요, 피를 토하면서 쓴 광야의 외침에 다름 아닐 것이다. 뒤늦게나마 정기용 형의 책이 이 세상에 나오는 것을 쌍수를 들어 온몸으로 환영하는 까닭이다.

정기용 형은 누구 말대로 나이를 먹었다는 이유로 노인이라고 말하기에는 너무도 청춘이다. 청춘의 정열이 불같이 뜨겁고, 청춘의 낭만이 아직도 차고 넘친다. 미국과 한국을 오가면서 외치는 정열과 그 목소리는 지금도 정정하고 쩌렁쩌렁하다. 정 형의 넓은 보폭과 행보는 늘 가만히 엎드려 있는 우리를 한없이 부끄럽게 한다.

무엇보다도 그의 뜨거운 애국심에는 찬탄과 존경을 금할 수 없다. 이 땅에 살고 있는 나보다 이 땅의 사정에 더 밝아, 나라가 잘못된 길을 갈 때는 있는 힘을 다하여 그 길이 아니라고 외친다. 분명히 잘못 가고 있는데, 왜 가만히 있느냐고, 잠자고 있는 우리들의 양심에 불을 지른다. 그렇지만 나는 한 번도 그의 높은 의기와 애국심에 제대로 부응했던 기억이 없다. 그래서 늘 그 앞에 서면 내 키는 작아만 진다.

정기용 형은 우리 시대에 그래도 남아있는 마지막 낭만주의자이기도 하다. 세월이 가고 계절이 바뀌어 봄꽃이 피고 가을 귀뚜라미 우는 것에도 민감하고, 동서양 시인가객(詩人歌客)의 풍류와 정조(情調)에도 곧잘 공감한다. 나는 그런 그의 센티멘탈리즘도 마음에 든다. 정 형에게 저런 게 있었나 싶을 정도로 새삼스러울 때도 있지만 그게 정 형의 진면목이 아닐까 싶다.

돌이켜 보면 먼 길. 더불어 함께였기 때문에 정 형이나 나나 여기까지 온 것이 아닌가 싶다. 이번에 나오는 책은 어쩌면 그런 우리 모두의 동행(同行) 기록이기도 할 것이다. 이 책은 그래서 정 형의 책이면서 동시에 이 시대를 사는 우리 모두의 목소리요, 자화상이기도 한 것이다.

■ 추천사

미주 한인사의 정치적 시련과 집단적 기억의 중요한 기록

정종욱
서울대 정치외교학부 명예교수
전 대통령 외교안보수석, 주 중국대사

　미주한인사회의 역사는 한민족이 걸어온 근 현대사의 축소판(microcosm)이자 미러 이미지(mirror image)이다. 한인사회와 한국이 서로를 비추는 거울이란 말이다. 한국의 국내 정치 현실이 큰 여과 없이 그대로 미주 한인사회에 투영되었고 미주 한인사회가 겪어야 했던 크고 작은 문제들 역시 한국의 국내 정치에 적지 않은 영향을 미쳤기 때문이다.
　동전의 양면과도 같은 그런 상호작용을 만들어 가는 과정에서 실로 많은 사건들의 부침이 있었음은 두말할 필요가 없다. 어느 것이 더 중요하고 어느 것이 덜 중요하다는 발상 자체가 반역사적이다. 그만큼 미주 한인사회는 한국의 정치적 변화를 자신의 아젠다(agenda)로 흡수하고 이를 반영하면서 수많은 질곡의 봉오리와 험난한 계곡들을 거쳐 왔던 것이다.
　미주 한인사회가 걸어간 여정 중에서 가장 중요하고 험난했던 역사적 아젠다로는 일제 치하의 항일 독립운동과 한국의 군사독재에 맞서 미주한인사회가 벌인 민주화 운동을 꼽을 수 있다. 20세기 전반에 있었던 항일 독립운동의 발원지가 하와이였던데 비해 20세기 후반기에 있었던 반독재 민주화 운동의 주된 무대가 수도 워싱턴이었다는 차이가 있지만 이런 시공의 차이를 넘어 두 사건은 미주 한인사회의 역사적 족적을 조명하는 가장 정직한 거울이기도 했다.

정기용 전 한민신보 발행인의 비망록 "서울에 피의 혁명이 일어날 것이요"는 그런 미주 한인사회에서 있었던 민주화 투쟁의 생생한 역사이자 감동적인 증언이다. 민주화를 향한 거대한 역사적 흐름을 일정한 거리에서 지켜보고 관조한 평전이 아니라 한인사회에서 일어난 민주화의 흐름 속에 온몸을 던지고 그 선두에서 인간적 가치와 존엄을 희생하면서 한국 민주화의 성공을 위해 모든 것을 바쳤던 치열한 투쟁의 기록들이다.

조국 민주화를 위해 정기용이 택했던 투쟁 방식은 크게 두 가지였다. 첫째가 언론을 통해 조국에서 벌어지는 정치 탄압의 진상을 미주 한인사회와 국제사회에 널리 전파하는 것이었고 둘째가 한민통과 같은 반독재와 민주화 추진을 위한 정치 단체를 통해 뜻을 함께 하는 동지를 규합하고 함께 투쟁의 대열에 나선 것이었다.

언론을 통한 투쟁 수단으로 만든 것이 〈한민신보〉였다. 정기용이 도미한 지 5년 만의 일로 1970년 11월 샌프란시스코에서 창간되었다가 약 1년 반 후에는 정기용이 워싱턴으로 활동 무대를 옮기면서 신문사도 함께 따라 와서 참으로 어려운 여건 속에서도 16년 동안이나 계속되면서 미국 내 한인사회의 눈이 되고 귀의 역할을 톡톡히 해냈다.

한민통은 '한국 민주회복 통일촉진 국민회의'의 준말로서 미국에서 망명 중이던 김대중 선생이 중심이 되어 1973년 7월 워싱턴에서 만들어진 정치단체였다. 미주한인사회의 민주화 투쟁의 전 과정을 통해 김대중 선생과 밀접한 유대 협력관계를 유지했던 정기용의 비망록에서 김대중 선생에 대한 언급이 유난히 많은 것도 한민통 활동을 통해 한인사회에서 정기용이 걸어간 민주화 역정의 단면을 보여준다.

정기용이 디딘 민주화 운동의 첫발인 〈한민신보〉는 그 창간호에 김지하가 쓴 반(反) 정부 시 '오적'을 실었다. 정기용의 정치적 동지이자 반 정부 운동의 상징처럼 추앙받던 천재적 저항시인 김지하의 '오적'은 당시로서는 한국 정부가 가장 중요한 탄압의 대상으로 삼았던 회람이 봉쇄된 금단의 지대였다. 그래서 한국에서 햇빛을 보지 못하고 있던 '오적'을 창간호에 게재하면서 〈한민신보〉가 미주 한인사회에서 반 정부운동의 상징적 존재로 부각되었고 정기용 역시 한국 정부의 주요 기피 인물이자 한인사회가 주목하는 인물이 되었다. 〈한민신보〉가 미주한인사회에서 조국의 반독재 민주화운동의 선두에 서게 되었고 그 발행인 정기용의 존재 역시 한인사회에서 크게 주목을 받게 된 것이다.

'오적'과 함께 〈한민신보〉의 발행을 통한 정기용의 반 정부 민주화 활동에서 놓칠 수 없는 또 하나의 중요한 사건은 김대중 선생의 생환을 확인하고 이를 미주 한인사회에 전파했다는 사실이다. 미국에서 활동 중 일본으로 건너간 뒤 1973년 8월 8일 김대중 선생은 동경의 한 호텔에서 한국 정부의 정보원들에게 납치되었고 5일 후에 서울의 동교동 자택으로 돌아왔다.

납치 후 김대중 선생의 행방을 몰라 전전긍긍해 하던 정기용을 비롯한 한민통 간부들이 혹시 해서 동교동에 전화를 걸었는데 김대중 선생이 직접 전화를 받았다는 것이다. 전화를 건 쪽이나 전화를 받은 쪽이나 모두 깜짝 놀랐다. 역사가 그렇지만 특히 미주 한인사회의 역사가 그런 놀라운 '깜짝' 사건들에 의해 민주화를 향해 조금씩 전진해 나간 것임을 보여주는 하나의 예라 할 수 있다.

정기용의 비망록에는 미주한인사회뿐 아니라 한국 내에서 민주화 운동과 관련해서 활동했던 유명 인사들이 많이 등장한다. 김대중은 물론 윤보선, 김영삼 대통령을 위시하여 김형욱, 박종규, 최성일, 장도영, 장성남, 임창영, 신상옥, 최은희, 최성일, 이부영, 홍사덕, 오세응, 최형우, 안홍균, 김응수, 최덕신, 김재준, 이철승, 윤길중, 정대철, 김동영, 최형우, 이성호 등 일일이 열거하기 힘들 정도로 많은 기라성 같은 인물들을 만나게 된다. 오버도퍼와 에드워드 케네디 등 김대중 구명운동에 관련했던 미국의 저명인사도 있고 정기용이 만났던 북한 인사들도 적지 않다. 그만큼 정기용의 민주화 활동의 폭이 다양하고 넓었다는 의미이기도 하다. 비망록의 장점의 하나이기도 하다.

정기용이 조국 민주화의 제단에 바쳐야 했던 개인적 희생은 너무 컸다. 본인은 물론 가족 모두가 최소한의 인간다움이나 안락한 생존의 기회도 포기해야 했다. 한국에서 사업을 하던 부친이 정부의 압력에 손을 들었고 본인은 물론 미국의 가족들도 신변 안전을 위해 무수한 날들을 잠을 이루지 못한 채 공포에 떨며 지새야 했다. 이는 당시 민주화 운동에 관여했던 많은 재미동포들의 사정과 크게 다르진 않았지만 정기용의 경우 그가 스스로 택한 투쟁의 길과 방법만큼이나 다양하고 혹독한 대가를 치러야 했다.

1964년 6.3 사태의 주모자로 지목되어 경찰에 연행되었던 24세의 젊은 정기용이 그 다음 해 자의 반 타의 반 미국 행 비행기에 몸을 실었을 때에는 얼마 후 다시 조국으로 돌아오겠다는 기대가 있었다. 유학이라는 이름이 붙여진 정치적 추방에 그가 동의할 수 있었던 것도 그런 기대 때문이었다. 그러나 그가 다시 조국의 품에 안긴 것은 그로부터 한 세대 이상의 긴 세월이 흐른 1980년대 후반이었다. 민주화 투쟁의 종결이 선언되었지만 전국 곳곳에는 아직도 독재와 권위주의의 잔영이 남아 있었다. 국제사회에서도 냉전의 시대가 그 어두운 막을 내린 다음이었지만 남과 북으로 갈라진 조국의 일그러진 모습은 크게 달라진 게 없었다.

가장 비극적인 것은 그때 정기용의 몸과 마음이 실명으로 앞을 볼 수 없는 엄청난 비극적 상태로 이미 내몰리고 있었다는 점이었다. 혼신의 힘을 다해 그토록 바라던 민주화된 조국의 모습을 그가 더 이상 자신의 눈으로 확인할 수 없게 된 참담한 현실 앞에 정기용과 그 가족들이 받았던 정신적 충격은 말로 표현할 수 없었을 것이다. 그것은 역사의 심술이라는 표현 외에 달리 설명할 길이 없는 비극 중의 비극이었다.

그러나 역사의 심술이든 무엇이든 실명이 정기용의 뜻을 꺾고 걸음을 멈추게 하지는 못했다. 뜻있는 지인들의 도움으로 기록을 세밀히 챙겼고 특히 반세기가 넘는 인생의 반려자이자 민주화 투쟁의 평생 동지인 부인이 그의 눈이 되고 손발이 되어 기억의 퍼즐을 맞추고 흩어진 기록들을 정리했다. 그런 힘든 과정을 거쳐 그동안 가려져 있던 미주 한인사회의 민주화 투쟁 역사가 되살아 난 것이다.

낙지생근(落地生根)이라는 말이 있다. 세계 곳곳에 흩어져 있는 중국인 화교사회들을 두고 나온 말이다. 19세기 서양의 근대화 도전에 현명하게 대처하지 못한 조상들 때문에 고향을 등지고 새로운 삶을 찾아 세계 곳곳으로 흩어진 화교들은 돌아갈 조국이 없었다. 그래서 어디든지 배가 도착한 곳에서 뿌리를 내리고 정착해서 새로운 삶을 개척하라는 뜻으로 나온 말이 낙지생근이라는 4자성어였다.

세계 각지로 흩어진 이들 6천만 명에 달하는 화교들은 한 세기 후 실용주의를 표방하는 덩샤오핑이 조국의 경제발전을 추진할 때 자본과 기술을 제공했다. 화려한 중화민족의 영광을 재현하겠다는 중국이 꿈꾸는 중국몽의 초기 성공에는 이런 낙지생근이라는 실존적 철학의 뒷받침이 있었던 것이다.

미주 한인사회의 역사도 낙지생근과 무관할 수는 없다. 미국에서의 민주화 운동은 미주 한인사회가 낙지생근의 단계에 들어가기 전에 일어났기 때문에 가능했던 일이었다. 1965년 개정된 미국 이민법에 의해 한국인들의 미국 이주가 본격화되었고 80년대 후반까지 이어진 한국인들의 대량 이민으로 미주 한인사회가 급격히 성장한 결과 오늘 날 2백50만 명에 육박하는 미주 한인사회가 나타난 것이다.

그러나 60년대부터 80년대 후반까지 민주화 투쟁이 치열했던 시기 동안 미주 한인사회를 관통하는 철학은 낙지생근이 아니라 수구초심(首丘初心)이었다. 몸은 미국에 있었지만 마음은 언제나 한국에 있었다. 당시 재미 한국인들의 대다수는 한국에서 태어나 한국에서 교육을 받고 미국으로 온 사람들이었다. 한국은 조국이기 전에 모국이었다. 한국말이 영어보다 더 편한 모국어였고 한국 사람이라는 자의식이 강했다. 그래서 한국의 국내 사정을 더 많이 걱정했고 한국이 잘 되기를 속으로 간절히 바랬다. 한인사회에서 한국의 민주화 운동이 호소력을 갖고 강한 생명력을 유지할 수 있었던 이유였다.

그러나 이제는 그런 역사적 단계는 지나갔다. 이제는 재미 한인사회에는 몸이 있는 곳에 마음도 함께 있는 낙지생근의 시대가 뿌리내리고 있다. 그래야 한다. 그런 의미에서 정기용의 비망록은 미주 한인사회의 역사에서 존재했던 가장 최근의 정치적 시련과 집단적 기억들을 증언하는 매우 중요한 기록이라 할 수 있다.

낙지생근의 새 시대를 외면하고 수구초심을 고집하는 한 그동안 수많은 대가를 치루고 이룩한 한국의 민주화도 그 진정한 가치를 잃어버리고 빛이 바랠 수밖에 없다. 수구초심의 시대를 잊어버린 미주 한인사회가 낙지생근의 새로운 미래를 개척해 나갈 수도 없다. 그런 의미에서 정기용의 비망록은 한국과 미국에 뿌리를 내리고 살아가는 한민족 모두가 한번쯤은 읽어야 할 필독서이다.

제1화

6.3사태와 한민통, 그리고 김대중

1

윤천주 문교장관, "애들 빨갱이 아냐!"

- 6.3 사태와 도미(渡美)

신은 짓궂게도 우리에게 에리스(Eris)의 '골든 애플(Golden Apple)'을 던졌다. 분단과 전쟁, 그리고 독재의 광풍이 인간과 사회를 질식시켰다.

그러나 이성과 합리에 눈뜬 젊은 세대들은 세계를 지배해오던 반봉건의 유습과 야만의 광기를 용납하지 않았다. 1960년대는 청년들의 함성이 세계를 뒤덮던 시기였다. 4.19 민주혁명과 6.3 사태는 그 세계사의 흐름과 한국의 각성한 젊은 지성들이 만난, 민주주의로 가는 변곡점이었다.

중부서에서 만난 박처원 형사과장

"기용아. 복학해 보니 어때? 세상 많이 변했지."

동국대학교 정치학과에 입학한 것은 1958년이었다. 2학년을 마치고 육군에 입대해 3년을 복무한 후 제대했다.

이승만 대통령 시대는 끝나 있었다. 육군 소장 출신인 박정희가 군사정변으로 장면 민주당 정부를 뒤엎고 새 대통령이 되어 있었다. 사회도 그랬지만 대학가의 분위기도 달라져 있었다. 새로운 의욕과 활기가 넘쳐났다.

특히 4.19를 경험한 세대들은 권력의 힘에 굴종하려고만 하지 않았다. 박정희 정권은 한일회담을 통해 국교정상화를 밀어붙였다. 문제는 그 내용이 굴욕적이라는데 있었다. 해방된 지 채 20년도 되지 않았다. 일제 치하에서의 수모와 치욕의 기억은 아직 사람들의 기억에 생생했다.

대학가는 뜨거워졌다. 대폿집에서 막걸리를 마시며 학생들은 소리 낮춰 수근 댔다. "이건 일본 놈들에게 다시 나라를 팔아먹는 꼴이야."

복학하자마자 나는 동국대 정치학과 학회장에 뽑혔다. 복학생 조직인 '제대 교우회' 수석 부회장도 맡았다. 하지만 복학의 달콤함을 즐길 여유가 없었다. 한일회담 반대 데모 열기가 대학가를 휩쓸었던 것이다.

1964년 3월 24일 서울대를 비롯한 여러 대학들에서 "굴욕적인 한일회담 반대!"를 외치는 시위가 발생하면서 전국적으로 확산돼 갔다. 동국대 학생들도 거리로 나섰다. 나는 그 전위에 있어야 했다. 그 대가로 7번이나 연행돼 경찰서 신세를 졌다. 하지만 당시만 해도 경찰은 학생들을 고문하거나 심하게 다루진 않았다.

동국대를 담당하던 기관은 중부경찰서였다. 그 때 형사과장이 훗날 박종철 고문치사 사건의 총책임자였던 박처원 치안감이었다.

각 대학 시위 누가 움직였나

서울의 각 대학은 느슨하지만 협조체계를 구축해 움직였다. 서울대학교는 민족주의비교연구회(민비연) 멤버인 김도현, 김중태, 박범진, 이종율, 현승일 등이 앞장섰다. 홍사덕, 이경재, 박실 등도 있었다. 총학생회장은 정정길이었다. 똑똑하고 정직한 친구였다. 시골 출신인 그는 구속됐다 풀려나면 우리 집에 와서 자고 갔다. 서울대 교수로 있다 이명박 대통령 비서실장을 지냈다.

또 김영삼 대통령 교육문화사회 수석비서관을 지낸 김정남, 서울신문 주필이었던 김호준, 내 중동고 1년 후배인 시인 김지하와 그의 외삼촌이자 미학과 1년 선배인 정일성, 한겨레신문 초대 사장을 지낸 권근술, 송철원, 김정강, 열린우리당 의장을 지낸 이부영 등이 주역이었다. 당시의 인연으로 김도현, 현승일, 김정남과 권근술, 민병석, 이부영은 지금도 막역지우로 만나고 있다.

연세대에서는 안성혁, 오건환, 이염 그리고 고려대에서는 구자신 총학생회장을 비롯해 박정훈 법대 회장, 유준상, 상대 회장이던 이명박, 4.19 당시 총학회장이던 강우정 등이 시위를 조직했다. 대우그룹에 다니다 국회의원을 지낸 박정훈은 둘도 없는 친구다.

동국대에서는 나를 비롯해 총학생회장 김실, 장장순 제대교우회장, YS의 오른팔이었던 최형우 선배, 국회의원을 지낸 신순범 등이 주도했다. 김선흥, 신승길, 송영화 등도 활약했다. 중앙대의 유용태, 서청원, 이재오와 성균관대의 김광열, 김삼연, 오성섭, 탁형춘과 건국대의 박원규, 민승 등도 떠오른다.

여학생들도 시위대열에 빠지지 않았다. 이화여대에서는 김행자, 진민자, 숙명여대에서는 훗날 총장을 지낸 이경숙과 김말숙, 성균관대는 홍사임, 동국대는 백경남, 김정자, 유옥자가 팔을 걷어붙였다. 모두가 기라성 같은 맹장들이었다. 6.3 사태의 주역들은 훗날 한국을 이끄는 리더들이 됐다.

'북한 방송' 중계 사건

학생들이 만날 곳이라곤 다방과 대폿집 밖에 없었다. 나는 남녀학생회 간부들을 데리고 대폿집을 순례하며 그들과 울분을 토하고 한편으로는 격려해 주었다. 공교롭게 당시 모 신문에서 대학생들의 대폿집 출입 풍조를 우려하는 사설을 쓴 게 기억난다.

전화도 제대로 없던 시절이었다. 학생들 간의 연락은 인편으로 할 수밖에 없었다. 한번은 '광교 다방'에서 모임이 열렸다. 각 대학 대표들이 조직적인 시위활동을 논의하기 위한 모임이었다. 한참 시국과 정세를 논하며 대응 방안을 논의하는데 경찰관들이 들이닥쳤다. 모두 종로경찰서로 연행됐다.

그런데 우리가 채택한 성명서 내용 때문에 문제가 발생했다. 문교장관이던 윤천주가 나타나 한 문구를 문제 삼은 것이다. "친(親) 진보, 반(反) 보수"란 문구였다.

"이것들 빨갱이들 아냐!"

윤천주는 학생들을 좌익으로 몰아세웠다. 고려대 교수를 지낸 교육자란 사람이 자신이 가르치던 학생들을 빨갱이로 몬 것이다.

한일협정에 반대하던 학생들을 북한과 연계시키려는 박정희 정권의 흉계는 계속 됐다. 한번은 광화문 근처에서 가졌던 학생들의 시위 준비모임을 경찰이 급습했다. 경찰은 학생들을 버스에 싣고 중앙청

뒷뜰로 데려가 격리시켰다. 버스 안에 갇혀 있던 학생들 중 한 명이 당시로서는 흔치않던 휴대용 트랜지스터라디오를 틀었는데 '북한 방송'이 나왔다. 그것도 그날 우리의 연행 현장을 중계하는 내용이었다. 모두들 깜짝 놀랐다.

나중에 생각해 보니 진짜 북한 방송이 아니라 중앙정보부에서 학생 시위를 북한과 연계시키려고 한 공작이었던 것 같았다.

이런 일도 있었다. 연세대 총학생회장 안성혁이 얽혔다. 그가 어찌 된 영문인지 일본을 다녀왔다며 귀국 보고모임을 가졌다. 외국에 다녀오기만 해도 '사꾸라' 소리를 듣던 시절이었다.

"일본에 가보니 북한 선전 책자가 많더라. 그 책자를 보니 선전용 트랙터가 한국 전체 트랙터 수보다 많아 보였다."

안성혁은 북괴를 찬양했다 하여 끌려갔다. 그가 겪었을 고초가 짐작된다.

외무부에서 걸려온 전화

6월 3일, 1만여 명의 학생, 시민들이 거리로 나섰다. 박 정권은 비상계엄을 선포하고 군을 동원했다. 서울에서만 3백 84명이 반공법위반 등으로 구속됐다. 일본과 굴욕적 회담을 중단하고 민족 자존심을 지키려는 학생들의 요구를 '반공법'으로 막은 것이다. 박 정권의 강경조치에 시위는 진정됐다.

이듬해 외무부에서 의외의 연락이 왔다.

"외국에 나가서 공부 좀 하고 오라."

장관은 이동원 씨였고 비서실에는 나중에 주미대사를 지낸 박건

우, 이재춘 씨가 있었다. 이재춘 비서가 나의 출국을 도왔다. 공부는 안 하고 경찰서만 들락날락하는 맏아들을 못마땅하게 보시던 아버지도 미국행을 권하셨다.

당시만 해도 미국에 가기란 하늘의 별 따기였다. 미 대사관에 갔더니 필립 하비브 참사관(훗날 미 대사)이 보는데서 영사가 비자를 건네줬다. 1주일도 안 돼 미국 비자가 나온 것이다. 도미 명분은 뉴욕에서 열리는 국제자유청년연맹 회의에 한국 대표로 참석하라는 것이었다.

미국행이 결정됐지만 기관의 감시와 압박은 풀리지 않았다. 출국 며칠 전 집으로 전화가 걸려왔다.

"외무부인데 꼭 와 달라." "어디로 가면 되느냐?" "중앙청 몇 호실이다."

경복궁 앞의 중앙청에 가 보니 그 방이 없었다. 미국에 가도 까불지 말라는 경고였을까.

출국 하루 전에도 이상한 일이 일어났다. 이른 아침에 사복 차림의 사내가 집으로 찾아왔다. 그는 서울 역 앞의 동자동에 있는 어떤 큰 한옥으로 나를 데려갔다. 연행이었다. 아침 9시에 그 집에 들어갔는데 오후 4시가 되도록 우두커니 앉아 있었다. 아무런 조사도 없이 그냥 하릴 없이 앉혀 놓은 것이다. 다음 날 출국하는 사람을….

다른 동료들을 선동하지 말고 조용히 있다 떠나라는 협박으로 느껴졌다. 그게 25살의 청년 정기용이 대한민국에서 받은 마지막 인상이었다.

1965년 4월 김포공항에 환송 나온 친구들과. 왼쪽 두 번째가 김태정 전 법무장관, 네 번째가 필자, 오른쪽 두 번째는 김항경 전 외무차관.

김태정이 건네준 태극기

나의 미국행이 알려지자 여러 지우(知友)들이 송별회를 베풀어주었다. 김동영은 나보다 두해 앞서 정치학회장을 지낸 선배다. 명동에서 김재만 선배와 그가 술을 한잔 샀다.

"미국에 가거든 부디 성공해라."

그의 우의가 고마웠다. '좌 동영, 우 형우.' 김영삼의 왼팔로 불리던 그는 YS가 집권하자 정무장관을 지냈다. 미국에 와서도 오래 교분을 나눴지만 일찍 저 세상으로 가버렸다.

봄이 온 산하에는 개나리가 지천이었다. 6.3 사태로 나는 사랑하

워싱턴을 방문했을 때 강제출국 2호인 김중태(오른쪽)와 만났다. 경북고, 서울대 정치학과를 나온 그는 '민족주의 비교연구회(민비연)'를 결성하고 6.3사태를 주도했다.

는 조국에서 쫓겨났다. 자의반 타의반의 학생 출국 1호였다. 몇 개월 뒤에 서울대 김중태가 2호로 출국했다.

4월 5일 김포공항에는 여러 벗들이 환송을 나왔다. 서울 법대 다니던 김유성과 김태정, 외무차관을 지낸 김항경도 있었다. 태정이는 내 손에 태극기를 지어주었다. 그는 김대중 정부에서 검찰총장, 법무장관을 역임했다.

KAL에 탄 나는 동경 하네다 공항에서 영국항공 BOAC로 갈아탔다. 하와이를 거쳐 샌프란시스코에 내렸다. 미지의 신천지였다. 태평양에서 불어온 바닷바람이 기대와 긴장감에 찬 내 뺨을 스쳐 지나갔다. 난 내 운명의 주인이었다. 어깨에 힘을 주고 낯선 공항을 빠져나왔다.

2

윤보선 전 대통령이 건네준
김지하의 시, '오적'

- 한민신보 창간하다

상항(桑港, 샌프란시스코)의 광복절 사건

아무 준비 없이 온 미국이었다. 우선 랭귀지 스쿨에서 3개월 영어를 공부한 후 링컨대학교 경영학과에 들어갔다.

샌프란시스코에는 500-700명의 한인들이 살고 있었다. 절반 이상이 하와이 이민자의 후손이다. 한인회장은 이발사인 김동우 씨였다. 그는 이승만 박사와 독립운동을 함께 한 지사였다. 총영사는 주영한 옹이다. 그도 구미위원부 등에서 이 박사와 활동한 분이다. 그는 초대 총영사를 그만 둔 후 '공개편지'란 비정치적 소식지를 만들어 한인들에게 보냈다. 해방 전에 독립운동을 위해 만든 월간지를 다시 낸 것이다. "~그랬다더라." "~하였더라." 같은 옛 문체가 기억에 남는다.

홍사단 창단 회원이기도 한 양주은 옹은 독립운동을 돕고 한인들의 미국 정착도 많이 도운 인물이다.

"내가 전에 찬관을 했어." 그는 처음 들어보는 용어를 썼다. 음식점을 겸한 숙박업소를 운영했다는 뜻이었다.

양 옹은 장인환·전명운 의사의 친일 외교고문 스티븐스 저격 당시의 상황이나 이승만 박사의 일화 등을 자주 들려주었다.

"이 박사가 우리 집에 자주 왔어. 오랫동안 자고 먹고 해도 갈 때는 한 푼도 안 내고 갔어."

도미한 지도 1년이 지났다. 광복절 행사가 어느 강당에서 개최된다 하여 가보았다. 100명 넘은 한인들이 정장 차림으로 참석했다. 먼저 리셉션이 열렸는데 필리핀 밴드들이 연주하는 첫 곡이 일본 노래였다.

"광복절 행사에 일본 노래라니!"

분개한 나는 물 양동이를 무대 위로 집어던졌다. 난장판이 됐다. 행사는 애국가를 부른 후 처음부터 다시 시작됐다. 그 일로 나는 항일정신이 투철한 스타가 됐다.

윤보선 전 대통령이 건네준 책자

60년대 말, 워싱턴을 자주 들락거렸다. 세계 정치무대의 중심지인 워싱턴에 대한 궁금증도 일었지만 국내에서 반독재 민주화운동을 하는 동지들에 도움이 될까해서다.

한번은 해위(海葦) 윤보선 전 대통령과 공덕귀 여사가 워싱턴을 방문했다. 내 친구인 윤혜구의 소개로 인사를 드렸다. 윤혜구는 해위의 5촌 조카다. 윤 전 대통령은 내게 얇은 책자 2권을 건네주었다.

80년대 중반 귀국했을 때 윤보선 전 대통령은 자신이 묻힐 충남 아산의 가묘에 날 데려갔다.

"자네 이걸 읽어보고 잘 처리해 보게."

한 책자는 김지하의 '오적(五賊)' 원본이었다. 당대 권력층의 실상을 을사오적(乙巳五賊)에 비유하며 박정희 정권을 통렬히 풍자한 장시(長詩)다.

70년 5월, 이 시를 게재한 사상계는 폐간됐다. 시인은 반공법 위반으로 감옥에 보내졌다. 한국 지성계를 동지(動地)하게 한 그 금시(禁詩)가 태평양을 건너 내 손에 쥐어진 것이다.

다른 책자는 서울대 의대생들이 쓴 성남 판자촌 환경 실태에 관한 종합 보고서였다. 눈물 없이는 읽을 수 없는 참담한 내용이었다.

샌프란시스코로 돌아와 1970년 11월 '한민신보(韓民新報)'를 창간했다. 윤 전 대통령이 숨겨온 그 '오적'이 나를 신문으로 이끌었다. 암담한 조국을 위해 나는 미국에서 할 수 있는 저항의 뇌관을 찾아냈다.

한민신보의 창간

제호(題號)는 워싱턴 유학생회 회장이던 김태홍의 작품이었다. 메릴랜드대학교 석사과정에 있던 그와 신문 창간을 의논하던 중 그 친구가 아이디어를 낸 것이다. 제자(題字)는 아내 이문자가 붓으로 썼다.

난 신문 제작과 운영 경험이 전무했다. 마침 상항(桑港)에 강우정

1970년 11월 창간한 한민신보 1호. 김지하의 '오적'이 실렸다.

이 있었다. 4.19 당시 고려대 총학생회장을 한 친구다. 제주 출신으로 조선일보 기자로 근무한 적이 있었다. 기사 작성법부터 신문 제작까지 강우정의 도움을 크게 받았다.

마침내 1호를 냈다. 4페이지의 타블로이드판이었다. 김지하의 '오적' 시를 실었다. 한국에서 비밀문서처럼 돌아다니던 '오적'이 실리자 사방에서 보내달라는 요청이 쏟아졌다.

1호는 1천부를 발행했다. 상항에 200-300부 가량, 그리고 워싱턴과 뉴욕, LA 등 미 전국에 우편으로 발송했다. 구독료는 5불을 받다 나중에 7불로 올렸다. 2호부터는 8페이지로 늘렸다.

김지하 시인 구명 시위를 하고 있는 필자.

이민휘와 타자기 사건

허허벌판에 선 기분이었다. 아직 미국 내에서 반독재 민주화 운동은 조직화되어 있지 않았다. 막상 신문은 발행했지만 늘 막막하기만 했다. 그래도 한민신보가 유지될 수 있었던 데는 '타자기'가 큰 역할을 했다. 한국 정부가 샌프란시스코 교민회(당시 표기)에 기증한 것이다. 나는 교민회(한인회) 일을 봐주며 타자기를 배워 신문 제작에도 유용하게 썼다.

그런데 한인회에서 타자기 반환을 요구했다. 이민휘 선배가 회장일 때다. 한민신보가 정부의 심기를 거슬리게 하자 총영사관 등에서 교민회에 계속 압력을 넣은 것이다. 할 수 없이 이 선배에게 사정을 했다.

상항에서 오래 친분을 쌓아온 이민휘 선배(가운데, 전 미주한인회총연합회 회장)가 운영하던 화랑체육관 앞에서. 이 선배 오른쪽이 필자, 그 다음은 강우정(현 한국성서대학교 총장).

"타자기 돌려주면 신문을 못 만듭니다. 새 타자기 마련할 때까지만 기다려주세요."

이 선배도 난처했겠지만 끝까지 날 봐주었다. 그는 원래 의협심이 강한 시대의 반항아였다. 자유당 때는 정치깡패 이정재, 유지광과 맞설 정도로 정의감 넘친 협객이었다. 그 부친은 항일운동을 한 이규갑 목사였고 장인은 민족대표 33인의 한 명인 이갑성 옹이다. 이용희 전 통일원장관이 손위 처남이다.

한민신보 창간 1주년 행사에서의 필자.

'반공법 재고' 사설 파동

신문사 경영을 위해 상항의 유지 7명으로 이사회를 만들었다. 첫 모임을 열었는데 2명밖에 나오지 않아 무산됐다. 기관의 압력이 미쳤던 것이다. 그래도 음양으로 지원을 해주어 그럭저럭 운영할 수 있었다.

그런데 2호가 말썽을 일으켰다. '반공법 재고를 바란다'는 사설이 문제가 됐다. 반공법을 거론하는 것 자체가 사형감이던 시절이다. 공군사관학교 출신인 소상영 총영사가 만나자고 득달같이 연락이 왔다. 공관에 가니 김 모 중앙정보부 직원도 있었다.

"당신, 서울의 아버지 사업도 있는데 이러면 되느냐. 공부만 하지."

반 공갈이었다. 은근히 회유도 했다.

굴복하면 안 되었다. 어차피 우리의 민주주의 역사는 흙먼지 길 위에서 핀 장엄한 꽃이다. 나는 그 길 위에 서 있는 것이다.

3

"3선 개헌은 거짓말, 박정희는 총통제로 간다"

- 김대중과의 첫 만남과 워싱턴 이주

DJ와의 인연

김대중 전 대통령과 인연을 맺은 건 가끔씩 워싱턴을 오갈 때다. DJ의 처남인 이성호 씨가 날 소개해주었다. 그는 이희호 여사의 막내 동생이다. 경복고와 서울대 상대를 졸업한 뒤 에모리대에서 유학했다. 당시 유라시아 여행사를 운영했는데 1971년 워싱턴한인회장도 지냈다.

"정 형. 조세형 한국일보 특파원 집에 같이 갑시다. 매부가 그리로 오기로 했어요."

워싱턴 DC 인근의 버지니아에 있던 조 특파원 집에 가니 김대중 씨가 와 있었다. 야당의 40대 기수이자 맹장과의 첫 만남이었다. 그는 신민당 대통령 후보로 선출돼 1971년 4월 대통령 선거에서 박정희 공화당 후보와 맞붙어 46%를 얻었다. 박 대통령에게 그는 불온한

워싱턴에 체류하던 김대중과 나

정적이 됐다.

그날은 수인사로 끝났지만 얼마 뒤 알링턴의 전항진 씨 집에서 다시 만났다. 워싱턴 학생 좌담회가 마련된 것이다. 윤혜구, 조동열, 이현민, 유기홍, 한동삼, 정홍준 등이 와 있었다.

DJ는 단언했다.

"3선 개헌은 거짓말이다. 박정희는 3선으로 끝나지 않는다. 총통제로 간다."

그의 예감과 정보력은 적중했다. 바로 이듬해인 72년 10월, 박정희는 유신 쿠데타를 일으켰다.

DJ와 친해지면서 한민신보가 화제에 올랐다.

"제가 신문을 몇 번 냈습니다."

"얘기 들었소. 한국에서 군부독재에 모두 반대하지만 완도나 진도 같은 데에서는 아무리 떠들어도 청와대에 들릴 리 없소."

신문을 하려면 미국의 수도 워싱턴에서 해야지 지방인 샌프란시스코에서 떠들어봐야 소용없다는 말이었다. 그의 간접 권유에 내 마음이 움직였다.

노진환 워싱턴 한인회장과 3선 개헌 파동

워싱턴으로의 이주를 결심한 데는 노진환(魯璡煥) 파동에 대한 기억도 한몫했다. 1969년 한국에서는 삼선개헌 파동이 일어났다. 박 대통령이 3선을 목적으로 무리한 개헌을 추진하자 야당과 학생, 지식인들의 반대는 거셌다.

그 무렵 한국, 동아, 조선일보 등 서울의 여러 신문에 '호소문, 박정희 대통령 7.25 성명을 지지하면서'란 광고가 실렸다. '재미 워싱톤 교포회장 노진환'이 낸 것이다.

노의 3선 개헌 지지 광고에 워싱턴 한인사회는 격분했다. 한인회 임시총회를 열어 회장인 노진환을 탄핵시켰다. 당시 워싱턴 한인 인구가 1,500여 명이었는데 그날 총회에 250명이나 참석했으니 그 의분을 짐작케 한다. 얼마 뒤 치과의사인 로광욱 씨가 새 한인회장에 선

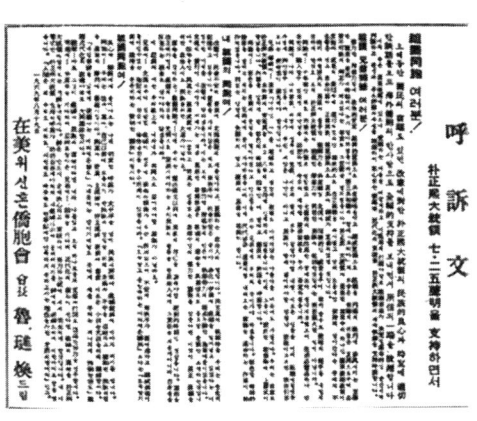

1969년 노진환 워싱턴한인회장이 한국의 일간지에 낸 삼선개헌 지지 광고

출됐다.
 노진환은 한국으로 갔다. 공화당 전국구 국회의원 자리를 약속 받았던 것이다. 이를 기점으로 박 정권의 해외 한인공작의 막이 올랐다.

유기홍 박사의 제안

 노진환 파동에서 보듯이 워싱턴의 분위기는 다른 도시와는 사뭇 달랐다. 워싱톤한인회는 반(反) 정부 자세를 견지하는 미국 내의 유일한 단체였다. 한인사회에도 다른 지역과 달리 지식인들이 유달리 많았다. "신문을 하려면 워싱턴으로 가야 한다."는 결심을 굳혔다.
 그 무렵 유기홍 박사가 제안을 해왔다.
 "워싱턴에 오면 신문을 같이 합시다. 사무실도 같이 쓰면 되고…"
 유 박사는 보성고와 서울대를 나와 아메리칸대에서 정치학 박사학위를 받은 인물이다. 당시 워싱턴 인근의 알렉산드리아에서 한 미국인과 인쇄소를 운영하고 있었다.
 샌프란시스코로 돌아간 난 1년간 운영하던 한식당 '아주마'를 매각했다. 김중태의 지인이 운영하던 걸 물려받은 36석의 작은 식당이었다. 그 자금으로 워싱턴 이주 경비를 마련했다.
 1972년 5월 말경 워싱턴으로 거처를 옮겼다. 한민신보의 워싱턴 시대가 열렸다. 유기홍 박사는 사무실에다 '고려일보'란 족자를 걸어 놓았다. 한국에 갔을 때 만들어온 것이다. 그는 일간지를 하자고 주장했다. 그러나 일간지를 할 만한 여건이 따라주지 않았다. 결국 그는 한민신보에서 손을 뗐다.

한민신보가 발간되자 대사관에서 만나자는 연락이 왔다. 이상호 공사였다. 본명이 양두원인 그는 중앙정보부 미국 총책으로 악명을 떨치고 있었다.

"신문지 종이 질이 이게 뭡니까? 고급스런 종이를 써야지요. 신문 하는데 어려움이 많지요?"

말은 점잖았지만 반 협박이자 회유로 들렸다.

유진산과 유학생 스카웃전

그 전의 이야기다. 68년 무렵인가, 유진산(柳珍山) 씨가 워싱턴에 온 적이 있다. 그는 신민당 부총재였다.

"한국의 야당에도 실력 있는 학자가 필요해."

당시 정부나 야당 지도자들은 젊은 엘리트들 스카웃에 열중이었다. 학생회 활동으로 두각을 나타내면 중앙정보부가 영입했다. 김대중과 김영삼도 경쟁적으로 젊은이들을 끌어들였다.

유진산은 워싱턴에서 2명의 유학생 출신을 점찍었다. 비서를 하던 한창희 씨의 소개였다. 그 중의 한명은 오세응 전 국회부의장이다. 오세응은 연세대 정외과를 나와 아메리칸대에서 행정학 석사, 박사 학위를 받았다. 택시운전사를 하다 미국의 소리(VOA) 기자를 하던 그는 71년 신민당 전국구 의원으로 정계에 진출했다.

유기홍 박사도 스카웃 대상이었다. 하지만 그는 유진산 진영에 가지 않고 김대중의 편을 들었다. 결국 국회의원이 될 수 있는 기회를 놓쳤다. 학자로서의 이상은 높았지만 정치현실의 벽은 더 높았다.

4

DJ의 정보력,
청와대 화장실 대화 내용까지 파악했다

- 한민통 발기인대회

유신과 해외민주화 운동

 모국에서 들려오는 소식들은 흉흉했다. 그 결정판은 1972년 10월 17일의 유신 체제 선포였다. '한국적 민주주의'란 미명 하에 박정희는 종신집권의 강력한 의지를 보여주었다. 정국은 급랭했다. 강제구금과 고문으로 날마다 피가 튀었다. 박정희의 독기와 서슬에 모두 숨을 죽였다.
 한국의 동지들과 연락을 취해보았다.
 "이보게, 여긴 질식 상태야. 이럴 때는 해외에서 한국 유신체제의 허구를 고발하고 민주 회복에 더 힘써줘야 해."
 1930년대 일제의 광기에 국내 독립운동이 전멸할 위기에 처하자 독립지사들은 중국과 연해주, 미국에서 싸웠다. 조국의 민주화를 위한 해외 투쟁의 비중이 갑자기 커진 것이다.

한국에서 유신이 일어난 1972년 11월15일 워싱턴 듀퐁서클에서 반대 데모를 하고 있다. 당시 한인 인구 3천 명 중에서 300명이나 참가했다. 앞줄 왼쪽부터 김응창 전 워싱턴 한인회장, 유기홍 박사, 안병국 교수, 김웅수 전 6군단장, 김상돈 전 서울시장, 필자 정기용

 그 무렵 김대중은 워싱턴에 체류 중이었다. 1971년 5월에 열린 8대 총선을 지원하다 의문의 교통사고로 다리를 다친 그는 72년 10월 11일 치료차 도일했다. 그러나 불과 일주일 뒤에 유신정변이 일어나자 귀국을 포기했다. 망명객 신세가 된 그는 일본에서 활동하다 도미했다.

 반(反) 박정희 무드가 강했던 워싱턴은 이제 민주주의를 위한 '해외본부'가 됐다. 그는 DC의 코네티컷 애비뉴 인근의 쉐라톤 인에 체류하다 얼마 뒤 바네스(Vanaess) 아파트로 거처를 옮겼다.

 그의 처남인 이성호 씨가 가까이에서 도왔지만 비서실장 역할은 이근팔(李根八) 씨가 맡았다. 평북 맹산 출신인 그는 외교관으로 주미대사관에서 근무하다 1970년 눌러 앉았다. 이성호 씨가 운영하던 유라시아 여행사에 적을 둔 그는 영어 실력도 좋았고 착실한 인격자

김대중의 비서실장 역을 한 이근팔 씨(가운데)와 오른쪽은 필자

였다. DJ와 동갑이라 주위에서 말을 놓으라고 해도 "그래선 안 된다"며 끝까지 깍듯하게 모셨다.

김대중의 유권자 관리법

나도 한동안 DJ를 수행한 적이 있다. 가까이서 본 그의 정보력은 놀라웠다. 박정희 정권의 심장부에서 일어난 일까지 소상히 파악하고 있었다. 가령 당시 유혁인 정무비서관과 임방현 대통령 사회담당 특별보좌관이 청와대 화장실을 다녀오다 만나 나눈 대화 내용을 알려줄 정도였다. 그가 수집한 다양한 국내 정보는 종종 내게 건네줘 한민신보에 실렸다. 김대중은 예사로운 인물이 아니었다. 술은 와인 한잔 정도가 다였다. 술을 못 마시는 흔치 않은 정치인이다. 담배도 피지 않았으며 사생활도 깨끗했다. 식사 때면 물에다 밥을 말아먹기를 좋아했다. 배고픈 시절 몸에 배인 습관이었을까.

한번은 종아리를 걷어 올리는데 다리에 털이 하나도 없었다. 대다

김대중이 환하게 웃으며 사람들을 만나고 있다.

수 남자들과 달리 백짓장처럼 하얗다. 지금도 수수께끼처럼 느껴진다.

그는 대단한 노력가였다. 상의 안주머니에는 늘 수첩이 들어 있었다. 사람들에게 들은 이야기를 그 수첩에 깨알 같은 글씨로 적어 넣었다. 평소 생각나는 것도 적곤 했다.

워싱턴에서도 지역구와 지인들을 관리했다. 학생들을 동원해 엽서 100-200여장을 썼다. 그리곤 선거구인 전남 목포의 유권자들에 자기 이름으로 엽서를 보냈다. 외국에서 저명 정치인의 엽서를 받은 사람들의 기분은 어땠을까. DJ는 유권자들의 심리조차 꿰뚫은 천부적 정치인이었다. 그걸 본 내가 농담을 건넸다.

"미국에 와서도 정치활동을 25시간 하십니다."

목포 총선과 DJ의 마타도어

하지만 그도 때론 도덕과 윤리를 초월해야 하는 난세의 정치인이었다. 한번은 내게 1967년 6월에 열린 제6대 총선 이야기를 들려주었다.

목포에 출진한 그는 박 정권의 눈엣가시였다. 박정희는 DJ를 떨어트리기 위해 엄청난 화력을 쏟아 부었다. 총무처장관 출신의 중량급 김병삼을 공화당 후보로 공천한데서 그치지 않았다. 박정희는 직접 목포에서 유세를 했다. 국무위원들을 데리고 목포까지 내려와 국무회의도 주재했다. 관권선거가 판을 쳤다.

"대통령까지 달려들어 선거를 지원하는데 쉽지 않았어. 그래서 방법을 좀 썼지. 젊은이들을 공화당원으로 가장해 비누 표와 수건을 나눠주게 했지. 그리곤 다시 찾아가 잘못 나눠준 것이라며 돌려받게 한 거야. 또 젊은 애들이 노인네들에게 담뱃불을 좀 빌려달라고 하면서 공화당원을 사칭케 했어."

공화당에 대한 여론을 나쁘게 만들기 위한 마타도어였다. 내가 정색을 하고 DJ에게 말했다. "그런 이야기는 다른 데 가서는 하지 않는 게 좋겠습니다."

워싱턴에서 열린 한민통 발기인 대회

김대중은 뉴욕과 샌프란시스코, 시카고, 시애틀 등지를 돌며 강연 정치에 나섰다. 미 대학에서도 강연했고 한인 학자들을 모아 좌담회를 가졌다. 정치 조직화를 위한 정지작업이었다.

한민통 발기인대회 소식을 보도한 한민신보

    점차 미 전국의 한인 지식인, 학자, 종교인들이 김대중을 중심으로 결집했다. 워싱턴에 민주주의를 위한 조직을 만들어야 한다는 당위성도 높아졌다. 그 정치적 움직임의 결과물이 '한국민주회복통일촉진국민회의(한민통)'이었다.

    1973년 7월6일 DC의 메이플라워 호텔 '뉴욕 룸'에서 한민통 발기인대회가 열렸다. 전국 각지에서 50여명이 참석했다. 뉴욕에서 임창영•이보배 전 유엔 대사 부부, 성악가 김천애, 이승만 목사, 강석원 교수, 최석남 장군, 전두환의 육사 동기인 장석윤, 해외 한민보 발행인 서정균, 한민신보 지사장인 윤석진, 한기석, 정일웅, 시인인 고원 등이 왔다.

    LA에서는 김상돈 전 서울시장, 송영창, 정의순, 아시안대회 역도 동메달리스트인 고종구, 한민신보 지사장인 이기룡, 신한민보 발행인 김운하 등이, 디트로이트에선 김지하의 막내 외삼촌 정일성과 송숭락 교수, 심장전문의 김용성, 시카고에서는 최명상, 조병웅 등이 참석했다.

캐나다에서도 상당수가 합류했다. 토론토의 한민신보 지사장인 김원동, 박찬웅 교수와 박찬도 형제, 전충림 등이 그들이었다.

최석남 장군의 망명정부 제안

학계는 물론 행사 개최지인 워싱턴 지역에서도 많은 인사들이 참가했다. 전규홍 전 서독대사, 에드워드 케네디 상원의원과 친분이 두터웠던 버지니아비치의 주우정 엘리자베스대 교수, 김동수 교수, 오민언, 조웅규 교수, 장성남, 유기홍 박사, 임동규, 강영채, 신대식 목사, 포항공대 총장을 지낸 김호길 박사, 유학생 회장인 마동성, 김응창 워싱턴한인회장, 김석남, 최창훈 등이 기억난다. 또 고재곤, 고세곤, 고의곤 삼형제도 있었다.

특히 주미 공보관장을 지낸 이재현 박사가 참석, 망명선언을 해 갈채를 받았다. 김보성 전 주미공보관장도 참석해 이목을 끌었다. 김대중은 이날 군부정권을 신랄하게 비판하는 열정적 연설을 했다.

행사 도중에 해프닝도 있었다. 최석남 장군이 불쑥 한 가지 제안을 했다.

"망명 정부를 세워야 한다."

장내에 일순간 긴장감이 감돌았다. 그 발언은 여러 사람의 제지를 받았다.

사안의 예민함을 직감한 DJ도 나섰다.

"지금은 일제시대가 아니다. 우리는 박 정권을 인정 않는 게 아니라 민주정부로 교체하자는 거다. 그런 제안은 맞지 않다."

최석남은 박정희와 육사 동기로 육군 통신감을 지낸 예비역 장군이었다. 또 탁월한 충무공 연구가이기도 했다.

7인의 창립위원과 2대 원칙

안병국 목사가 사회를 본 이날 행사에서는 김대중을 창립준비위원장, 그리고 안병국, 김응창, 동원모, 전규홍, 임병규, 최명상 등 7인을 준비위원으로 선출했다. 한민통의 방향인 2대 원칙도 채택됐다. 대한민국을 절대 지지하고 '선 민주회복 후 통일추진'을 하자는 것이다.

그것은 용공혐의를 씌우려는 박 정권에 명분을 주지 않으려는 것이었다. DJ는 가는 곳마다 그의 진정성을 알리려 했다.

"우린 반(反) 국가를 하려는 게 아니다. 정부 비판은 자유이지만 나라를 비난해서는 안 된다."

그랬다. 우리의 반독재 민주화운동의 성격은 반(反) 국가가 아니었다. 박정희 독재정권을 비판한 것이지 대한민국을 비난한 게 아니다. 그럼에도 박정희는 민주화 세력들에게 용공과 반국가 혐의를 덧씌우려했다.

"정권욕에 눈이 먼 일부 불순분자들이 국가를 모독하고…."

어용 언론들은 박의 발언을 여과 없이 보도했다. 억울하게도 반국가 행위자들로 몰린 것이다.

많은 사람들이 국가와 정부를 구분하지 못한다. 왕조체제와 전제

민주화를 촉구하며 워싱턴 듀퐁서클에서
대사관으로 행진을 하고 있는 한인들

정치 하에서는 정부=국가란 인식이 강했다. 그러나 현대의 정부는 국민에 의해 한시적으로 부여된 권력일 뿐이다.

DJ, 일본으로 가다

김대중은 다시 일본행을 결심했다. 한국 군부독재 정권에 반대하는 일본 내 여론도 중요하게 여긴 것 같다. 한민통 일본 본부 결성도 준비되고 있었다.

1973년 7월, 출국 전날 그의 DC 바네스 아파트에서 환송 모임이 열렸다. 그는 내게 비싼 고량주를 선물로 주었다. 그리곤 혼자만 방으로 불러 주위를 살펴보더니 봉투를 하나 건넸다. "내가 지금 자금이 떨어졌는데… 일본 다녀오면 좀 넉넉해질 거요."

8일 동경에 도착한 그는 다음달 8일 한국 중앙정보부에 의해 납치됐다. 박정희에게 그는 죽어야만 직성이 풀릴 정적이었다.

5

동교동으로 국제전화하니,
"국가를 배신하지 마라"

- 김대중 납치사건과 미주 민주화 진영의 결집

DJ 납치 소식에 암살 우려

동경 발(發) 급보가 전해졌다. 1973년 8월 8일 김대중 씨가 백주대낮에 동경 한 복판의 호텔에서 사라진 것이다. 모두들 경악했다. 그의 행방은 물론 사건의 실체는 오리무중이었다.

미국은 물론 유럽, 일본의 언론들은 저마다 대서특필했다. 일본 언론들은 '납치'에 비중을 뒀다. 배후에 KCIA가 있다는 추측보도도 나왔다. 한국에서는 보도통제가 이뤄지고 있었다. 박정희의 라이벌인 김대중의 실종은 전 세계를 뒤흔들었다.

충격적인 뉴스를 접한 워싱턴의 한민통에서는 "이게 어떻게 된 거냐"며 모두들 당황해 했다. 사건의 진상을 파악하기 위해 즉각 행동에 나섰다. '납치'가 분명해 보이는데 심증만 있을 뿐이었다.

DJ의 안위를 걱정하며 매일 성명서를 발표했다. 영문은 강영채 씨가 작성해 미 언론 등에 전했으며 한글은 내가 맡았다. 우린 만에 하나 DJ가 암살당하지 않았을까를 우려했다. 그를 살려야 했다. 저마다 인맥을 찾아 미국 각처에 알리고 협조를 구했다.

DJ 구명을 도운 미국인들

가장 먼저 연락을 취한 인물은 도널드 레나드(Donald L. Ranard)였다. 4.19 당시 주한 미 대사관 참사관을 지냈던 그는 한국을 잘 이해하고 민주주의에 대한 확신이 있는 외교관이었다. 친분이 있던 이근팔 씨가 국무부 한국과장이던 그에게 진상 파악을 부탁했다. 레나드는 박정희 정권의 김대중 납치를 비판하고 즉각 석방을 요구하는 강경한 성명을 발표했다. 훗날 밝혀졌지만 그는 국무부 상급자들과도 상의하지 않고 움직였다.

보스턴에 거주하던 그레고리 핸더슨에게도 연락이 취해졌다. 그는 1940년대 말부터 60년대 초까지 7년간 주한 미 대사관에서 근무한 문관 출신이다. 에드워드 케네디 상원의원 사무실에도 연락이 닿았다.

특히 나의 둘도 없는 친구인 린지 매티슨에도 도움을 구했다. 그는 DJ가 실종됐다는 소식을 듣자 경악했다. 매티슨은 워싱턴에서 국제정책개발연구원(International Center for Development Policy)이란 싱크 탱크를 창설해 인권과 군축, 환경문제를 다루었다. 그는 전두환 정권시절에 김대중이 2차 망명을 끝내고 한국으로 돌아갈 때 동행하기도 했다.

미국 언론들도 김대중 납치사건을 심도 깊게 보도했다. 동경에 상주하던 워싱턴 포스트의 돈 오버도퍼, 뉴욕타임스의 리차드 헬로란, NBC TV의 짐 게논 등은 사건의 실체를 규명하기 위한 노력을 아끼지 않았다.

한인 언론들도 빠질 수 없었다. 내가 발행하던 '한민신보'는 물론 장성남, 신대식, 강영채 씨가 운영하던 '자유공화국', 그리고 LA의 '신한민보' 등은 김대중 납치사건을 대대적으로 보도했다.

동교동과의 국제전화

김대중의 안위를 걱정하던 중 그의 처남 이성호 씨와 나는 엉뚱한 발상을 했다.

"무릇 전쟁에서는 정(正)으로 적과 맞서고, 기(奇)로 승리를 일군다(凡戰者 以正合 以奇勝)." 손자병법의 가르침처럼 정공법을 써 적의 의표를 찌르자는 것이다.

8월 13일경 우리는 DJ가 살던 서울 동교동 자택으로 국제전화를 걸었다. 혹시나 해서였다. 그런데 뜻밖에도 김대중이 전화를 받았다. 전화기를 잡은 손이 떨려왔다. 태평양을 사이에 두고 우린 말을 잊었다.

"선생님, 건강 괜찮으십니까?"

"우리나라가 이 정도일세. 그래도 국가를 배신하지 말고 비난도 말고 열심히 해보게."

사지에서 구사일생으로 귀환한 그는 나라를 배신하지 말라는 말을 강조했다. 더 이상의 말은 서로가 할 수 없었다. 전화는 토씨 하나 빠지지 않고 도청되고 기록되고 있었던 것이다.

사실 DJ와 전화가 연결될 것이라곤 꿈에도 생각 못했다. DJ의 일거수일투족을 감시하던 중앙정보부는 왜 통화를 '허용'했을까. 해외전화를 차단하는 데까지는 미처 생각이 미치지 못했던 것일까, 아니면 통화를 도청해 해외 연결망을 파악하려는 의도였을까. 지금도 수수께끼다.

사건 발생 6일만의 보도

8월 14일, 동아일보, 경향신문 등 한국 언론들은 일제히 "일본에서 괴한들에 납치된 김대중 씨가 5일 만에 서울 자택으로 돌아왔다"고 보도했다. 그러나 '괴한'의 진실은 가려졌다. 한국 사람들은 비로소 김대중 납치사건을 접했다.

박정희는 스스로 악독한 독재자임을 세계적으로 증명했다. 외신들은 박정희의 정보정치에 대한 기사를 쏟아내며 비판했다.

독재의 정신은 늘 민중의 힘을 잊어버리곤 한다. 역사는 힘에 대한, 특히 제어되지 않는 권력에 반작용을 보여주었다. 김대중 납치사건은 흩어져 있던 반독재 민주화 세력을 결집시켰다. 박정희의 폭압에 대한 역사적 반작용이었다.

김재준이냐, 임창영이냐

한국민주회복통일촉진국민회의는 안병국을 위원장으로 한 '김대중 보호 한미시민위원회'를 발족시켰다. 8월 17일 DC의 메리디안 힐

김대중 납치사건을 규탄하는 한인들. 앞줄 왼쪽 첫 번째가 김재준 목사

공원에서 납치 규탄대회를 열었다. 2백 명의 한인들이 모여 백악관 앞을 거쳐 한국대사관 앞까지 자동차 행진 시위를 했다. 100여 대의 차량에서는 "박 정권은 물러가라" "한국 정보원을 축출하라"는 구호가 터져 나왔다.

한민통은 구심점인 김대중의 공백으로 인해 조직을 재정비할 필요가 생겼다. 1974년 11월 DC에서 새로운 지도부를 선출하기 위한 모임을 가졌다. 누가 의장을 맡을 것인가 하는 문제가 대두됐다.

김대중 의장 추대론과 불가론이 맞섰다. DJ가 반국가 활동을 한 것처럼 핍박 받고 있는 현실이 걸렸다. 불가론자들은 우리도 피해를 입는다고 주장했다. DJ를 명예의장으로 추대하는 것으로 결론이 났다. 전규홍 전 서독대사 추대론도 나왔지만 본인이 사양했다. 그는 이승만 정부에서 총무처장, 국회 사무총장을 지낸 인물이다.

노쓰 쇼어 힐튼 호텔에서 열린 한민통 회의 참석자들. 김재준 목사 등의 얼굴이 보인다.

의장 후보로 2명이 거론됐다. 한국에서 캐나다 토론토로 이주해 온 장공 김재준 목사와 임창영 전 유엔대사였다. 운영위원회에서는 노선 대립이 생겨났다. '선 통일 후 민주론'과 '선 민주 후 통일론'이 맞붙었다. 장공은 선 민주론을, 임창영은 선 통일론을 대표했다.

의장 선거가 열렸는데 절묘하게 동수가 나왔다. 밤새 의논했지만 결론은 쉽지 않았다. 오죽했으면 강석원 교수가 동전 던지기로 결정하자는 제안까지 할 정도였다. 천신만고 끝에 김재준 목사가 의장으로, 부의장 김응창, 사무총장에 이근팔 씨가 선출됐다.

그 후 선 통일론자들은 독자노선을 걷게 된다. 이날 모임에서는 또 중앙위원에 동원모 교수, 이승만 목사 등 15인을 선임했다. 나는 홍보위원장을 맡았다.

민주화운동에 나선 사람들

김대중 납치사건으로 국제적으로 고립된 박정희는 '긴급조치'를 남발했다. 공포정치의 시기였다. 서울대 법대 최종길 교수가 중정에서 조사받다 의문사를 한 것도 이 시기였다. 반유신 민주화운동은 점차 '박정희 하야'를 주장하는 강경 양상으로 바뀌어 갔다. 그리고 워싱턴은 반독재 민주화운동의 메카가 됐다.

워싱턴에 파견 나온 언론사 특파원들도 민주화운동을 간접 지원했다. 한국일보의 조세형, 조순환, 뉴욕의 김태웅 특파원, 동아일보의 진철수, 권오기, 이웅희, 강인섭, 남찬순 특파원 등은 국내의 정보를 알려주고 충고도 해주는 등 여러 도움을 줬다. 미주리대학교에 와 있던 정대철은 한민신보 논설위원으로 학업과 병행하며 활동했다.

이 시기를 전후해 주미 대사관의 이재현, 정인식 공보관장과 해병 중령이던 최헌식 무관, 강경구 장학관 등은 귀국을 거부하고 망명의 길을 택해 큰 파장이 일었다.

또 언론인 남상천과 박문규 목사, 김재숙, 김상곤, 황옥성, 부성래, 이범동, 민윤기, 방숙자, 윤득중, 박백선, 염인택, 김영훈 목사, 디자이너 이연구, 이재호, 윤귀병, 장성남의 부인 정진옥 등은 열성적으로 반독재 민주화운동에 나섰다.

안홍균 선배, 고응표 전 한인회장, 박원혁, 영문학자인 이정우, 의회도서관의 양기백, 한국일보의 유석희 등은 남몰래 도움을 아끼지 않았다.

"어둠은 빛을 이길 수 없다."

우리는 성경의 진리를 믿었다. 암울한 조국의 민주화는 우리의 흔들리지 않는 신념이었다.

제2화

유신시대의 명암들

6

종교계와 별들의 이반

- 최덕신 전 외무장관, 방북 후 돌변

일본과 미국의 반(反) 박정희 분위기

문호 괴테가 그랬던가. "한 가닥 머리카락조차도 그 그림자를 던진다."

하물며 한국 민주화의 상징이 된 김대중 납치사건의 여파는 컸다. 한국은, 아니 박정희 정권은 국제적으로 완벽히 고립됐다.

일본의 여론은 들끓었다. 자국 내에서 발생한 납치사건에 주권을 침해당했다며 반(反) 박정희 분위기가 고조됐다. 우쓰노미아 도쿠마(宇都宮德馬), 덴 히데오(田英夫) 참의원 의원은 미국을 오가며 김대중 구명운동에 뛰어들었다. 두 사람을 필두로 20여명의 의원은 규탄 성명서를 내고 김대중 구출위원회를 결성했다.

일본의 주요 언론들과 일본의 한민통에서 발행하는 '민족시보'와 월간지인 '한양', 조총련계의 '조선신보' 등도 박 정권의 납치만행을 극렬히 비난했다.

'문예춘추'의 연재물인 'TK生의 편지'는 한국의 실정을 속속들이 고발하고 각종 정보를 폭로했다. 중앙정보부는 필자를 찾기 위해 혈안이 되었으나 끝내 밝혀내지 못했다. 박정희의 간담을 서늘케 한 TK생의 필자는 사상계 주간을 하다 도쿄여대 교수로 있던 지명관 교수로 훗날 밝혀졌다.

그 무렵 미국인들도 한국 민주화 투쟁에 참여했다. 제임스 시노트 신부, 조지 오글 목사, 패리스 하비 목사, 루 아이비, 버지니아 풋, 문동환 목사의 부인인 페이 문과 나중에 주일 대사를 지낸 에드윈 라이샤워 하버드대 교수, 하버드대 도서관장을 지낸 에드워드 베이커, 에드워드 케네디 상원의원, 도널드 프레이저 하원의원 등도 직간접적으로 투쟁 대열에 함께 했다. 프리랜서 기자인 필 스탠포드는 미국 내의 KCIA 활동을 파헤치며 집중 보도했다.

WP에 '슬픈 코미디' 투고

국내외적인 도전에 직면한 박 정권의 패악은 언론 탄압으로 이어졌다. 진실이 알려지는 게 두려워지자 기자들은 수난을 당했다. 동아일보 탄압 사태도 이 무렵 일어났다. 동아일보는 백지광고로 박 정권에 맞섰다. 워싱턴 한인들은 동아일보 기자들의 의기(義氣)에 감동하며 머나먼 미국에서 돈을 보내 격려 광고를 냈다.

나는 2월 4일자 동아일보에 투고를 해 언론 탄압에 대해 울분을 토했다.

"어찌 해서 우리는 세계 여론에 우리를 지켜달라고 하지 않으면 안

될 처지에 놓였는가. 이것이 누구의 책임인가? 이제 우리 모두는 분노를 아는 국민이 되어야겠다."

앞서 1월 30일에는 워싱턴 포스트 지에 '의미 없는 국민투표'란 제목으로 글을 게재했다. 언론을 탄압하고, 애국인사를 투옥하고, 반대의사 표시조차 막은 채 유신헌법에 대한 찬반 투표를 하겠다는 박 정권의 획책은 가소로운 짓에 불과한 슬픈 코미디라는 요지였다.

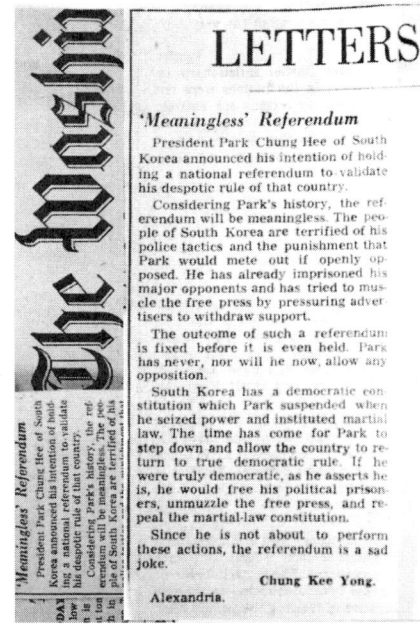

1975년 1월 30일 내가 워싱턴 포스트 지에 쓴 기고문

조지 오글 목사의 워싱턴 강연회

한국 가톨릭의 김수환 대주교가 1969년 한국인 최초로 추기경(Cardinal)으로 서임돼 워싱턴을 방문했다. 김 추기경은 하나님의 인권에 대한 보편적 진리를 여러 번 강조하며 박 정권의 혹독한 인권탄압과 정보정치를 비판했다.

동아일보 광고탄압 사태를 계기로 워싱턴의 한국민주회복통일촉진국민회의(한민통)은 조지 오글 목사 강연회를 개최했다.

1975년 1월 31일 워싱턴의 메이플라워 호텔에는 200명의 한인들

워싱턴을 방문한 김수환 추기경과 함께 했다.

이 모였다. 정용철 목사의 기도로 시작된 행사는 임창영 동아구출위원장의 인사, 정등운 목사의 강사 약력 소개에 이어 오글 목사의 강연, 이웅희 동아일보 특파원의 답사, 모금 등의 순으로 폐막됐다. 정용철 목사는 워싱턴한인복지센터를 설립한 분이며 서울신문 사장을 지낸 정등운 목사는 정준영 YMCA 총무의 부친이다.

전규홍 전 서독대사, 김웅수 전 6군단장, 박문규 목사, 김순경 교수, 고세곤 씨는 무대에 올라 박 정권을 규탄했다.

강사인 조지 오글(George E. Ogle, 한국명 오명걸) 목사는 1954년 한국에 들어가 20년간 노동자들을 위해 일한 감리교 목사였다. 2차 인혁당 사건의 고문실태를 알리다 1974년 12월 14일 추방당했다.

당초 강연 주제는 '동아일보 구출 문제'였지만 중앙정보부를 고발하는 내용으로 바뀌었다. 오글 목사는 열변을 토했다.

한민신보에 실린 조지 오글 목사 강연회 기사

"미국에서도 몇 십 년 전에 깡패들이 시장실이나 신문사에 들어가 협박을 하고 불법적인 행동을 한 일이 있습니다. 그렇지만 그것은 깡패들이 한 일이지 권력자가 한 일은 아닙니다. 박 정권의 언론탄압이나 국민협박은 깡패 짓이 아니고 무엇입니까. 박 정권은 깡패집단입니다."

최덕신의 숨겨진 망명 이유

박 정권을 지탱하던 군심(軍心)도 이반되고 있었다. 군 출신 인사들도 반(反) 독재 민주화운동에 합류했다. 6군단장을 지낸 김웅수 가톨릭대 교수, 최덕신 전 외무장관, 최홍희 전 29사단장, 최석남 전

6. 종교계와 별들의 이반

육군 통신감, 해군참모총장을 지낸 이용운 제독 등이 대표적인 인물이다.

독립군 가정에서 태어난 김웅수 장군은 6.25 당시 2사단장으로 인민군을 막아냈으며 6군단장 재임 시 5.16군사정변이 일어나자 군의 정치개입을 반대하다 투옥된 강직한 군인이었다. 강영훈 전 총리의 손위처남이기도 하다.

반 유신의 길을 걸었지만 그는 금도를 벗어나려 하지 않았다. 군 출신으로 자칫 정치활동을 한다는 오해를 살까 단체에서 어떠한 직함도 맡지 않으려 했다.

워싱턴에서 열린 민주화 집회에 참석한 김웅수 전 6군단장

최덕신(崔德新)은 복잡한 얼굴을 지닌 인물이었다. 그는 독립운동가인 최동오의 아들로 광복군에도 참가했으며 6.25 전쟁 때는 8사단과 11사단장으로 참전했다. 5.16 군사정변 직후 외무부장관과 서독 대사, 천도교 교령도 지냈다.

그가 망명을 하게 된 데는 숨겨진 사연이 있다. 한국공해방지협회란 시민단체가 있었다. 최덕신이 회장으로 4.19 혁명 직전에 서울대 학생회장이던 이창재가 사무총장으로 보좌했다. 박 정권과 노선 차이가 있던 이 단체의 회장을 최덕신이 맡은 게 박정희의 심기를 거슬렀다. 또 천도교 교령인 최가 재단 공금 유용문제로 어려움에 처했을 때 박정희가 도와주지 않자 쌓인 서운한 감정도 작용했다. 박정희와 불화를 겪던 그는 미국, 서독, 일본 등을 전전하며 귀국하지 않다 1977년 11월 망명했다.

최덕신과의 결별

최덕신은 영어는 물론 국제공용어인 에스페란토어에도 능통했다. 손아래 매제는 오학근 씨다. 오 씨의 부인은 최정란 씨인데 둘은 이혼하고 말았다. 그 후 최정란은 CIA 요원이란 말을 흘리고 다녔는데 네팔을 방문했다가 변사체로 발견됐다. 범인은 영영 밝혀지지 않았다.

공식 망명 전부터 최덕신은 워싱턴 인근인 메릴랜드 실버스프링에 사무실을 냈다. '배달민족회'란 간판을 내걸었다. 그는 내게 이 단체의 운영을 맡겼다. 난 기꺼이 수락했다. 한 달여 뒤쯤, 그가 독일을 다녀온다며 떠났다. 나는 그가 비밀리에 방북한 게 아닌가 생각한다.

그런데 최덕신이 미국으로 돌아온 후 나와 언쟁을 벌이는 사건이 발생했다. 내가 워싱턴 포스트 지에 쓴 '의미 없는 국민투표'란 기고문 때문이었다. 그 글을 읽은 최는 기분이 좋지 않아 보였다.

"프레지던트 박이 뭐냐?"

박정희를 대통령으로 표현한 게 그의 심기를 불편하게 했나 보다.

나는 항변했다.

"우리가 아무리 반독재 운동을 해도 호칭은 제대로 써야 하는 것 아니냐."

사상적 차이를 절감하고 그와 단호히 결별해 버렸다.

최덕신은 북한을 방문한 후 완전히 다른 사람이 되어 있었다. 6.25 때 납북된 부친의 묘소를 찾는다는 명분으로 방북한 그는 애국열사릉에 잘 모셔져 있는 최동오의 묘를 보고 마음이 바뀐 것으로 전해진다. 부친 최동오는 임시정부 국무위원을 지낸 독립 운동가였다.

북한 당국의 극진한 대접을 받은 그는 1986년 9월 아예 북한으로 이주해 조국평화통일위원회 부위원장 등 고위직을 지냈다. 망명 후 친북으로 돌아선 인물은 그분이 아니었다.

이용운 전 해군참모총장의 북침설 주장

육사 3기인 최홍희(崔泓熙)는 최덕신과 호형호제한 절친한 사이였다. 그는 사석에서는 최덕신을 깍듯이 형님으로 대했다.

최홍희는 논산 훈련소장을 지내다 1962년 예편해 말레이시아 대사를 지냈다. 66년 국제태권도연맹(ITF)을 창설하는 등 태권도계에 큰 선구적 족적을 남겼다. 박정희와 사이가 좋지 않았던 그는 1972년 캐나다 토론토로 이주했다. 함경도 출신인 그는 북한도 여러 차례 방문해 태권도를 보급했고 친북활동도 했다.

한민통 발기인으로 참여한 이용운은 이승만 정부 말기인 1959년 4대 해군 참모총장을 지낸 인물이다. 5.16군사정변 이후 구속됐다 망명한 그는 LA에서 거주했는데 첫째 부인은 워싱턴 지역에서 살았다. 그는 일본의 언론인들을 만나 북침설을 주장해 커다란 파장을 일으켰다. 그는 부패 군인으로 낙인 찍혀 있었고 북한과의 교류가 빈번했던 것으로 전해져 온다.

1970년대 말 워싱턴에서 한국 민주 예비역 장군 회의가 열리고 있다. 독재 타도라는 문구가 선명하다. 최덕신, 최홍희, 임창영, 최석남 등이 참석했다.

    그의 친동생 이용문(李龍文) 장군은 일본 육사 출신으로 육본 정보국장 재임시, 남로당에 연루돼 군복을 벗은 박정희가 정보국 문관으로 근무하면서 인연을 맺었다. 그 후 이용문이 작전교육국장을 할 때 박정희가 차장으로 보좌했으며 박이 존경한 유일한 선배 군인이었다 한다.

    그 인연 때문에 이용문 장군의 아들 이건개는 30대 젊은 나이로 서울지검장과 치안국장, 유정회 국회의원을 지내는 등 파격적인 혜택을 받기도 했다. 그러니 박정희의 이용운에 대한 배신감은 상당했을 것으로 짐작된다.

최석남 전 육군 통신감과 '구국향군'

역시 한민통에서 활동한 최석남 전 육군 통신감은 박정희와 조선경비사관학교(육사 전신) 2기 동기생이다. 뉴욕에서 살던 그는 나를 만나면 박정희에 얽힌 일화들을 들려주었다. 최 장군은 특별한 역사, 문화적 안목을 지닌 인물이기도 했다. 탁월한 이순신 장군 연구가이면서 골동품에도 조예가 깊었다.

그는 1974년 뉴욕에서 '재미 구국향군'을 창설하는데 앞장서는 등 군의 민주화에 열성을 쏟았다. 구국향군은 최 장군이 사령관, 부사령관은 전두환과 육사 11기 동기인 장석윤 전 예비역 중령, 참모장에 고세곤, 그리고 지역 책임자로 김장오 박사(보스턴), 최명상(시카고), 최장길(버지니아)로 조직을 갖추었는데 뉴욕의 유엔본부 앞에서 군 출신들로는 최초의 유신반대 시위를 벌였다. 또 회보도 발행하고 미 의회에 한국의 실정을 알리는 등 활동을 했다.

'구국향군'의 운영을 맡은 고세곤은 육사 15기인데 소령으로 예편했으며 1969년 도미 후 3선 개헌 반대투쟁을 시작으로 외길을 걸어온 민주투사였다. 그의 형 고재곤은 워싱턴한인회장에도 출마했으며 딸인 루시 고(고혜란)는 현재 연방 항소법원 판사인데 일전에 삼성과 애플의 소송을 맡기도 했다. 막내인 고의곤도 민주화 운동에 앞장섰다.

대사관 장교들의 귀국거부 사태

군 출신 인사들의 이탈은 전직 장성들뿐만 아니었다. 현역 장교들도 박 정권에 등을 돌렸다.

1976년, 주미대사관에서 근무하던 장교 3명의 집단 귀국거부 사태가 벌어졌다. 문한식 대령과 최헌식 해병 중령, 김일옥 소령이 주인공이다. 이들은 국내정치에 대한 항거와 보직에 대한 불만이 겹치며 연달아 사표를 내고 귀국을 거부했다.

유신정권을 향한 내부의 파열음은 도처에서 울렸다. 이미 공보관들이 연쇄 망명을 선언한 데 이어 강경구 장학관도 집안 사정을 들어 귀국하지 않았다.

주미 대사관의 문한식 대령 등 외교관 5명의 귀국 거부를 알리는 1976년 7월5일자 한민신보.

7

메릴랜드대서 '김지하의 밤' 열어

- 민주화 운동에 앞장선 워싱턴 한인들

뒤에서 도운 사람들

종교계와 군부 출신 인사들뿐만 아니었다. 조국의 민주화를 위한 행진에는 이름도 남기지 않은 숱한 미주 한인들이 참여했다. 70년대 중반, 워싱턴 한인사회에서 반 유신정권 기류는 점증했다. 한인단체 행사에서 마이크를 잡은 단체장들이 박 정권을 비판하는 게 당연시 됐다.

민주화 대열에서 앞장선 이들도 있지만 뒤에서 도움을 준 이들도 적지 않았다. 반독재 민주화운동에 참여하고 싶어도 국내의 연고자가 걸리거나 여건이 여의치 않았기 때문이다. 그들은 민주화 동지들을 응원하고 후원해주며 그 길에 동참했다.

볼티모어의 안봉근, 신필영, 한인회장을 지낸 정장훈, 그리고 영남향우회장을 지낸 서영해, 메릴랜드의 이용무, 서유웅, 정운익 씨 등이 기억난다.

조지 워싱턴대 대학원에 재학 중이던 윤영오도 많은 도움을 주었다. 훗날 윤영오는 국민대 정치대학원장과 한국 국제정치학회장을 지냈다. 재무부 관료를 하다 1970년대 말 유학 온 이헌재는 DC의 듀폰 서클 인근에 일시 거주했다. 그는 경제에 관해 자문과 조언을 많이 해주었다. 진의종 전 총리의 사위인 이헌재는 훗날 경제부총리를 역임했다.

김웅태와 '희망의 소리' 방송

유신정권은 민주화세력의 숨통을 끊으려 들었다. 어떤 체제 비판도 용납하지 않았다. 도합 아홉 차례나 발동한 무법적 긴급조치는 전가의 보도(傳家의 寶刀)였다. 언론들도 숨을 죽이고 있었다. 한국 국민들은 그 어떤 진실에도 접근하지 못했다.

김웅태 씨가 '희망의 소리' 라디오 방송을 시작한 건 1975년이었다. WFHS 방송국으로부터 매주 일요일 오전 9시부터 10시까지 시간을 빌렸다. 한 시간짜리 방송이지만 한국 소식을 전하며 인기를 끌었다. 특히 윤보선 전 대통령과 전화로 인터뷰해 방송에 내보내 화제를 모으기도 했다.

방송을 총 지휘한 인물은 이근팔 씨였으며 아나운서는 김웅태와 그의 부인 이재정이 맡았다. 김웅태는 80년대 초반, DJ가 2차 망명을 했을 때 각별한 인연을 맺었으며 한국인권문제연구소 이사장, 워싱턴 평통 회장을 지내기도 했다. 이재정은 1971년 문화방송에서 인기를 끌었던 '왈순 아지매'의 히로인이다.

나는 시사해설, 그리고 영어 방송은 강영채 씨가 진행했다. 강영채

왼쪽부터 필자와 김응태 씨 부부

씨는 미국의 대학에서 강의하다 나중에 갤러리를 운영한 사람이다. 특히 KBS 아나운서 출신인 김영호 씨가 많은 도움을 주었다.

이광재 아나운서와 장성남

용산고를 나온 김응태는 언변도 좋지만 재정적으로도 안정돼 있어 주위 사람들에게 밥도 잘 샀다. 당시 그는 부인과 알링턴 인근에서 '왈순 아지매'란 식품점을 운영했다. 이재정이 여주인공을 맡았던 연속극 제목을 따온 상호였다. 이 부부는 풍자극도 만들었는데 꽤 재미가 있었다.

그 무렵, KBS에서 이름을 날렸던 이광재 아나운서가 같은 방송국에서 일요일 오전 10시부터 11시에 방송을 했다. 친 정부 성향이었는데 '희망의 소리'와 묘한 대비가 됐다. 두 방송 모두 방송 전후에 애국가를 틀다 보니 청취자들은 일요일 아침에 네 번의 애국가를 들어야 하는 일도 있었다. '희망의 소리' 방송은 1년 3개월 간 운영됐다.

시대의 밀폐된 공기를 깨우는 것은 언론이었다. 내가 '한민신보'를 통해 민주화운동을 하듯 장성남도 '자유공화국'을 통해 진실을 알리려 했다. 그러다 재정상황이 여의치 않아 13회 발행 후 폐간됐다. 그는 바짝 마른 체격에 날카로운 인상이지만 경우도 밝았고 리더십도 괜찮은 사람이었다. 안타깝게도 마흔 한 살의 나이에 위암에 걸려 1977년 알링턴 병원에서 타계했다.

메릴랜드대서 김지하의 진오귀 굿 공연

1975년 10월11일, 워싱턴 지역의 유학생들은 메릴랜드 대에서 '김지하의 밤'을 열었다. 민청학련 사건으로 투옥된 김지하 구명운동이 국내외에서 활발할 때다.

엄한섭, 이무종, 김광수, 오석환, 이성식, 최부일 등 유학생들과 고의곤 등은 행사를 알리기 위해 김지하의 '양심선언' 등 그의 작품을 복사해 3천부나 우편으로 배포했다.

행사의 하이라이트는 김지하가 1973년에 쓴 희곡 '진오귀 굿' 공연이었다. 농촌 계몽을 위해 전통 마당극에 저항의 정신을 입힌 작품이다. 공연을 위해서는 배우들을 구해야 했다. 하지만 중앙정보부원의 압력으로 난항을 겪었다. 출연을 응낙했다가는 이내 못하겠다

1975년 10월 메릴랜드 대에서 유학생들이 주최한 '김지하의 밤' 행사가 열리고 있다.

고 그만 두곤 했다. 협박전화도 이어졌다. 그런 어려움 속에서 공연은 개최됐다. 미 펜클럽 회장 뮤리엘 루키서와 인혁당 사건의 만행을 해외에 폭로하다 한국에서 강제추방당한 제임스 시노트 신부도 참석해 힘을 보탰다.

압제에 숨죽인 민중은 공연을 통해 카타르시스를 느꼈다. 문화는 저항의 몸짓이었다. 날고 싶어 하는, 자유를 향한 인간의 갈구와 외침은 결코 멈춰지지 않는다.

8

DJ, "이 사람아—, 야당 하는 사람이 돈이 어디 있어!"

– 최성일 박사와 김대중

최성일 박사와 어머니인 영화배우 김신재

'진리란 기억이다.' 하이데거의 말처럼 나의 진리의 길 위에서 잊을 수 없는 인물이 최성일 박사다. 그는 영화감독 최인규와 영화배우 김신재의 아들이었다. 아버지는 해방 이후 최초의 한국 영화인 '자유만세'를 연출했으며 6.25때 납북됐다. 나운규 감독의 동료였으며 신상옥 감독이 그의 조감독으로 있었다. 어머니 김신재는 청순한 용모로 인기를 끈 여우(女優)였다. 노령에는 윤흥길 원작의 '장마', '뻐꾸기도 밤에 우는가'에도 출연했다.

최 박사는 서울고와 서울 법대를 나와 동화통신 기자를 하다 미국으로 유학 왔다. 뉴욕 주의 윌리엄&허버트 대 교수이던 그는 블루진에 Y셔츠 차림으로 회의에 참석할 정도로 자유로운 영혼의 소유자

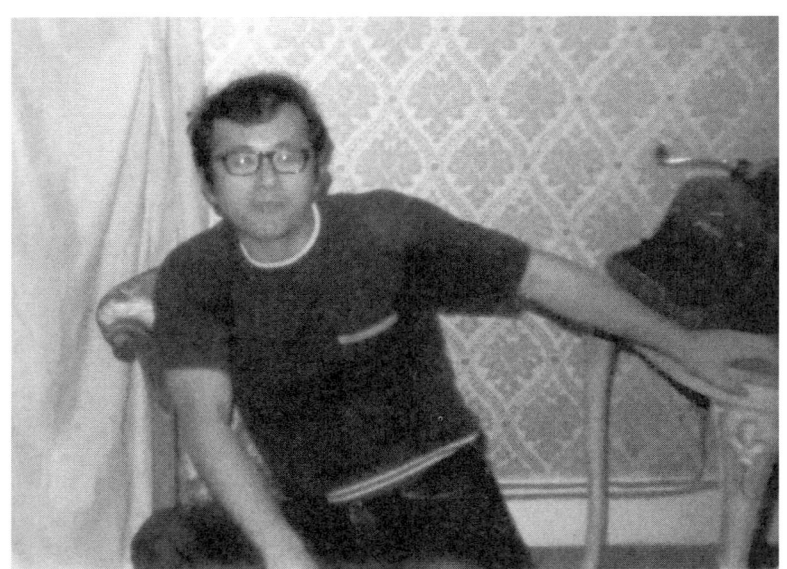
최성일 박사의 생전 모습

였다.

그는 교수를 하면서 '한민신보' 영문판 편집인을 맡아 맹활약했다. 영문판은 미 상하원 의원 전원과 백악관, 그리고 정부 부처 요로에 매번 배포돼 한국의 실정을 알렸다.

그의 영어 실력에는 미국인들도 혀를 내둘렀다. 하버드대 도서관장 출신의 에드워드 베이커 교수가 "최 박사는 우리보다 영어를 더 잘 한다"고 극찬할 정도였다.

그는 에드워드 케네디 상원의원과도 친분이 있었고 프레이저 위원회와도 지속적으로 협력관계를 유지했다.

최 박사의 동교동 방문

최성일 박사는 대학 교수 직을 그만 뒀다. 한국의 민주화를 위해서 그는 DJ를 돕기로 했다. 그는 김대중의 영어 연설 준비를 도맡았고 미 의회 및 주류사회를 연결하는 채널이었다. DJ의 저서 '대중경제론'을 영어로 번역해 출간케 한 이도 그였다. 김대중이 2차 망명을 끝내고 워싱턴에서 1985년 2월 귀국할 때 밥 와이츠 전 파라과이 주미대사, 린지 매티슨 국제정책개발원장 등 미국인 그룹과 동행했다.

하지만 생활고가 그를 괴롭혔다. 80년대 후반, 최 박사가 서울을 방문했을 때다. 동교동으로 찾아가 DJ를 만났다. 동교동은 이미 참모들에 의해 인의 장막이 쳐져 있었다. 겨우 접견이 허락된 것이다. 그는 고충을 토로했다.

"민주화운동으로 종신교수 직도 포기해 경제적으로 어려움에 봉착해 있습니다. 좀 도와주십시오."

어렵사리 말을 꺼낸 최 박사에게 DJ는 "이 사람아. 야당 하는 사람이 돈이 어디 있어!"라며 일언지하에 거절했다.

서울에 있던 내게 최 박사에게서 만나자는 연락이 왔다. 시청 앞 플라자 호텔 13층의 덕수홀에서 DJ의 처남 이성호 씨와 같이 만났다.

"이젠 김대중 선생 만나기도 쉽지 않네요. 만나주지도 않고, 만나기도 어렵고…."

최 박사는 실의에 젖은 표정이었다.

그날 우리 셋은 통음을 했다. 그게 그를 본 마지막이었다. 최 박사는 워싱턴으로 돌아간 얼마 뒤인 1991년 6월 보스턴 근교에서 암으로 세상을 떠났다.

DJ와 YS의 최 박사 추도사

최 박사가 타계한 몇 달 뒤인 91년 10월 26일 추도식이 종로에 있는 기독교회관 강당에서 열렸다. 그날 내 평생 잊지 못할 일을 겪었다. 앞줄에는 평민당 총재인 김대중과 민자당 총재 김영삼, 그리고 그 옆에 내가 앉았다. 한민신보 발행인 자격이었다. 에드워드 베이커 등 인권운동 관련 외국인들도 여럿 참석했다. 젊은 자식을 떠나보낸 최 박사의 어머니 김신재 여사는 영정 앞에서 울음을 그치지 않았다. 추도사 시간이었다.

"위대한 지도자가 갔습니다. 세상에 이런 아까운 분이 가다니…"

김대중은 하늘이 무너진 듯 통탄했다. 불현듯 바로 얼마 전 재정 지원 요청을 딱 잘라 거절당한 사실이 떠올라 표현할 수 없는 거부감이 솟아올랐다. 그냥 차분하게 애도만 표하지 말이다.

김영삼의 순서였다. 두 사람은 민주화 동지를 넘어선 정치 라이벌이었다. 무대에 올라간 그는 억센 경상도 사투리로 추도했다.

"이 분이 낼 지지한 것도 아니고… 초상화를 보니, 넥타이 맨 걸 영정에서 처음 봅니다. 민주화운동을 열심히 하셨는데 참 안됐습니다."

YS의 과장 없는 순수한 애도를 들으며 DJ와 대조됐다. 다음 대통령은 YS가 될 것이란 예감이 스쳐지나갔다.

9

장도영 전 육참총장 방북 사건

- 한민신보의 보도가 일으킨 파문들

이후락의 LA 빌딩 비밀 매입사건

한민신보를 발행하면서 잊지 못할 사건도 여럿 있다. 그중에서도 이후락의 LA 빌딩 비밀 매입과 이도선 의원 파동, 장도영 전 육군참모총장의 방북사건 보도는 국내외에 큰 파문을 일으켰다.

이후락은 박정희 정권에서 대통령 비서실장, 중앙정보부장을 지내면서 나는 새도 떨어트린다는 권력자였다. DJ 납치사건으로 중정부장에서 물러난 그가 비밀리에 LA의 고층 빌딩을 매입한 사실이 포착됐다. 당시 돈으로 엄청난 고가에 산 CNN 빌딩이었다. 한민신보는 그가 부정축재 재산을 빼돌려 미국에서 대형 부동산을 사들였다고 보도했다. 이후락은 곤경에 처했다.

또 7.4 공동성명 1주년을 맞아 한민신보는 특집기사를 게재했다. 김대중, 박정희, 김일성의 통일방안을 사진과 함께 실은 것이다. 파격

적이고 대담한 기사였지만 사진 때문에 한국 국회가 발칵 뒤집어졌다.

국회가 열리자 이도선이란 공화당 의원이 한민신보를 꺼내들고 발언했다.

"김대중은 반국가 행동을 했다. 그는 빨갱이다."

박정희 옆에 김일성과 김대중 사진을 나란히 실은 게 그들의 눈에 크게 거슬렸던 모양이었다.

폴 장과 장도영 전 총장의 방북

또 하나, 폴 장 사건 보도도 큰 파장을 일으켰다. 워싱턴에 거주하던 폴 장은 한국 이름이 장경환으로 당시 42세였다. 서울고와 연세대를 나왔다는 그는 무역업에 종사한다고 했는데 서울을 자주 드나들었다. 정일권 총리와도 친분이 두터웠다.

그는 한인 중에서 처음으로 북한을 방문한 인물이었다. 그런데 74년 6, 7월경 폴 장은 웨스턴 미시건 대학에 몸담고 있던 남창우, 장도영 교수를 데리고 평양을 다녀왔다. 최원철이란 워싱턴 한인과 함께였다. 최원철은 그해 9월 폴 장과 둘이서 북한을 다녀오기도 했다.

장도영 교수가 누구인가. 육군 참모총장으로 있다 5.16 쿠데타 때 국가재건최고회의 의장을 지낸 거물이었다. 반혁명혐의로 체포된 후 1963년 도미한 그는 웨스턴 미시건 대학 교수로 있었다.

한국에는 잘 알려지지 않았지만 장도영이 방북한 것은 엄청난 사건이었다. 물론 확인된 사항은 아니다. 평북 용천 출신인 장도영은 방북설 이후 한 번도 고국을 방문한 적이 없다.

장도영 전 총장과 방북했다는 폴 장

장도영 전 육군 참모총장 - 회고록 표지 사진

  폴 장은 CIA 요원을 사칭하고 다니다 경찰에 체포됐다. 장은 관명사칭(CIA 요원) 혐의로 기소됐다가 나중에 집행유예로 풀려났다. 미 사건의 지역신문인 웨스턴 헤럴드 지가 이를 보도한 것을 입수해 한민신보에도 실었다.

  그는 수수께끼의 인물이었다. 한국을 방문할 때면 자가용차에 사이렌을 달고 다녔고 통금시간에도 무상 통행하는 특혜를 받았던 것으로 알려졌다. 또 워싱턴한인골프협회 총무를 맡는 동안에는 정일권 국회의장배 골프대회를 열기도 했다.

10

민주 진영 분화하다

- 윤이상·이응노와의 만찬에서 생긴 일

선 민주냐, 선 통일이냐

장공 김재준 박사가 의장을 맡았지만 한민통은 김대중이란 구심점의 기나긴 공백으로 활동이 점차 지지부진해졌다. 이 무렵 한민통으로 결합됐던 민주화 세력의 노선은 분화된다.

'선(先) 통일 후(後) 민주론'을 주장한 분들은 독자적인 조직 구축에 나섰다. 그 중 하나가 75년 10월 결성된 재미민주한국촉진회(일명 민촉)이다. 김광서 박사(의사)가 의장, 김광훈 교수, 김정현 여사(고 안용구 피바디대 교수의 부인)가 부의장, 신대식 목사 등이 주축이었다.

또 하나의 단체는 민촉이 해체되면서 77년 설립된 '민주사회건설협의회'(일명 민건)이다. 워싱턴의 로광욱 박사와 뉴욕의 임창영 전 유엔대사, LA의 선우학원 박사 등이 중심인물로 장성남 씨가 의장을

맨 왼쪽이 장공 김재준 목사

맡았다. 두 단체는 북한과의 교류 및 연대를 중시하고 남한의 민주화보다 조국통일이 우선 필요하다는 노선이었다.

통일운동가 로광욱 박사

선 통일론의 핵심인물은 고 로광욱(盧光郁) 박사다. 1922년 평남 남포 생인 그는 해외통일 운동의 선구자라 해도 손색이 없는 인물이다. 그는 민족의 남북통일의 당위성을 설파하고 이론적 기저를 제공하며 기치를 세웠다. 워싱턴한인회 노진환 회장이 삼선개헌 지지성명을 내고 탄핵되자 후임 한인회장에 선출되기도 했다.

그의 부친 로정일 씨는 목사로 연세대 교목을 지냈으며 여운형의 건국준비위원회 요인으로 알려져 있다. 서울대 치대 전신인 경성치과전문학교를 나와 뉴욕대 치과대학원을 졸업한 로 박사는 메릴랜드에서 개업했다. 부인은 피아니스트인 이효숙 씨로 그 언니가 이화여대 교수이며 여성학계의 선구자인 이효재다. 선우학원 박사와 함께 로 박사는 한반도 중립화론을 주창한 김용중의 수양아들이기도 하다.

문명자와 로 박사 부인의 싸움

로 박사와 얽힌 잊지 못할 장면이 떠오른다. 하루는 로 박사로부터 자기 집에서 저녁이나 함께 하자는 연락이 왔다. 메릴랜드의 댁으로 가보니 독일에서 활동하는 작곡가 윤이상 씨 내외, 프랑스의 이응노 화백, 유럽에서 활동하던 이영빈 목사, 그리고 미국의 대학에서 교편을 잡고 있던 피아니스트 한동일씨가 와 있었다. 세계적인 음악가와 화가, 그리고 피아노의 거장이 한 자리에 모인 것이다.

이런저런 대화가 오가다 한동일의 피아노 반주에 로 박사가 노래를 불렀다. 로 박사는 치과의 이전에 성악가이자 평론가, 작곡가로 독창회도 열고 빼어난 가곡도 만든 음악가였다.

그때 언론인 문명자씨가 나타났다. 잠시 후 문간방 쪽에서 쿵쿵거리는 소리가 들리고 고성이 오가며 시끄러워졌다. 문 씨와 로 박사의 부인 간 격렬한 언쟁과 몸싸움이 일어난 것이다. 그 뒤 로 박사는 나에게 그날 기상천외한 해프닝이 일어난 사연을 입단속을 당부하며 들려주었다.

"내가 북한에 가면 대남총책인 김중린이나 고위 관리들이 마중 나오곤 했어. 그런데 지난번 방문엔 순안비행장에 아무도 영접을 나오지 않더구만. 사전에 연락을 해두었는데 이상한 일이 벌어진 거야. 3시간이나 지나서야 말단 직원이 나와 우리 일행을 데려갔어. 불 같이 화가 났지. 나중에 알고 보니 문명자가 북한 측에다 로광욱, 선우학원이 미국 CIA 소속이라고 거짓을 일렀다는 거야."

그 후 문명자씨가 김일성과 함께 찍은 사진이 보도된 것을 보고서야 로 박사 댁에서의 해프닝이 이해가 됐다.

11

김형욱, 친북 노선으로 선회하다

– "박정희 모든 만행, 녹음해 놓았다"

김형욱, "날 못 건드려"

김형욱 전 중앙정보부장에 관해서도 몇 줄이라도 남겨놓아야 하겠다. 김형욱이 미국에 온 지 얼마 안돼서 갑자기 나를 만나자는 연락이 왔다. 뉴저지에 체류하던 그를 내셔널 공항(현 로널드 레이건 내셔널 공항) 카페테리아에서 만났다. 중정 서울분실장을 지낸 백태하와 동서라는 김 모와 함께였다.

"내가 미 하원 청문회에 가서 박정희 독재를 고발하려고 하는데 당신이 좀 도와 달라."

그의 요청에 나는 "우선 진정성 있게 행동하고 동포사회의 민심부터 수습하라. 당신은 여야 어느 쪽으로 붙어도 원성을 사게 돼 있다"고 따끔하게 충고를 해주었다.

"내 신변은 걱정하지 않는다. 박정희의 모든 만행은 내가 녹음하여

1977년 7월5일자 한민신보에 실린 민병권 장관과 김형욱 관련 기사

뉴욕 체이스 맨해튼 은행에 수록해 놓았다. 나를 건드리면 즉각 모든 비밀이 자동적으로 폭로되게끔 돼 있으니까 절대 나를 못 건드린다."

그는 매우 거만하고 단호하게 말했다.

하루는 김형욱이 내 집으로 전화를 걸어왔다.

"박정희가 민병권(무임소장관)을 내게 보낸다고 하는데 어떻게 하지?"

그런 내용이었다. 나는 진지하게 충고를 해주었다.

"두말 할 나위가 있겠소. 유신헌법 철폐하고 구속당한 학생들과 정치인들을 모두 석방하라. 그리고 민정(民政)으로 돌아가라는 요구를 해야 한다."

나중에 알고 보니 박정희는 민병권에게 정성껏 만든 고급 한과를

11. 김형욱, 친북 노선으로 선회하다 **93**

들려 보내며 김형욱을 회유하려 했다.

"김 부장, 모든 것을 잊고 고국에 돌아와 함께 일해 봅시다."

김형욱은 민병권을 통해 자신의 요구사항을 전달했다. 처 신영옥과 장남의 여권을 연장해줄 것, 서울 돈암동의 자기 소유의 건물을 건드리지 말 것 등이었다. 자신의 치졸함을 여지없이 드러낸 것이다. 그 후 나는 김형욱과 심한 직설적 언쟁을 주고받고서 관계를 끊어버렸다.

김형욱 실종의 수수께끼

김형욱은 망명 초기만 해도 사진기자가 빨간 양말을 신은 것을 트집 잡을 정도로 철저한 반공주의자였다. 그런데 그가 실종된 1979년 무렵에 이상한 소문이 돌기 시작했다. 군 출신 몇 명이 북한과 밀접한 관계를 맺고 수시로 북한을 드나들었는데 김형욱과 이들의 관계가 깊어졌다는 풍문이었다. 그런데 그가 실종되기 얼마 전 느닷없이 한민신보에 전면광고를 의뢰해 왔다. 그 내용을 보면 그의 사상이 180도 변했는지를 실감할 수 있을 정도였다.

김형욱의 파리에서의 실종을 놓고 한국 중앙정보부원들에 납치돼 청와대 지하실에서 박정희가 직접 총살을 했다느니, 불란서의 어느 닭장 분쇄기에서 그라인더로 갈려 없애졌다느니, 그럴듯한 추리들이 나돌았다.

그러나 그의 단세포적인 성품과 지적 수준으로 볼 때 어느 기관에서든지 쉽게 처단했을 가능성이 충분하다. 북한과 접촉했던 인사들이 그를 집요하게 세뇌시켰으며 쉽게 전향되었을 가능성은 얼마든지 있다. 이를 눈치 챈 한국이나 미국 측이 최장기간 정보부장을 지낸 그가 지녔을 수많은 비밀들이 공개되는 것을 우려해 처단했을 가능성도 배제할 수 없다. 북한의 밀사를 가장하여 북한으로 돌아서려는 그를 유인한 다음 없애버렸을 가능성에 무게를 두고 싶다.

뜻있는 사람들

반정부 분위기는 고조돼 갔지만 민주진영 내부는 평화스럽지만은 않았다. 질투와 사꾸라 모략이 성행하고 진짜 반독재 운동을 하는지를 알 수 없는 카멜레온 같은 인사들이 출몰했고, 경력과 학력, 고향 등을 버릇처럼 속이며 살아가는 자도 많았다.

1990년대 초반에 한 자리에 모인 워싱턴한인회장들. 앞줄 왼쪽부터 최제창, 서준택, 로광욱, 김응창, 뒷줄 왼쪽부터 고응표, 박규훈, 강철은, 신필영, 오석봉, 정세권

그런 가운데도 뜻있는 한인 지도자들은 조국의 앞날을 걱정하면서 한미동맹의 손상을 우려했다. 1976년 워싱턴한인회 고응표 회장은 미국 독립 200주년 기념행사 준비위원장으로 안홍균 씨를 선임하고 성대한 축하행사를 갖기로 했다. 안 위원장은 위스콘신 대에서 유학한 인물로 워싱턴지역 초대 한인유학생 회장을 지냈으며 훗날 코리아 게이트 때 미 의회에서 활약하기도 했다.

제3화

북한과 재미동포 사회

12

재미 지식인사회의 이념 성향

- 김용중, 로광욱, 선우학원, 강영훈, 김호길, 김웅수

김용중의 문도들

1960년대와 70년대의 재미 한인 지식인들 세계에서 정치와 이념적 경향은 크게 세 가지 형태로 나타났다.

일찍이 선진문물을 접하고 서구문화에 익숙한 선배 세대들을 중심으로 민족주의와 좌파적 경향이 짙어졌다. 치과의사이자 음악가였던 로광욱 박사와 피바디대에서 후학을 지도한 저명한 바이올리니스트 안용구 박사 같은 분들이다. 미 서부를 중심으로 활동했던 선우학원 박사도 여기에 포함된다. 이 분들은 무정부주의자이자 한반도 중립화론을 제창한 김용중의 '문도(門徒)'라 할 수 있을 것이다.

충남 금산 출신인 김용중은 1917년 도미해 하버드대와 콜럼비아대, 조지워싱턴대 등에서 수학한 분이다. 재미한족연합위원회에서 활동하다 워싱턴에서 '한국 사정사'를 설립해 한국 독립의 필요성을 미국사회에 알리는 등 독립 운동가로 명성을 떨치었다. 통일 지상주의자인 그는 비자 발급에 어려움이 있자 나이지리아를 경유해 북한을 방문하는 등 남북통일에도 앞장섰다.

로광욱 박사와 선우학원 박사는 김용중의 논리에 심취했으며 수양아들이기도 했다. 이승만과 박정희 독재정권으로 이어져온 남한 정치세력에 대한 그들의 반감과 불만은 비밀의 금원(禁苑)이었던 북한에 대한 호감으로 피어난 것 같다.

반면에 민족주의자들의 경우 미국의 제국주의적 속성에 눈을 뜨면서 자연스레 반미 성향을 띄게 되고 그것으로 인해 좌익으로 몰리는 이들도 있었다. 이른바 '관제 빨갱이'였다.

강영훈과 김대중의 대화

이에 비해 보수적인 인사들은 반공 체제에 정신적 발을 들여놓았다. "배고파 죽게 생겼는데 민주주의나 인권 같은 헛소리 하지 말라"는 논리였다. 그런 자학적 국가주의자들은 자연스레 친 박정희, 우파 세력이 되었다.

워싱턴에 체류하던 강영훈(姜英勳) 전 총리 같은 분은 우파에 몸담았다. 군사영어학교 1기인 그는 육사 교장으로 있다 5.16 군사정변에 협조하지 않아 군복을 벗고 미국으로 유학을 왔다. 1970년 워싱턴에서 '한국문제연구소'를 설립한 그는 친정부 성향으로 바뀌었다.

그 무렵 강영훈과 김대중, 두 분이 워싱턴에서 만나 흥미로운 대화를 나누던 기억이 생생하다. 장소는 기억나지 않지만 내가 동석했던 것이다.

DJ가 강에게 박정희 군사정권에 동조하고 침묵할 것인가를 물었다. 이에 강영훈은 "독재는 불가피하다. 서구식 민주주의는 우리 실정에 맞지 않는다"고 반론을 폈다. 그러자 DJ는 "그럴수록 민주국가로 발전해 나가야 한다"고 맞받으며 설득했다. 그러나 강은 요지부동이었다. 그는 군인 출신답지 않게 장황하면서도 논리적으로 DJ의 설득을 피해나갔다.

김대중이 일본에서 납치되기 전, 워싱턴에 머무르고 있을 때의 일화다. 군 출신 장성들을 만나 의견을 청취하고 자신의 세력으로 규합하려던 정치인 김대중의 노력은 큰 효과를 보지 못했다.

김대중과의 회담 이후 강영훈 씨가 설립한 한국문제연구소는 한국 정부에서 돈을 대주고 있다는 소문이 나돌았다. 한국 국회에서 그 내용이 화제에 오른 적도 있었다. 중앙정보부 자금이 흘러들어간다는 것이었다.

강영훈은 1976년 말쯤, 미국에 온 지 십 수 년 만에 귀국했다. 그리고 얼마 뒤 외교안보연구원장으로 정부에 몸을 담았다. 그 후 영국 대사도 지내고 노태우 정부 때 국무총리를 역임하기도 했다.

중도주의자들

좌파와 민족주의자, 그리고 우파의 한편에는 공산주의도 나쁘지만 이승만, 박정희 독재도 싫다는 중도주의자들도 있었다. 나 같은 경우가 그랬다. 나와 비슷한 생각을 가진 분들도 더러 있었다.

훗날 포항공대 총장을 지낸 김호길(金浩吉) 박사를 잊을 수 없다.

경북 안동 출신인 그는 서울대 물리학과를 나와 영국을 거쳐 1966년부터 메릴랜드 대학교 물리학과 및 전기공학과 교수로 재직했다. 그가 이 대학에서 주도한 방사선 가속장치는 획기적인 업적이었다.

김 박사는 탁월한 물리학자이면서 진정한 애국적 교육자였다. 미국의 한국계 과학자들의 요람인 재미한인과학기술자협회를 창립해 한미 과학계 발전에 이바지한 공은 두고두고 기억될 것이다. 또 1970년 한인 이민자들이 몰려오자 2세들의 한글과 정체성 교육을 위해 워싱턴 지역에 처음으로 한글학교를 설립한 이도 그다.

그의 선구적 업적에는 포항공대 설립도 빠트릴 수 없다. "제대로 된 국제적 수준의 공과대학 하나 없는 나라가 어찌 산업발전을 이루겠느냐"며 박태준 포항제철 사장과 담판을 벌여 포항공대의 초석을 다져 인재들을 배출하고 있는 것이다.

그는 '안동 양반'의 풍모를 지닌 지사적인 성품에 양심적이고 정의로운 분이셨다. 박정희의 유신체제에 "지금 때가 어느 때인데"하며 반기를 들었고 시위에도 몇 차례 참가하였다. 그는 민족주의자이자 자유민주주의의 신봉자이면서 반공주의자였다. 안타깝게도 1994년 이른 나이에 타계했다.

강영훈의 처남인 김웅수 장군도 빠트릴 수 없는 인물이다. 그는 6.25 동란 당시 2사단장으로 공산세력을 막아내는데 앞장섰으며 6군단장이던 1961년 박정희 소장과 현대사를 가르는 건곤일척의 승부를 벌일 뻔 했다.

남로당 출신의 박정희 장군이 공산혁명을 일으킨 게 아닌가 생각한 그는 쿠데타군 진압에 나서려다 실패하고 반혁명혐의로 체포돼 옥고를 치렀다. 그리고 미국에서 제2의 인생을 시작해 시애틀의 워싱턴 대에서 경제학 학사와 석사를, 워싱턴 DC에 있는 가톨릭 대에서 박사학위를 받고 이 대학에서 후학들을 가르쳤다.

그가 은퇴 후 한 말이 떠오른다.

"훗날 누가 옳은가를 증명하기 위해 자기 변신에 온 힘을 쏟았다."

비록 쿠데타 진압은 실패했지만 박정희와의 역사적, 개인적 대결을 계속해왔음을 토로한 것이다.

그는 학자로서는 재미 교수, 지식인들로 구성된 국제 한국학회를 이끌었고 한인 2세들을 인재로 양성하기 위해 한미장학재단 창설에 앞장섰다. 그는 정직하고 정의로운 인격자의 풍모를 늘 잃지 않으려 노력했으며 문무(文武)의 드문 합일체(合一體)를 이룬 분이다.

물론 박정희의 3선 개헌과 유신독재에 반대하며 시위에도 참여했지만 그는 군인의 본분을 지키려 했고 정치와는 스스로 담을 쌓았다. 김대중 씨가 김 장군에게도 손을 내밀었지만 그에 동조하지 않았다. 거의 모든 정권에서 입각 등의 제의를 했지만 한사코 사양했다. 군의 정치적 개입은 반칙이라는 소신을 끝까지 지킨 것이다.

그는 가톨릭 대에서 은퇴 후 귀국하여 고향인 충남 논산의 건양대에서 몇 년간 교수로 재직한 후 돌아왔다. 그 후 만년에 자신을 낳은 모국으로 귀향한 그는 2018년 95세로 타계했다.

13

북한의 재미동포사회 침투 및 회유 공작 실태

-북한 유엔대표부의 방북 초청

73년 유엔대표부 설치와 친북화 공작

1970년까지만 해도 북한의 재미 동포사회 침투활동은 미미했다. 당시만 해도 한인 인구가 얼마 되지 않은데다가 한국도 마찬가지였지만 북한도 미국에 대해서 너무 몰랐다. 물론 북한과 미국은 외교관계도 없는 적대 국가였다. 북한이 미국에 합법적으로 침투할 수 있는 여건도 조성돼 있지 않았다.

재미동포사회에서도 사정은 비슷했다. 공산주의에 경도된 이들조차 북한에 대해 무지했다. 북한은 그 자체가 금기어였고 그와 관련된 모든 책자 등이 불법화되어 있어 알 수도 없었다.

북한이 미국의 한인들에게 눈을 돌리기 시작한 건 1973년이 기점이다. 그해 9월 북한의 유엔대표부가 최초로 뉴욕에 설치됐다. 1953

년 7월 한국전 정전 후 처음으로 미국 땅에 북한의 외교관들이 들어온 것이다.

당시는 한국인들의 미국 이민 붐이 일던 시기였다. 해마다 수만 명의 한국인들이 미국에 건너와 정착하면서 재미 한인사회의 규모가 커졌다. 미국과의 관계 개선을 염두에 둔 북한은 자연스럽게 재미 한인들을 친북화하려는 공작을 벌이기 시작했다. 유신독재 체제에 비판적인 한인사회 분위기에 맞춰 일본의 조총련처럼 재미한인사회를 친북세력화하려는 의도였다. 주 대상은 지식인들이었다.

훗날 코리아 게이트로 시끄러울 때 중앙정보부 뉴욕 분실장을 하다 망명한 손호영이가 미국에 제공한 '76 대미공작 방안'은 KCIA가 얼마만큼 미국 내 친북세력 확산 저지에 골몰했는지를 잘 보여준다. 재미 한인들에 대한 북괴의 침투를 저지하고 와해하는 것이 그 공작의 주요 목표의 하나였다. 그만큼 한국 정부도 재미동포들의 친북화 가능성을 우려하고 있었던 것이다.

카터 행정부 시절이던 1977년경 이뤄진 북한 여행금지 조치가 해제된 것도 영향을 미쳤다. 이로 인해 1980년대 들어 임시 여권을 만들어 북한을 드나드는 변칙 입북이 이뤄졌다. 북한으로서는 가족상봉 등의 명목으로 재미 한인들을 초청하는 방식으로 자연스럽게 회유공작에 나설 수 있게 된 것이다.

북한 유엔 대표부로부터의 편지

뉴욕에 북한 대표부가 설치된 지 얼마 지나지 않아서였다. 한민신보 사무실로 낯선 편지가 한통 날아왔다. 발신자는 조선민주주의인민공화국 유엔 대표부였다. 의외의 편지를 받고서 궁금함에 서둘러 편지를 뜯어보았다.

그 안에는 어디서 구했는지 한민신보 구독신청서와 함께 35달러가 적힌 수표가 들어 있었다. 당시 월 구독료가 7달러이니 5개월 어치인데 왜 하필 5개월 어치를 보냈는지는 지금도 모른다. 그런데 수표를 보니 사인 란에 '조선민주주의인민공화국'이란 시퍼런 색깔의 철인이 찍혀 있었다. 그때까지만 해도 북한 관리들은 수표에 사인(서명)하는 것을 몰랐던 것 같다.

한민신보는 반정부 신문에다 전국지였기에 뉴욕대표부에서도 관심을 갖고 신청했겠구나 하는 생각이 들었다. 구독 신청서에는 전화번호도 적혀 있었다.

언론인으로서 호기심이 발동했다. 북한의 유엔 대사를 인터뷰해 보자는 욕심이 생겼다. 그래도 북한 대표부와 연락을 취하는 게 선뜻 내키지 않아 로광욱 박사에게 연락을 드려 자문을 구했다. 로 박사는 연락을 해보라고 권유했다.

결심이 서자 다이얼을 돌렸다. 수화기 너머로 북한 억양의 말씨가 들려왔다. 내 신분을 밝히자 "정 선생님 반갑습니다"하며 환대해주었다. 난 전화를 건 취지를 설명했다.

"권민준 대사와 회견을 했으면 합니다." "글쎄요… 보도가 성실히 되겠습니까?" "이번 기회에 탁 터놓고 이야기하면 좋지 않겠습니까."

전화를 받은 상대는 "글쎄요"만 되뇌었다. "연락을 주세요. 기다리겠습니다"하고 난 전화를 끊었다.

그러나 1주일이 지나도 아무런 연락이 없었다. 유엔대표부로 전화를 거니 "좀 더 기다려 달라"는 답만 해주었다.

20일 뒤 마침내 전화가 왔다. 아마도 평양에 남한 출신 동포 언론과의 접촉 재가를 받느라 시간이 걸린 것 같았다.

"좋습니다. 다만 여기 오시는데 조건이 있습니다. 대화내용을 보도하지 않았으면 합니다."

비보도란 전제조건을 내건 것이다. 대담 내용을 보도 않으면 사적인 만남이 된다. 자칫하다 친북인사로 의심 받을 수도 있겠지만 용기를 냈다.

"내가 당신들을 비밀리에 만나면 곤란한 일이 생깁니다. 전체는 아니더라도 일부라도 보도해야 합니다."

그러나 유엔대표부측은 완강했다. "보도는 안 된다"고 거듭 강조했다. 더 이상 어쩔 수 없었다. 유엔 대사와의 대담을 포기하든지 그들의 조건을 들어주든지 해야 했다. 생각해보니 저들은 회견에서 자칫 말실수를 할 경우 평양으로부터 돌아올 추궁과 책임을 두려워하는 것 같았다.

나는 일단 저들의 요구를 들어주고 상황을 봐가며 보도를 할 기회가 오지 않을까 생각했다. 일단 회견 내용은 밝히지 않되 회견을 했다는 사실 자체만 공개하기로 합의를 보고 대담 날짜가 정해졌다.

북한 대표부는 뉴욕 시내의 월도프 아스토리아 호텔 6층에 있었다. 오래된 럭셔리한 최고급 호텔이다. 문 앞에 당도하니 덩치가 큰 사내가 기다리고 있었다. 악수를 하는데 손이 마치 쇠뭉치 같이 느껴졌다. 최철수란 인물이었는데 세련되지 않은, 우람한 모습이었다. 대표부에는 손님들을 위한 방명록도 준비되어 있지 않았다.

대사실로의 안내는 권호 1등 서기관이 해주었다. 그 역시 세련된 인상은 아니었다.

문이 열리자 권민준 대사가 앉아 있었다. 키는 작지만 잘 생긴 사내였다.

"어서 오시라요." 일어나서 반갑게 인사를 건네는 그의 눈빛에서 긴장감이 엿보였다. 미국에 와서 남한 민간인을 만나는 게 최초라고 했다. 인사를 나누고 그에게 궁금한 걸 물었다.

"권 대사님. 김일성 주석의 서랑(사위)으로 소문 나 있던데 사실인가요?"

그는 빙긋이 웃으며 "글쎄요. 그런 보도들이 나갔다지요. 사람들이 뭐라고 그러던가요?"라며 대답을 피해갔다. 우리 옆에는 권호 1등 서기관이 앉아서 대담 내용을 경청하고 있었다. 권 대사와 권호 서기관이 서로 발언을 확인하는 그런 형태였다. 권 대사가 "동무, 그렇지 않소?"라고 물으면 권 서기관이 "예, 맞습니다. 동지." 이런 식이었다. 나는 그 자리에서 북한에서는 높은 직위의 사람이 아랫사람에게 '동무'라고 하며 아랫사람이 높은 사람에게 '동지'라는 호칭을 쓴다는 것을 알아차릴 수 있었다. 또한 그 자리는 대사와 서기관이 상호 감시하는 형태임을 직감했다.

권 대사는 투쟁적인 내 삶을 극구 칭찬했다. "해외에서 반정부 활동을 하는 유일한 언론으로서 영웅적 활동을 하고 계신다"고 추켜세웠다.

내 과거와 학생운동 경력을 잘 알고 있는 듯했다. 조소앙 선생의 선거 사무장을 지낸 내 조부(정동진)가 6.25 때 납북된 사실도 알고 있었다. 나에 관해서 이미 샅샅이 파악해놓고 있었던 것이다. 그네들의 정보력에 놀라움을 금할 수 없었다. 그들은 심지어 내가 논산훈련소 시절에 일으킨 영외 이탈사건에 대해서도 알고 있었다.

논산훈련소 영외 이탈사건

내가 입대한 것은 4.19혁명 직전인 1960년 2월16일이었다. 당시 논산훈련소장은 한신 장군이었으며 2중대장은 육사 출신의 하상진 대위였다. 훈련소에 배 모라는 중대 부관이 있었다. 모 지방 출신인 그는 서울 출신들을 심하게 괴롭혔다. 걸핏하면 "서울 놈의 XX들" 하면서 증오심을 드러냈다. 구타도 일삼았다.

입영한 지 1주일 되던 무렵이다. 첫 영외 훈련을 나갔다. 사격훈련장으로 가는 언덕길에서 '이동 주보'들이 줄줄이 따라 다녔다. 훈련병들을 상대로 양담배와 카스테라 같은 걸 파는 행상들이다. '이동 주보'를 이용하지 말라는 지시가 있었지만 우리는 사격 훈련을 마치고 부대로 돌아오는 길에 이것저것을 사고 말았다. 그게 사단이 되어 배 모 중대 부관의 눈 꼬리가 치켜 올라갔다. 쌍욕을 내뱉더니 그 비탈길에서 총을 들고 토끼뜀을 시켰다. 그리곤 많은 주민들이 보는 앞에서 심하게 구타를 가했다. 토끼뜀과 구타에 곤죽이 된 동료 훈병들의 모습에 왈칵 감정이 북받쳐 올랐다.

부대로 복귀해 식사시간이 되었다. 배식을 하고 내무반 침상에서 모두들 밥을 먹기 시작하는데 내가 비참한 꼴을 보고 화가 나 식판을 걷어 차버렸다. 그게 도화선이었다. 참았던 울분이 터져 나오며 모두 식사를 중단하고 밖으로 뛰쳐나갔다. 30연대 2중대 3소대원들을 비롯해 중대 훈병 모두가 뛰쳐나와 동요하기 시작했다. 일부는 연대장실로 가자고 외치다 제지를 당하기도 했다. 자칫 반란으로 취급될 수도 있는 상황이었다.

연무대 기자들도 뛰어오는 등 한바탕 소동이 벌어졌다. 특무대에서 내 명찰을 떼어갔다. 주동자로 찍힌 것이다. 특무대는 보안사령부,

기무사의 전신으로 악명을 떨치던 곳이었다. 나와 함께 6-7명이 끌려갔다. 연대 특무대장은 대위 계급이었다. 그들은 나를 가운데에 세워놓고 양 옆의 내 동기들부터 족쳤다. 잘못 하다간 몸도 크게 상하고 영창에 갈 상황이었다. 나는 꾀를 냈다.

"훈련소장 직통전화 좀 쓰게 해주십시오."

"누구야?"

어이가 없다는 듯, 다들 날 노려보았다.

"여기 군대야 임마!"

내가 기 죽지 않고 당당하게 나가자 특무대장이 내 신상명세서를 다시 훑어보는 게 보였다. "네 아버지 뭐해?" "무직입니다."

나는 특무대장의 심경의 변화를 읽고 큰 소리로 답했다.

내 가친(家親)의 함자는 정명섭이다. 공교롭게도 국회의원 중에 같은 이름이 있었다. 그는 3선의 자유당 중진의원이었다. 게다가 함께 입대한 훈병들 가운데는 대법원장 김병로의 손자, 현석호 국방장관의 조카 등 고관들의 연고자가 많아 기간 장병들이 훈병들을 매우 조심스럽게 다루는 분위기였다.

나는 신상명세서에 아버지의 직업을 무직이라고 적어 놓았다. 특무대장이 겁도 없이 구는 나를 정명섭 의원의 아들로 착각한 듯 했다. 그의 말투가 다소 부드러워졌다.

"어떻게 된 거야. 자초지종을 말해봐."

다음 날 연대장으로부터 호출이 있었다. 연대 군목교회로 7명의 주동자가 불려갔다. 연대장이 "정기용 훈병 어디 있어?"라고 묻자 난 "훈병 8074!"하며 큰 소리로 경례를 붙였다. 그러자 연대장인 양봉직 대령은 "음. 훈련이 잘 돼 있구먼."하며 사건 경위를 말해 보라고 하였다.

"우린 군인이 되려고 여기 왔지만 이제 1주일밖에 안 됐습니다. 지휘관에게 무조건 복종해야 하나 계속 서울 놈들이라며 욕설을 하고 기합과 구타를 했습니다. 또 지방 사투리를 남용하고 이동 주보를 이용했다고 주민들이 보는 앞에서 기합과 구타를 해 도저히 참기 힘들어 반항한 것입니다. 이래서 누가 자식을 마음 놓고 군대에 보내겠습니까."

양 연대장은 "내 동생도 전방에 가 있다. 지휘관들에 따라 부족한 점이 있는 사람도 있다는 걸 잘 안다."면서 점잖게 훈계하였다. 그는 서울 법대와 육사 6기를 졸업한 강직한 군인으로 훗날 중장으로 예편했다. 그의 형은 공화당 중진으로 삼선개헌에 반대한 양순직 의원이었다.

나만 빼고 6명이 영창으로 보내졌다. 훈병들을 괴롭힌 배 모 중대 부관은 어디론가 전보 발령돼 갔다.

1960년경 논산훈련소 복무 당시 김종인(왼쪽)과 함께. 대통령 경제수석과 더불어민주당 및 국민의힘 비대위원장을 지낸 김종인은 고교 때부터 친구로 같이 입대해 군 생활을 했다.

"김구 선생 이후 공개초청은 처음"

그 영외 이탈 사건을 북한 대표부에서 어떻게 귀신 같이 알고 칭찬을 했으니 내가 속으로 놀라지 않을 수 없었던 것이다. 그들이 내 뒷조사를 샅샅이 한 사실을 알자 마음이 불편해졌다.

"칭찬은 그만 했으면 좋겠습니다. 난 서울에 민주정부를 세우는 게 목적입니다. 북한을 잘 알지도 못하고 지지하는 것도 아닙니다."

그렇게 선을 미리 그었다. 이승만 독재의 허구성과 통일문제 등에 대해 전반적으로 대화가 오갔다.

"남한에서 아무리 해봐야 미국의 식민지에 불과합니다. 진짜 해방된 건 북조선뿐입니다. 이승만 주구가 다스리던 남한을 해방구로 만들어야 합니다."

권민준 대사는 정치선전을 늘어놓았다. 그게 나와 북한 인사와의 첫 대면이었다. 나오는 길에 선물을 줬다. 보천보, 모란봉이란 이름의 담배와 인삼, 그리고 선전용 책자였다.

얼마 뒤 북한 대표부에서 다시 전화가 걸려왔다. 권민준 대사와의 인터뷰가 성사된 것이다. 내가 터프하게 말하는 것이 좋았던지 권 대사가 호의적으로 반응했다. 그는 노동당 연락부 부부장, 국제부 부부장을 거쳐 1984년에는 김일성의 소련·동구권 순방을 수행한, 북한 외교에서 중추적 역할을 맡았던 인물이다. 그 후 노동당 중앙위원회 후보위원이자 부부장으로 있다 1994년 65세를 일기로 사망했다고 한다.

뉴욕에 다녀온 지 얼마 뒤 권호 1등서기관에게서 연락이 왔다.

"정 선생님. 북조선에 한번 다녀오실 생각 없으세요? 가보시면 알겠지만 낙원입니다."

그는 이북에 대한 자랑을 늘어놓았다.

"내가 거기 가면 어떻게 되겠습니까."하고 거절의사를 밝히자 "언론하시면서 그래도 한번 다녀가서 직접 봐야 비판도 제대로 할 수 있지 않겠습니까."라며 날 회유하려 들었다.

"그럼 내가 방북하는 걸 공개하고 비밀 방북이 아니라 공개 초청하면 가겠습니다."

만약에 내가 비밀리에 북한을 다녀오면 간첩으로 몰릴 수도 있기에 공개 초청을 요구한 것이다. 권 서기관은 "기다리시면 연락드리겠습니다."고 답했다.

그런데 어떻게 정보가 새나갔는지 주미 한국대사관에서 사람을 시켜서 날 떠보는 등 난리가 났다. 그러다 한 달 뒤쯤 북한 유엔 대표부에서 연락이 왔다.

"김구 선생 이후 공개 초청은 정 선생님이 처음입니다."

백범 선생이 남북협상을 위해 방북한 사례를 들며 그들은 공치사를 했다.

"좋습니다. 공개적으로 다녀오도록 합시다. 그 전에 나도 한민통의 허락을 받아야 합니다. 개인 차원의 방북은 못합니다."

이태영 여사 "가면 빨갱이로 다 몰린다"

한국민주회복통일촉진국민회의(한민통) 회의가 소집되었다. 이근팔, 강영채, 이성호, 김응창, 민윤기… 등 11명이 모였다. 나의 공개 방북을 둘러싼 의견은 팽팽히 갈렸다.

"북한의 실정을 알아보고 그 의도가 뭔지도 파악해보는 게 좋겠다."

"자칫 북에 세뇌당해 이용만 당한다. 한민통의 색채도 이상해진다."

긍정과 우려가 교차하며 결국 찬반투표로 갔다. 당사자인 내가 빠지고 한 투표 결과 절묘하게도 5 대 5였다. 내 의사에 맡기겠다는 결정이 내려졌다.

숙고했지만 나로서도 쉽게 결정을 내리기가 어려웠다. 한창 고민에 빠져 있을 때 서울에서 전화가 왔다. 한국 최초의 여성 변호사이며 한국 가정법률상담소를 설립해 여성 인권과 민주주의를 위해 앞장서 온 이태영 여사였다. 그의 아들인 정대철 전 의원은 당시 미주리대에서 유학중으로 내가 운영하던 한민신보 논설위원을 하고 있었다.

"지금 다 끌려가 있는데 정 사장이 북한에 가면 다 빨갱이로 몰린다. 절대 안 된다."

이 여사는 극구 말렸다. 당시는 김대중 납치사건 이후 전국의 대학생들이 반 유신투쟁에 돌입하고 73년 말부터 개헌 청원 100만인 서명운동이 전개되던 시기였다. 이에 유신정권은 74년 1월 긴급조치 1호와 2호를 발표하며 민주세력에 대한 전면적 탄압에 나섰다. 이어 얼마 뒤인 74년 봄에는 민청학련(전국민주청년학생총연맹) 사건과 2차 인민혁명당 사건을 날조하며 공포 분위기를 조성하고 있었다.

나 때문에 국내의 민주인사들이 더욱 곤경에 처할 수 있다는데 내가 방북할 수는 없는 노릇이었다. 나는 북한 방문 건을 취소하기로 결정했다.

14

"미국의 정기용을 데려와라"

- 친북 재미동포들을 동원한 회유

민족주의 구호와 반미 분위기

국내외의 반독재 운동이 고조되면서 북한은 반(反) 박정희 정서를 이용해 동포사회에 접근하는 전략을 썼다. 즉, 자신들도 남조선 민주화에 동의한다면서 "당신들은 반 독재 민주화운동을 잘 하고 있다"는 식으로 민주인사들을 띄우는 것이다. 반 박정희가 공동의 목표인양 비난하는 방식으로 우호적 관계를 만들려 했다.

그러면서 한편으로는 남한이 민주화가 안 되는 것은 미국이 조종하기 때문이라며 은근슬쩍 반미운동을 부추겼다. 이런 선전활동에 어린 학생들은 넘어가기 십상이었다.

피압박 민족에게 있어 민족주의란 매력적인 구호였다. 이런 방식으로 북은 접근해왔다. 육도삼략에 나오는, 웃음 속에 칼이 감추어져 있다는 '소리장도(笑裏藏刀)'의 전략이었다.

북한의 은근한 공세 속에 상당수 민주진영 인사들이 이북과 접촉하고 있다는 설이 퍼지기 시작했다. 고세곤 등 예비역 장성, 장교들이 결성한 '구국향군' 소속 인사들의 대북 접촉도 많아졌다. 최덕신과 최홍희는 물론, 이용운 해군 제독, 최석남 장군 등이 북한을 다녀왔다는 설이 은밀하게 그러나 파다하게 소문났다.

물론 당시에 북한을 왕래하려면 일본이나 북경을 통해 임시여권으로 다녀오곤 했기에 방북 증거는 없었다.

그런 분위기 속에 터져 나온 대표적인 사건이 이용운 전 제독의 북침설 파동이었다. 그는 일본 한민통 계 잡지인 '민족시보(발행인 정경모)' 및 일본 군소 언론과의 기자회견에서 "남한이 북한을 먼저 침공했다"는 북침설을 제기해 큰 파장을 일으켰다.

미국 내 반독재 세력 내에서 반미 분위기가 무르익고 구호가 등장한 것도 이 시기다. 북한의 선전선동 활동이 동포사회에 침투, 확산하는데 일부분 성공한 것이다.

김광서 박사와 신대식 목사 등이 주축이 된 조직인 '재미민주한국촉진회(일명 민촉)'나 그 후 로광욱 박사, 임창영 전 유엔 대사, 선우학원 박사 등이 중심이 된 '민주사회건설협의회'(일명 민건)가 결성된 것도 이 무렵이다.

이들 단체는 민주화 보다 '선 통일론'을 주장했으며 북한과의 교류협력을 중시했다. 좌파 민족주의의 경향이 짙어졌다.

"정 사장, 북에 한번 가봐야 해"

나에 대한 북한 당국의 간접적인 방북 회유 공작도 계속됐다. 북측과 교류가 잦은 인사들이 내게 접근해왔다. 북한 내부에서 나에 관한 이야기가 많았던 모양이다. 물론 그들은 '자의'에 의한 접근으로 받아들여야 했다.

　LA의 고종구란 인물도 그 중의 하나였다. 그는 몇 차례나 전화를 해 내게 북한을 한번 다녀올 것을 권유했다. 그는 한국전이 끝난 다음 해인 1954년 5월 필리핀 마닐라에서 열린 제2회 아시아경기대회 역도 미들헤비급에서 금메달 5개를 들어올린 역사(力士) 출신이었다.

　육군 통신감을 지낸 최석남 장군은 한민신보를 발행하는데 고생이 많다며 공판 타자기를 사줬다. 순수한 호의일 수도 있으나 최 장군은 "자네 한번 갔다 와야지"하며 넌지시 방북을 권했다.

　해군 참모총장을 역임한 이용운 제독은 두 차례나 LA서 비행기를 타고 워싱턴으로 날아오기도 했다. DC의 메이플라워 호텔에 여장을 푼 그가 만나자고 연락을 해 왔다. 이 제독은 "고생이 많다"면서 "정 사장, 북한이 우리가 생각하는 것과 달라. 한번 가봐야 해."라고 날 설득하려 했다.

　당시 해외 반독재민주화 운동의 거물들을 이북으로 데려가면 점수를 따고 포상을 준다는 말이 나돌았다. 아마도 그들의 열정에서 나온 호의 보다는 "미국의 정기용이를 데려와라"는 북측의 종용이 작용한 게 아닌가 하는 생각이 들었다.

　물론 나도 북한이란 미지의 세계에 대한 궁금증은 있었다. 그것은 단순한 호기심이 아니라 내 민족이며 통일의 대상으로서의 관심이었다.

　하지만 주위의 권유가 있어도 내겐 북한을 방문할 경비가 없음은 물론이고 우선 북한 자체를 신뢰하지 않았다. 내가 간다 해도 그들의 입맛에 맞는 곳에만 데려가고 그들이 연출한 선전행위에 이용만 당할 수도 있었다. 무엇보다 '신변 보장'이 우려되기도 했다. 그 때 내가 개인 자격으로 은밀히 방북했다면 영원히 헤어 나올 수 없는 '굴레'에 갇혔을 지도 모른다.

로광욱 박사의 권유

하지만 내가 개인적으로 좋아하는 로광욱 박사의 권유는 뿌리치기가 쉽지 않았다. 로 박사는 북한과 긴밀히 교류를 했지만 엄밀히 말해 공산주의자는 아니었다.

나중에 로 박사는, 내가 신변 보장을 걱정하니 북한을 방문하는 대신에 제3국에서 북측 인사들과 만나 대화를 해볼 것을 제안했다. 장소는 북유럽의 스웨덴이었다. 물론 로 박사의 제안은 북측의 제안이나 다름없었다. 일단 방북이란 부담은 들어낸 제안이라 관심이 쏠렸다.

나는 북측에 물었다. "왜 자꾸 만나자는 거냐?"

"우리는 한국의 민주화에 같은 생각을 갖고 있다. 민주화란 관심사에 대해 논의하자는 거다."

'민주화 논의'란 만남의 조건에 나는 스웨덴 행을 응낙했다.

15

"김일성 수령님도 만나게 해 주겠소"

- 스웨덴에서의 밀봉교육

민주화 논의를 위한 스톡홀름 행

로 박사가 스웨덴 행 항공권을 갖다 주었다. 뉴욕에서 스칸디나비아 항공을 타고 스톡홀름으로 가는 항공편이었다.

한국전 휴전 후 중립국 감독위원회 멤버이기도 한 스웨덴은 1973년 북한과 수교 후에 활발한 교류를 하고 있었다. 북한 대사관도 개설돼 있었다.

집에는 디트로이트에 볼 일이 있어 간다고 둘러댔다. 당시 한민신보는 미주 5개 도시에 지사를 운영하고 있었는데 디트로이트에도 지사를 개설하려고 준비하던 중이기도 했다. 아내에게 사실을 말하지 않은 것은 공연히 불안해하거나 오해 받을 수도 있을 것을 염려했기 때문이었다.

정확한 시점은 아니지만 1976년 늦가을로 기억된다. 북측 인사들과 만나 '민주화 논의'를 하기 위해 스톡홀름 공항에 내렸다. 도착하니 북한인 2명이 두리번거리다 날 보더니 차에 태워 어디론가 데려갔다. 스톡홀름 근교의 어느 모텔이었다. 근방에 주유소가 눈에 띄었다.

모텔로 데려가다니 "이게 아닌데"하는 생각이 들었다. 그들은 "여기서 하루만 기다려 달라"고 말했다. 무슨 영문인지는 모르지만 도착 첫날, 무료하게 저녁을 먹은 후 택시를 불러 타고 시내로 갔다. 시내 구경을 하다 '맥심 나이트클럽'이란 간판이 눈에 띄어 들어가 혼자 술을 마시고 모텔로 돌아왔다.

지하실에서 본 북조선 영화들

다음 날 북측 인사 몇 명이 찾아와 날 데려갔다. 숲으로 둘러싸인 근사한 경치의 주택가였다. 정원이 아름답게 꾸며진 집으로 들어가니 북측 인사들이 나와 "오셨냐"면서 환대해 주었다. 그 중에는 뉴욕 대표부를 처음 방문했을 때 만난 권호 서기관도 있어 반갑게 인사를 나눴다. 그는 '권일호'란 이름을 쓰고 있었다. 대화 중에 알았지만 그는 김일성 종합대학을 졸업했으며 서민적인 스타일이었다.

첫 날과 달리 진귀한 한국 음식을 차려놓고 융숭하게 대접했다. 식사 후에는 영화를 보자며 지하실로 데려갔다. 지하에는 영사실이 꾸며져 있었다. 이 곳은 북한 대사관은 아니고 일종의 아지트가 아닌가 생각했다.

"북조선 영화를 보신 적이 있습니까?"라고 그들이 물었다. 물론 전혀 없었다. 지금은 널리 알려졌지만 '꽃 파는 처녀' 같은 영화, 그리고 북한 무용단의 일본 공연 녹화한 것을 보여주었다. 생전 처음 접하는 북한 영화를 난 눈이 동그래져서 보았다.

   스톡홀름에서 3박4일 동안 '이준 열사'를 비롯해 북한 영화를 스무 편은 본 듯하다. 일종의 세뇌공작이었다. 북한이 얼마나 좋은 나라인지, 사회주의 지상낙원인지를 영화와 문화라는 소프트 방식으로 주입시키는 것이다. 충격적인 요법보다 부드럽게 접근하는 방식으로 대상자들을 세뇌(洗腦: bainwashing) 시키는 게 더 효과적임을 그들은 간파하고 있었다.

   "이제 그만 쉬시지요."

   그들이 배정해 준 숙소로 가니 침실에서 이상한 냄새와 느낌을 맡았다. 그것은 최근까지 누가 머무른 냄새였다. 나는 그것이 바로 어제까지 누군가 '세뇌 교육'을 받으며 이 방에서 체류한 흔적임을 직감했다. 도착 첫날 나를 이곳이 아닌 외부의 모텔에서 재운 것은 아마 그들의 교육일정에 차질이 빚어져 예정된 시일에 끝내지 못하고 늦어진 관계로 그 '손님'이 돌아가지 못했기 때문이라는 생각이 문득 스쳐 갔다.

   "어떤 사람이 왔다 갔을까?" 그것이 궁금해졌다.

북의 군사력과 공업시설 선전

   다음 날은 하루 종일 '본격적인 교육'이 진행됐다. 아침부터 2명의 낯선 이가 북한 선전을 시작했다. 들어보니 북한의 미술과 최승희 같은 천재적 무용가에 관한 내용, 그리고 문화예술 선전이었다.

   "수령님께서 우리 북조선은 영양분을 골고루 섭취해야 한다고 하시며 사과를 심자고 하셔서 황해도 황주 지역에 30만 그루를 심어

지금 인민들이 잘 먹고 있다."

"왜 우리 민족이 외래어를 쓰느냐. 수령님께서는 우리말을 쓰자고 하셔서 아름다운 조선말을 우리는 쓰고 있다."

이 같이 김일성 주석에 대한 은근한 찬사도 늘어놓았다.

오후는 북한의 군사력과 공업시설에 대한 선전 시간이었다. 그들의 선전에 의하면 소련에서 트랙터 샘플을 들여와 27번이나 분해, 조립을 거듭한 끝에 트랙터 생산을 성공시키게 됐다고 했다.

"수령님을 모시고 트랙또로(트랙터) 시범을 보이는데 뒤로는 가지만 앞으로는 안 움직이었다. 그걸 보신 수령님께서 뒤로는 가니 앞으로도 가겠구나 하시면서 잘 해봐라고 지도해주셨다. 그 후 트랙또로가 앞으로도 가게 됐으며 농업 발전에 기여하게 됐다."

체제 선전이자 일종의 김일성 우상화 교육이었다. 6.25 때 월북한 이승기 박사가 세계 최초로 개발한 '비날론(Vinalon)'에 대한 자랑도 늘어놓았다. 물론 정치와 경제에 관한 선전도 있었다.

저녁에는 다시 영화가 상영됐다. 영화 기법은 조잡하나 모든 걸 '혁명'과 연관시켜놓았다.

결국은 북한이 얼마나 잘 먹고 잘 사는 나라인지를 세뇌시키는 과정이었다.

심리학자들에 따르면 사람이 72시간 동안 한 가지 정보에만 노출되고 다른 정보가 주입되지 않으면 그 정보에 세뇌된다고 한다. 72시간이면 사흘이다.

반미사상 주입

스웨덴에 온 지 3일째 되는 날이다. 키와 덩치가 큰 사람이 나타났다. 이북에서 왔다는 그는 유명한 암행어사와 같은 '박문수'란 이름을 쓰고 있었다. 말투가 좀 특이해 "고향이 어디냐?"고 물어도 대답을 하지 않았다.

북한 보위부 출신이라는 그는 민족 주체의식을 강조하며 반미사상을 주입시키려 했다. 그의 요지는 이렇다.

"미제 원수들이 한반도를 갈라놓았다. 미국 사람들 때문에 분단된 것이다. 6.25도 미국이 유인책을 쓴 것이다. 덜레스 국무장관이 남조선을 방문해 38선을 둘러보고 그 후 미군들이 남조선을 비워놓고 물러갔다. 남조선을 미국의 동아시아 방어선에서 제외한 애치슨라인도 전쟁을 유인하기 위해 그런 것이다. 남조선은 아직 해방이 되지 않았다. 이승만은 미국의 주구다. 마샬 플랜은 미국이 전쟁을 일으켜 무기를 팔아먹자는 속셈이다. 또 남조선은 일본의 경제 식민지로 전락했다. 반미운동을 벌여야 한다."

박문수는 또 '잉여가치론' 등 칼 마르크스의 이론을 거론하며 공산주의의 우월성에 대한 선전도 늘어놓았다. 그의 말을 듣고서 "당신 말이 맞다"고 맞장구 칠 수는 없었다. 명색이 신문 발행인인 내가 반박하고 들어간 것이다.

"당신들은 인민의 평등을 외치는데 노동신문을 보면 김일성 주석 앞에 수식어만 수십 자가 넘는다. 이게 모순이지 평등이냐? 남한이 비록 문제가 많지만 일본으로부터 독립된 국가로 진면목을 만들어나가는 과정에 있는 것이다."

"당신들은 계급이 없다고 하는데 오히려 계급주의가 더 심하다."

그러자 박문수는 "우리에겐 3적이 있다. 봉건 잔재와 친일 잔재, 그리고 미제 추종세력을 청산하는 거다. 우리는 남조선처럼 민주주의를 실천할 겨를이 없다."고 항변했다.

그는 말문이 막히면 "여기 다투러 오셨나"면서 "북조선에 한번 갑시다"라며 화제를 돌렸다. 언쟁이 벌어지니 그는 좀 흥분하는 것 같았다. 자꾸 북한에 가자는 말을 꺼내니 설득하다 안 되면 나를 강제로 데려가려는 게 아닌가 하는 공포심이 일었다. 대화가 끝난 후 나는 다짐을 두었다.

"북한에 가자는 말은 꺼내지 않았으면 좋겠습니다. 그러려고 여기 온 게 아닙니다. 남한의 민주화를 하자는 게 내 목적입니다."

용성 뱀술이 눈에 보였다. 아마도 술을 좋아하는 내 기호를 알고 준비해놓은 것일 게다. 박문수와 둘이서 그걸 다 비웠다. 그러나 속이 좋지 않아 토하고 말았다.

조평통 부위원장의 설득

그날 저녁 무렵 선비처럼 점잖은 사람이 들어왔다. 평양에서 14시간 비행기를 타고 도착했다고 한다. 그는 조경묵이란 인물로 북한 조국평화통일위원회 부위원장이라고 했다. 남한과 해외동포들을 대상으로 통일전선 형성과 친북여론 조성을 위한 기구의 거물이 직접 스웨덴으로 건너온 것이다.

조경묵은 나보고 북한에 가자고 설득했다. 난 다시 두려움에 휩싸였다. 여기서 말을 잘 못하면 강제로 북한에 끌려갈 수도 있는 노릇이었다. 어떻게 답변해야 좋을지 고민하다 말을 꺼냈다.

"멀리까지 와주셔서 고맙소. 북한에 갈 의도가 없이 여기에 온 것이오. 내가 갑자기 북한에 가면 어떻게 되겠소. 여기서 북한에 대해 많은 이해를 했고 많이 느꼈소이다."하며 완곡히 거절의사를 밝혔다.

그는 "조국에서 모두들 정 선생을 기다라고 있소. 북조선에 가면 김일성 수령님도 만나볼 수 있도록 노력해 주겠소"라며 감언이설을 늘어놓았다. 그에 넘어갈 내가 아니었다. 긴 하루였다.

미인계란 함정

다음 날 아침, 그 '아지트'에는 아무도 보이지 않았다. 이상하게 여기고 있는데 40대 중반쯤 으로 보이는 여인이 나타났다.

"다들 볼 일 보러 나갔습니다."

공관 여직원인가 생각했는데 공관원 부인이라고 했다. 상당한 미인이었다. 그 넓은 공간에 그 여인과 나, 둘만 남겨두고 자리를 비운 것은 무슨 뜻일까. 나는 바짝 긴장해야 했다. 만약 처신을 잘못 하다간 저들이 쳐놓은 함정에 빠질 수도 있었다. 공관원 부인을 건드렸다는 핑계로 북한에 끌고 갈 수도 있는 노릇이었다.

그 여인은 내 옆에 앉으려 하고 교태를 부리기도 했다. 나는 그 여인을 정중히 대했다. 자녀가 있느냐고 물으니 2명이 이북에 있다고 한다. "많이 보고 싶겠어요"라고 하니 "아닙니다. 수령님께서 해외의 공관원 자녀들을 잘 돌보아 주시어서 아무 걱정 없이 잘 지내고 있습니다."고 말했다.

할 일이 없어 TV를 보는데 그 여인이 점심을 차려 놓았다고 알려왔다. 밥을 먹으며 미국의 동포들의 생활상에 대한 이야기를 나눴다.

그녀는 북한여성들의 지위와 생활상을 요란하게 선전했다.

밖이 어둑해졌다. 스웨덴은 늦가을이면 오후 5-6시면 어두워진다.

내가 스웨덴에 올 때 덴마크에 다녀오면서 경유지 비자를 받고 입국한 터였다. 체류할 수 있는 시간은 72시간이었다. 이미 합법적으로 체류할 수 있는 72시간을 초과해 버렸다. 조경묵 부위원장이 내 비자를 달라고 하더니 밖으로 나갔다. 얼마 후 시간이 연장된 비자를 들고 그가 돌아왔다. 어떤 방법을 썼는지는 모르지만.

16

"서울에 피의 혁명이 일어날 것이요"

- 서울대 학생운동권에 권총 전달 지령을 내리다

보위부의 두 가지 제안

그들의 '시험'은 끝난 것처럼 보였다. 그들은 북 체제에 대한 선전을 통해 나에 대한 세뇌공작에 성공했다고 자신하는 것 같았다.

모든 세뇌교육이 끝난 후 나는 저들에 의해 북한에 강제로 끌려가진 않겠다는 판단을 했다. 그것은 보위부 출신이라는 박문수가 내게 꺼낸 아주 '긴밀한' 두 가지 제안 때문이었다. 그것은 듣는 내게는 소름을 끼치게 하는 끔찍한 제안이었다.

"정 선생. 미국에는 시민권을 받으려고 가짜 영주권을 가지고 미군에 입대한 동포 젊은이들이 많소. 그 동포 군인들 상당수가 주한 미8군에서 복무하고 있소. 그 가짜 영주권으로 입대한 자들을 포섭해 그 약점을 잡은 다음 그들에게서 권총 몇 자루를 입수해서 서울대 학생운동 주동자들에게 전달할 수 있으면 좋겠소."

그것은 제안이 아니라 공작 지령이었다. 나는 속으로 경악했으나 못한다는 말을 차마 꺼낼 수가 없었다. 거절했다가는 바로 강제 납북될 가능성이 농후했기 때문이다.

"권총을 왜 학생들에게 전달하려 하는 겁니까?"

나는 조심스럽게 물었다.

"학생들이 데모를 하다 최루탄을 심하게 맞으면 그 총을 쏠 것이 아니겠소. 그러면 경찰이 마주 쏘게 되고 학생들이 쓰러지면 서울에 피의 혁명이 일어날 것이요."

그 소리를 듣자 몸이 떨려왔지만 애써 태연한 척 해야 했다.

"예, 최선의 노력을 해보겠습니다."

일단은 그들의 제안을 수행하겠다는 척하며 고분고분 대했다. 그 수렁에서 빠져나올 구멍을 찾아야 했다.

그리고 주한 미 8군 소속 재미동포 군인들의 약점을 잡아 입수한 권총을 하필 서울대 학생운동 주동자들에게 전달해 달라는 이유는 물을 수 없었다. 아마도 내가 서울대 학생운동의 핵심 리더였던 현승일, 김중태, 김도현 등과 친분이 두터운 사실을 파악해 놓았기 때문으로 짐작할 수밖에 없었다.

북한의 지하자원 미국 판권과 난수표 제공

두 번째 '제안'은 나의 미국에서의 활동자금 지원에 관한 것이었다.

"우리가 지하자원의 미국 판권을 줄 테니 알아서 조달해 써주시오."

북한에 매장돼 있는 망간, 몰리브덴, 주석, 니켈 등 에너지 자원을 미국에서 팔아 그 자금으로 자신들이 지령하는 활동을 수행하라는 무서운 유혹이었다. 내가 반독재 신문을 발행하면서 경영난으로 곤란을 겪고 있는 사실을 그들은 모두 알고 있었다. 그 어려운 사정을 파고든 것이다.

"알았습니다. 고맙소이다."

나는 감사하다는 인사를 건넬 수밖에 없었다.

내가 그들의 제안을 '수용'하자 이번에는 새로운 시련이 기다리고 있었다. 박문수와 권일호가 내게 난수표를 건넨 것이다.

"앞으로 정 선생에게 편지를 계속 보낼 터이니 이걸 참조하세요."

나는 난수표가 무엇인지를 그들의 설명을 듣고 처음 알았다.

난수표(亂數表)란 0에서 9까지의 숫자를 각 숫자가 나오는 비율이 같도록 무질서하게 배열한 표를 말한다. 암호를 작성하거나 해독할 때 사용하는 것으로 간첩의 첫 번째 필수품이다. 간첩들이 북한의 암호 지령을 해독할 때 없어서는 안 되는 것이 바로 난수표인 것이다.

그걸 받아든 순간, 영락없이 간첩 신세가 되는구나 하는 절망감이 밀려왔다.

뜬 눈으로 지샌 긴 밤이 지나가고 해가 밝았다. 스톡홀름의 비행장에 당도하자 비로소 "살아나왔구나"하는 생각에 긴 숨을 내쉬었다.

뉴욕행 비행기에 올랐지만 몸은 피곤해도 한 잠도 잘 수 없었다. 그들의 말이 머릿속에서 소용돌이쳤다.

"서울에 피의 혁명이 일어날 것이요."

서울을 피바다로 만들겠다는 것이었다. 이 비극은 안 된다는 조바심에 자꾸만 목이 말랐다. 게다가 그런 엄청난 제안을 나만 받지 않앉을 것이라는데 생각이 미쳤다. 나보다 앞에 '세뇌교육'을 받은 이들 중에도 그런 제안을 받았을지도 모른다는 생각이 들자 진저리가 쳐졌다. 나처럼 그 아지트에 데려온 이들 중에는 한국 국민도 있을 것이고 재외동포들도 있었을 것이다.

FBI, 내 동선 이미 파악

워싱턴에 무사히 돌아왔다. 그러나 불면의 시간이 계속 됐다. 서울을 피바다로 만들겠다는 저들의 무서운 음모를 막아야 한다는 생각이 떠나질 않았다. 하지만 그 사실을 폭로하게 되면 가짜 영주권을 갖고 미군에 입대한 우리 한인 청년들이 수난 당할 것은 불문가지였다.

피바다는 막아야겠고 그러면 우리 한인들이 희생될 수도 있다는 그 선택과 고민 앞에서 나는 얄궂은 신(神)의 시험대 앞에 흔들리는 초라한 이파리에 불과했다. 입 안에 혓바늘이 돋아 한 달 동안 밥도 먹지 못할 지경이었다. 내 일생일대의 번민의 시간은 길었다.

그러나 무작정 고민만 할 수는 없었다.

"아무리 내가 박정희 독재정권에 반대해 싸우고 있다 해도 내 조국에 피의 혁명이 일어나게 할 수는 없다. 저들의 계획대로 학생 데모대가 총을 쏘고 그를 제압하느라 서울이 피바다가 되면 북한 놈들이 분명 한국을 덮칠 것이다. 내 조국이 넘어갈 수도 있는 상황에 나는 어떻게 해야 하나."

나는 번민을 끝내고 결심했다. 그리고 평소 안면이 있던 강원길 씨에게 전화를 걸어 대북관계 담당자 소개를 부탁했다. 강씨는 공사석에서 몇 번 만난 적이 있는 분으로 서울 법대를 나와 도미한 후 연방수사국(FBI)에서 근무하고 있었다. 그의 소개로 FBI 요원에게 전화를 걸었다.

"정기용입니다."

"아, 미스터 정. How's Your Trip?"

속으로 뜨끔했다. FBI에서는 이미 내 동선을 상세히 파악하고 있는 것 같았다. 다른 말이 필요 없었다. 그들은 내가 먼저 전화를 걸어온 것을 반기는 듯 했다.

"지금 당신 어디 있습니까?"

"사무실입니다."

"지금 괜찮으시다면 사무실에서 만납시다."

잠시 후 경광등을 단, FBI 요원들이 탄 차가 달려왔다. 난 스웨덴에 갔던 일을 소상히 밝혔다. 그리고 덧붙였다.

"나는 한국의 유혈혁명을 원하는 게 아니다. 다만 내 조국의 민주화를 원할 뿐이다."

나는 스웨덴에서 북한 측으로부터 받은 사주 내용을 전하고 "서울에서 이런 비극의 발생은 막아야 하지 않겠나"고 말했다. FBI 요원들은 고맙다고 인사를 한 후 앞으로 더 많은 정보를 알려 달라 했다.

그 후 북한으로부터 편지가 왔다. 난수표를 통해 해독하니 세인트루이스에서 만나자는 그런 내용이었다. 내게 간첩 행위를 본격적으로 시키려 하는구나 생각했다. 모든 것은 FBI에 보고됐다.

나는 저간의 말 못할 사정을 믿을 만한 가까운 두 사람에게 알렸다. 동아일보 워싱턴 특파원인 문명호와 최성일 박사였다.

그런데 예상했던 문제가 불거졌다. 가짜 영주권으로 미군에 입대한 한인 청년들이 적발돼 전원 처벌을 받는다는 보도가 들려온 것이다. 같은 동포들을 고발한 신세가 된 참담한 기분을 견디기 힘들었다. 술 말고는 그 더러운 기분을 달랠 수 있는 길이 없었다.

그리고 두 달 뒤쯤인가, 기쁜 소식이 들려왔다. 천만다행으로 조사를 받던 허위 영주권자 한인 군인들이 전원 사면되고 군 복무를 인정받는 한편 시민권도 받을 수 있게 됐다는 보도였다. 전화위복이었다. 난 지옥에서 천당으로 간 기쁨을 맛보았다. 그제야 깊은 잠을 잘 수 있었다.

기자를 가장한 소련 스파이의 제안

냉전시대의 숨 막히는 에피소드는 또 있다. 어느 날 한민신보 사무실로 전화가 걸려왔다.

"지금 당신 사무실 근처에 있는데 방문해도 괜찮겠느냐?"

그는 당시 미국과 한국을 뜨겁게 달궜던 코리아게이트 의회 청문회장에서 몇 번 마주쳤던 기자였다. 게오르기 자그보스틴이란, 외우기가 쉽지 않은 이름을 가졌는데 워싱턴 DC의 의회 청문회장에 취재를 가면 자꾸 말을 붙이곤 했다. 난 그를 유럽에서 온 기자로만 생각했었다.

"그럼 와라."

사무실로 찾아온 그와 대화를 하다 보니 뜻밖에도 소련 기자였다. "당신 이야기를 많이 들었다"는 그의 방문 요지는 앞으로 친하게 지내자는 거였다.

당시 우리 민주세력들을 빨갱이로 몰기 위해 마타도어와 공작이 횡행하던 무렵이라 난 미국 정보기관에서 장난질을 하는 게 아닌가,

의심했다. 그래서 강원길 씨가 소개한 FBI 요원에게 그 사실을 얘기해주었다.

그는 코리아게이트의 주역인 박동선 씨 조사와 관련해 한국에도 다녀온 적이 있는 요원이었다. 한국에서 먹은 수밀도가 그렇게 맛있더라고 얘기를 한 게 기억난다.

그 요원은 금방 내 사무실로 달려왔다. 그리곤 두툼한 앨범을 꺼내더니 여러 사진을 보여주었다. 거기에는 게오르기 자그보스틴 기자의 사진도 있었다.

"혹시 이 사람 맞느냐?"

"맞다"

"이 놈은 타일랜드에서 KGB 활동을 하던 놈이다. 조심해라."

깜짝 놀란 나는 "알았다. 앞으로는 만나지 않겠다"고 대답했다. 그러자 FBI 요원은 "아니다. 계속 만났으면 좋겠다. 그리고 그 결과를 알려주면 고맙겠다."고 부탁했다. 자칫하다 미 수사기관의 에이전트가 될 노릇이었다.

보름쯤 후에 그 소련 기자에게서 전화가 왔다. 술 한 잔 살 테니 만나자는 거였다. 펜타곤 근처 모 호텔의 스카이라운지에서 그와 재회했다. 술이 오가자 게오르기 자그보스틴이 내게 제안을 했다.

"소련에 가서 공부할 의향이 있느냐? 당신이 간다면 5년 동안 장학금과 미국에 남아 있을 가족의 생활비를 대주겠다."

그리고는 "5년의 유학 중 1년은 랭귀지 코스를 다니고 4년은 당신이 원하는 어떤 과목을 공부해도 좋다"고 덧붙였다.

달콤한 유혹이었다. 나는 그에게 "내게 관심을 줘서 고맙다"고 인사를 건네고 "좀 생각해보고 연락주겠다"고 답했다.

집에 와서 아내에게 그 이야기를 꺼내니 당연히 반대의 뜻을 나타냈다. 그의 제안에는 석연치 않은 점이 한두 가지가 아니었다. 난 미국 정보기관에서 날 떠보기 위해 그런 장난질을 치는 게 아닌가 생각했다.

그를 다시 만났을 때 완곡하게 거절의사를 밝혔다. 지금도 생각해 보면 그 소련 기자가 내게 어떤 연유로 연락하고 유학을 제안했는지 의문이다. 의회 취재 과정에서 한민신보를 알게 돼서 그런 건지 아니면 북한의 청을 받고 그러했는지도 모른다.

17

김지하의 오적과 반공법 폐지 사설

중앙정보부의 시대였다. KCIA가 풍겨대는 공작의 음습한 냄새가 유신 체제를 지탱하고 있었다. 해외도 예외일 수는 없었다. 반(反) 독재 활동을 하는 민주 인사들은 박정희 중앙정보부의 눈엣가시였다.

1970년 11월, 내가 샌프란시스코에서 한민신보를 창간했을 때였다. 그해 〈사상계(思想界)〉 5월호에 발표되며 한국 사회를 발칵 뒤집어놓은 김지하의 담시(譚詩) 오적(五賊)을 창간호에 실었다. 재벌·국회의원·고급 공무원·장성·장차관을 을사오적(乙巳五賊)에 비유하며 부정부패한 고위층들을 신랄하게 풍자한 이 시는 이미 한국에서는 빛을 볼 수 없는 금시(禁詩)였다. 시인은 반공법 위반으로 투옥되고 〈사상계〉는 폐간될 정도로 박정희 정권은 강경하게 대처하고 있었다. 그러할 때 '오적'이 태평양 건너 미국에서 버젓이 신문에 실린 것이다.

한민신보의 '과감함'은 여기서 그치지 않았다. 2호 사설에 '반공법의 재고를 바란다'는 파격적인 내용을 다뤘다. 독재정권의 이념적 토대이자 민주주의를 탄압하는데 악용되던 반공 체제에 대해 정면으로 도전장을 낸 것이다. 반공법을 거론하는 것 자체가 사형감인 시절이다.

당시 나는 정의감과 의기로 똘똘 뭉친 서른 살의 피 끓는 청년이었다. 어찌 보면 세상을 잘 몰랐기에 그런 담대한 '사고'를 칠 수 있었다.

창간호의 오적 시와 2호 사설의 파장은 컸다. 미국 전역에서 센세이셔널 한 반향을 일으킨 것이다. 답답하던 가슴을 시원하게 해주었다는 반응과 함께 구독 문의가 빗발쳤다.

심기가 불편해진 박정희 정권의 충복들이 이를 좌시하고만 있지 않았다. 샌프란시스코 총영사관에서 만나자는 연락이 왔다. 총영사는 공군사관학교 출신으로 서울대 정치학과를 나온 소상영(1969년 12월~1972년 5월 재임) 씨였다. 면담 약속을 잡고 공관으로 가니 소 총영사 옆에 낯선 사내가 있었다. LA에서 날 만나기 위해 일부러 달려온 중앙정보부 직원 김 모였다.

"정부에서 협조해서 당신을 미국에 내보냈는데 왜 이런 걸 싣느냐. 오적, 반공법, 이런 거 싣지 마라. 서울에 당신 아버지 사업도 있는데 이러면 되느냐. 공부만 열심 하면 되지."

김 모는 거만한 말투로 협박조의 말을 건넸다. 악명 높은 KCIA 파견관이 아버지의 사업 운운하며 나를 순치시키려 한 것이다. 그것이 박정희 중앙정보부가 내게 가한 첫 번째 압력이었다.

그 후 김 모 정보부원은 1971년 12월 25일 서울의 명동에 있는 대연각 호텔 화재 사건 당시 죽었다고 한다.

앞서 밝혔듯이 이사회 사건도 그 중의 하나였다. 총영사관의 압력으로 이사들이 불참하는 바람에 한민신보 운영을 위한 이사회가 무

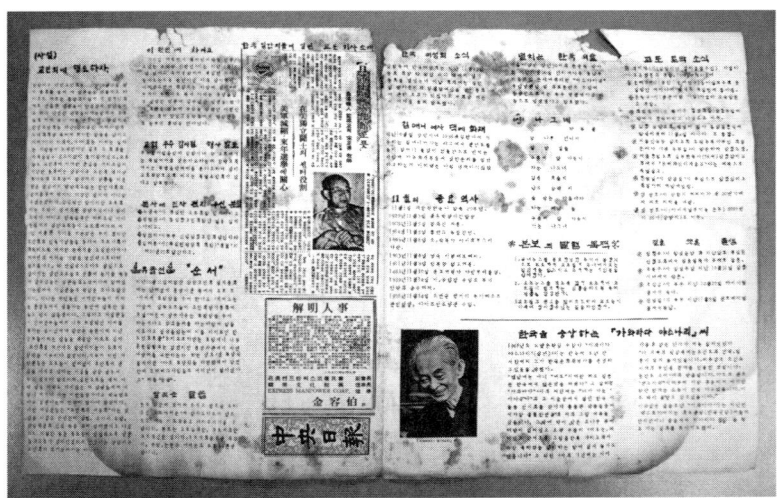
샌프란시스코에서 발행된 초기의 한민신보

산된 것이다.

샌프란시스코 한인실업인협회 창립대회에서 보여준 소상영 총영사의 행태도 잊을 수 없다. 실업인협회는 한인상인들이 서로 뭉치고 돕자는 취지에서 내가 주도해 최초로 만든 단체다. 창립대회가 열렸는데 소 총영사가 축사를 하기 위해 참석했다. 협회 창립을 내가 주도한 것을 안 그는 노골적으로 싫은 기색을 드러냈다.

"내가 찬조금을 내려고 봉투에 가져 왔는데 도로 가져가겠습니다."

유치한 핍박이었다.

18
이상호 정보부 공사의 회유

한민신보의 무대를 워싱턴으로 옮기고 나서도 중앙정보부는 감시의 눈길을 거두지 않았다. 워싱턴에서 신문을 한두 차례 발행하고 나자 주미 한국 대사관에서 연락이 왔다. 이상호 공사라는 사람이었다.

"대사관으로 한번 와 주시면 좋겠습니다."

이상호. 그의 악명을 익히 듣고 있었다. 그는 주미대사관의 중앙정보부 총책이었다. 그래서 어떻게 생긴 인물인지 궁금하기도 했었다.

"좋습니다. 나도 누군지 보고 싶었는데 조만간 한번 만납시다."

워싱턴 DC의 대사관에서 만난 이상호 공사는 눈매가 날카롭고 매서운 인상이었다. 나중에 안 사실이지만 본명이 양두원(梁斗源)으로 현역 해병대 대령일 때 중정으로 옮겼으며 서독 대사관 근무 시절에는 동백림 사건에 연루돼 강제 본국 송환당한 인물이었다.

"신문지 종이 질이 이게 뭡니까? 고급스런 종이를 써야지요. 신문 하는데 어려움이 많지요?"

이 공사는 마치 지대 값을 대줄 것 같은 뉘앙스를 풍기며 말했다. 회유에 이어 공갈이 나왔다.

"국내 소식은 자주 듣나요. 아버지 사업은 잘 됩니까?"

말은 점잖게 들리지만 그것은 "네가 말을 안 들으면 네 아버지 사업을 망하게 해줄 거다"란 암시였다. 난 은근히 위압감을 느꼈다. 그러나 여기서 밀리면 끝장이었다. 어차피 민주주의란 대의를 위해 던진 몸이란 자긍심으로 나를 일으켜 세웠다.

"저항 신문이 종이가 너무 호화로워도 보기가 좋지 않습니다."

이상호 공사의 '회유 제안'을 보기 좋게 거절한 것이다. 첫 대면 이후 그와 나는 돌이킬 수 없는 적대적 관계가 됐다.

그 후 양두원은 주미대사관에서 유신 체제에 반대하는 동포들을 협박하고 대미 불법 로비를 일삼다 출국조치 당했다. 그 후 중정 차장보로 승진해 유신 체제 수호에 앞장섰으며 김한조와 이른바 '백설 작전'이란 암호명으로 대미 불법 로비공작을 벌이다 실패하고 1976년 물러났다.

아버지의 이상한 편지

이상호 정보부 공사의 회유를 뿌리친 얼마 뒤 서울의 아버지에게서 편지가 왔다. 편지를 읽는데 이상한 단어 밑에 점을 찍어 놓은 게 보였다. 나는 그것이 아버지께서 협박을 받아 편지를 쓰신 것을 암시하기 위해 표시한 것임을 직감했다. 나중에 알고 보니 아버지께서는 8-9차례나 세무조사를 당하는 등 큰 고초를 겪으셨다 한다.

집안이 걱정되긴 했지만 설마, 설마 했는데 그 정도일 줄은 상상도 못했다. 자식 때문에 그 독한 세무조사를 수차례나 받는 역경 속에서도 아버지는 돌아가실 때까지 내게 한 번도 그 사실을 발설하지 않으셨다.

그리고 내가 반독재운동을 한다고 나다녀도 한 번도 당신의 아들을 나무란 적이 없으셨다. "남자답게 살아라" "비겁하지 말라"는 게 당신의 당부였다.

내 조부가 조소앙 선생과 독립운동을 하며 집안을 돌보지 않은 탓에 가세가 기울자 아버지께서는 각종 주방기기 등 경공업 제품의 개척자로 자수성가를 하신 분이다. 처음에는 성일제작소를 운영하셨는데 시계 줄, 구두 주걱 같은 걸 생산하는, 직원만 100명이 넘는 당시로서는 제법 큰 규모의 업체였다.

나중에는 '두리양행'이란 회사를 운영하시었다. 종로 2가의 영안빌딩 4층쯤인가에 사무실이 있었다. 그 아래층에는 '르네상스'란 음악 감상실이 있어 아버지 사무실을 방문할 때마다 들러 클래식 음악을 즐겨 듣곤 했다.

두리양행에서는 임부택(林富澤)이란 예비역 육군 중장이 고용 사장을 맡고 계셨다. 그 분은 6.25 동란이 나자 춘천, 홍천 전투에서 인민군 2개 사단을 괴멸시키며 북한군의 진격을 저지했고 11사단장을 지내며 숱한 전투에서 나라를 구한 전쟁 영웅이었다. 1군단장과 6군단장을 지내다 5.16 쿠데타 이듬해 예편했다.

아버지는 임 장군 외에도 장성 출신 몇 분을 영입해 주로 월남을 상대로 비즈니스를 하셨다.

그러나 반독재민주화 운동에 뛰어든 자식 때문에 결국 아버지의 사업은 망하고 말았다. 박정희 정권의 독기서린 탄압에 견디어내지 못한 것이다.

한민신보 광고주들에 대한 협박

밤이 깊어갈수록 별이 빛나는 것만은 아니다. 야행성 동물들은 더 대담해진다. KCIA는 재미동포 민주인사들에 대한 탄압을 노골화하기 시작했다. 이미 워싱턴한인회장인 노진환이를 회유해 3선 개헌 지지 성명서를 내도록 하는 정보공작에 성공한 전력도 있었다.

그들은 내가 운영하던 한민신보의 광고주들에 대한 공작도 서슴지 않았다.

"정 사장, 미안하지만 이번에 광고 좀 빼줘. 내가 광고비 대신에 따로 돈을 줄 테니까…"

"아니 갑자기 그게 무슨 말씀입니까?"

짐작 가는 게 있지만 물었다. 광고주들은 한참 망설이다가 속내를 털어놓았다.

"이야기하기 좀 그런데… 서울에서 협박 때문에 못 살겠어."

광고주들이라 해봐야 스몰 비즈니스를 운영하던 착한 한인들이 대부분이었다. KCIA는 해외에 이민 와 열심히 사는 동포들까지 협박해 비즈니스 광고를 끊게 하는 집요하고 무서운 면모를 유감없이 발휘하고 있었다.

신문사 침투 공작도 벌여

중앙정보부는 신문사 내부 침투공작도 벌였다. 어느 날 한민신보를 자원해서 돕겠다는 사람이 나타났다. 자신을 해병대 출신에 서울대 법대를 나왔다고 소개한 주 모씨였다. 월급도 받지 않고 자원 봉사하겠다고 해서 받아주었다.

　그런데 그가 오고부터 한민신보 내부 사정이나 한민통의 움직임이 계속 바깥으로 새나갔다. 내가 가까운 지인 몇 사람과 계획한, 주미 대사관을 겨냥한 '특별한 거사'마저 사전에 노출됐다. 아무리 생각해 봐도 의심 가는 데는 주 모씨밖에 없었다. 그는 정보부 공사인 이상호와 같은 해병대 출신이었다. 또 영어 실력은 물론 글을 쓰는 능력이 서울대 법대 나온 수준이 아니었다. 중앙정보부의 사주를 받아 위장 침투한 것이란 의심을 지울 수가 없었다. 눈치를 챘는지 어느 날 그는 소리 소문도 없이 사라졌다.

　나에 대한 감시는 훗날 내가 한국에 귀국해서도 계속 됐다. 첫 번째 근무처인 한국 프레스센터에서는 서울 시경 외사과 소속이라고 신분을 밝힌 인물이 노골적으로 내 동정을 줄곧 감시했다. 내가 서울서 한국서민연합회를 창립해 운영할 때도 마찬가지였다. 서민들을 위한 권익단체를 표방한 단체가 처음으로 만들어지자 언론에서도 주목하는 등 사회적 반향이 컸다. 프레스 센터와 서민연합회에는 언론 담당 정보원과 심지어 '특수수사대' 요원들의 간헐적인 출입이 멈추지 않았다.

　나에 대한 정보기관의 감시활동은 민주정의당 윤길중 대표최고위원의 비서실장으로 재임했을 때도 계속 되었음은 물론이다.

　그러던 어느 날, 15-16년 전 워싱턴에서 사라졌던 주 모씨가 서민연합회에 나타났다. 그의 느닷없는 출현에 놀랐지만 나는 반갑게 맞아주었다. 그는 무엇 때문에 왔을까? 아직도 의문이다.

　그 외에도 정체가 불분명한 몇 명이 자원봉사를 구실로 틈틈이 한민신보에 들러 번역 등의 일을 도와주다 사라지곤 했는데 지금도 그 당혹감은 짙게 남아 있다.

한인 여성 피살사건

KCIA는 나나 내 가족에 직접적인 위협도 가했다. 나는 미국 내 각 도시의 한민신보 지사 방문이나 한민통의 각종 행사 준비 등으로 지방여행이 잦았다. 그 때마다 귀신 같이 사무실로나, 심지어 가족에게 전화 협박이 오곤 했다.

또 나를 '빨갱이'로 몰려는 그들의 모략과 마타도어에도 시달렸다. 집으로 사무실로 전화를 걸어 "죽이겠다"고 노골적인 협박전화도 하곤 했다. 물론 신분도 밝히지 않고 다짜고짜 겁을 주는 것이다. 나뿐만 아니라 아내한테도 협박전화를 걸었다.

"네 남편 뉴욕 갔지?" 내가 뉴욕에 간 사실을 파악할 수 있는 곳은 한군데 밖에 없었다. 남편이 집에 없음을 주지시키며 아내에게 위해를 가할 수 있다는 겁을 준 것이다. 또 "너 과부되고 싶어"라며 노골적으로 협박을 하기도 했다. 무고한 여자를 협박하다니 치사하고 저급한 놈들이었다. 아내는 혹시라도 위해를 당할까 두려움에 떨었다.

급기야 우리가 살던 알링턴의 아파트 근처에서 한인 여성이 피살당하는 끔찍한 사건이 일어났다. 피살자의 신원이 밝혀졌는데 이름이 정금자였다. 내 아내 정문자와 비슷한 이름을 가진 여성이다. 섬뜩한 기분이 들었다. 아내가 당할 수도 있다는 절박감에 급히 피신을 시켰다.

훗날 주미대사관의 모 공보관장이 망명했을 때 대사관 내에서 정기용을 제거하자는 회의가 열린 사실을 폭로한 적이 있다. 저들에게 정기용은 사라져주어야 할 '공공의 적'이었다.

박종규 경호실장의 편지

협박과 회유는 늘 이인동심(二人同心)처럼 따라 다닌다. 박정희 정권의 수하들은 나와 내 가족에 숱한 협박을 했지만 한편으론 직접적인 회유를 통해 나를 구슬르기도 했다.

나에게 노골적으로 '하여가'를 부른 이는 박정희의 오른팔인 박종규 경호실장이었다. 그리고 '나는 새도 떨어트린다'는 당대의 실권자인 박 실장의 메신저는 노진환(魯璡煥) 의원이었다. 전남 출신으로 고려대 정치학과를 나온 그는 워싱턴에서 홀리데이 인이라는 호텔의 매니저로 일했던 인물이었다.

그는 현재 워싱턴한인연합회의 전신인 '워싱톤재류한인회' 회장을 하면서 1969년 3선 개헌 지지 광고를 국내의 신문에 실어 워싱턴에서 탄핵당한 전력의 소유자다. 특히 고위층 섹스 스캔들로 유명한 정인숙이를 박종규 실장의 부탁으로 3개월간 워싱턴에서 뒤를 봐주며 사람들 입에 오르내렸다. 정인숙은 당시 워싱턴 DC 16가에 있던 우드너(Woodner) 호텔에 체류하다 뉴욕으로 옮겼으며 귀국한 후 마포 강변에서 총에 맞아 숨졌다.

노진환은 정인숙-박종규의 연결고리로 권력에 밀착하면서 귀국해 제8대 국회의원(공화당 전국구)에 이어 유신헌법으로 탄생한 괴물인 유신정우회 국회의원을 1973년-79년 지냈다.

각설하고 하루는 미국에 온 노진환에게서 만나자는 연락이 왔다. 속으로 "느닷없이 무슨 일로? 이 작자가 내게 연락을 다하고…" 라고 생각하며 조지타운과 연결되는 키 브릿지 인근의 메리엇 호텔 로비에서 그를 만났다.

노진환은 내게 편지봉투를 하나 내밀었다. 읽어보라는 것이다.

편지의 발신자는 놀랍게도 박종규 경호실장이었다. 이후락 정보부장과 윤필용 수도경비사령관이 거세된 후 그는 박정희 정권의 명실상부한 2인자였다. 난 의아해 하며 편지를 읽어 내려갔다. 정중한 문체의 요지는 이런 거였다.

"정 사장. 미국에서 열심히 활동하고 있다는 말을 들었소. 장래가 촉망되는 젊은 분이 이제는 그만 하고 국내에 들어와 박정희 대통령을 모시고 나라의 발전을 위해 함께 일하는 게 어떻겠소. 어느 분야를 막론하고 정 사장이 일하고 싶은 데가 있으면 도와주겠소."

미국에서의 민주화운동을 중단하고 귀국하면 원하는 요직을 주겠다는 달콤한 유혹이었다. 30대 중반의 연부역강(年富力强)한 나였다. 답장을 써서 귀국하는 노진환에게 들려주었다.

"편지를 보내줘서 고맙습니다. 박 실장은 박 대통령을 모시고 가장 일관되게 충성을 하는 사람으로 알려져 있습니다. 정치적 견해와 처지를 떠나 남자로서 멋있는 모습으로 생각합니다. 하지만 나는 대한민국의 민주화에 매진하겠다는 내 나름의 소신이 있습니다. 내 마음은 바꿔지지 않습니다. 앞으로는 그런 접근을 않았으면 좋겠습니다. 박 실장은 당신의 길에서 최선을 다하고, 나는 내가 선택한 길에서 최선을 다하며 서로 존중하며 살았으면 합니다."

나는 그의 제의를 일언지하에 뿌리쳤다. 나는 고개를 돌릴 수가 없었다. 그것은 내가 일신을 위해 싸워온 게 아니라 고통 받는 내 나라의 민중들이 압제에서 벗어나고, 배고픔에서 벗어나고, 자유를 되찾으며, 강구연월(康衢煙月)의 세상을 맞을 수 있기 위해 투쟁해 왔기 때문이었다. 아직 나의 앞에는 애달픈 우리 역사가 기다리고 있었다.

미 언론, KCIA 공작을 비판하다

나와 재미 민주인사들에 대한 한국 정부의 직간접적인 탄압공작이 기승을 부리자 미 언론에서도 이를 주목했다. 뉴욕타임스와 워싱턴 포스트, 시카고 트리뷴 등 주요 신문들은 KCIA의 미국 내에서의 불법적인 한인동포 탄압과 정보활동에 대한 기사를 내보냈다.

'퍼레이드(Parade)'지는 나에 대한 인터뷰 기사를 가족사진과 함께 한 면에 걸쳐 보도하기도 했다. 퍼레이드 매거진은 미 대도시 일간지들과 계약을 맺어 600만부가 발행되는 거대한 주말 잡지로 영향력이 대단했다. 미 언론들의 보도는 나를 구해준다는 차원이기도 했

〈퍼레이드〉지에 실린 나의 인터뷰 기사

'퍼레이드' 지의 KCIA 기사에 나온 우리 가족

〈퍼레이드〉지

인콰이어리 지의 표지.
중앙정보부 기사가 실렸다.

지만 동시에 박정희 정권에 공개 경고장을 날린 것이나 마찬가지였다.

1976년 코리아게이트가 터지고 미 의회에서 프레이저 위원회 청문회가 열렸을 때 가장 먼저 소환돼 증언한 것이 나였다. 또 샌프란시스코의 송선근 씨도 의회 청문회에서 박정희 독재정권으로부터 받은 협박의 실상을 폭로하였다. 그것을 기화로 김형욱 전 중앙정보부장이 청문회에 섰을 때 자신도 협박을 받는다고 털어놓았다. 김형욱의 손에는 한민신보가 들려 있었다.

KCIA는 한국이 아닌, 미국에서까지 무모할 정도로 불법적인 정보활동과 동포 탄압 공작을 벌였다. 이는 한국 정보부의 역사가 일천해 합법과 불법행위를 구분하지 못하는데다 국제사회에서 활동하는 훈련과 교육이 제대로 되어 있지 않았기 때문이었다. 국내에서는 무법적으로 활동해도 문제 삼는 이들이 없지만 해외에서는 엄연히 그 나라의 법과 질서를 따라야 함에도 이를 준수하지 않은 것이다.

'One's true colors will always show through.' 안에서 새는 바가지, 밖에서도 샌다는 속담이 딱 들어맞는 경우다.

제4화

박정희 피살과 광주항쟁

19

한국민주혁명당을 창당하다

- 재미 민주진영의 세대교체

한국민주혁명당 5대 강령과 조직

유신의 그림자가 짙게 드리우면서 반독재 운동 분위기는 시간이 갈수록 산만해졌다. 기존 조직의 역량은 한계를 드러내고 있었다. 모두들 지쳤는지 투쟁의 열정과 동력도 떨어지기 시작했다. 우린 투쟁의 근육을 키웠지만 시간과의 싸움에서 밀리고 있었다. 전열을 재정비할 필요가 있었다.

1970년대가 저물던 79년 6월 나는 서울대 총학생회장을 지낸 이창재(미네소타)를 필두로 워싱턴에서 '한국민주혁명당' 출범식을 열었다. 민주진영의 세대교체를 상징하는 단체였다.

한국민주혁명당은 5대 강령을 내걸었다. 민주혁명 완성, 민중경제 실현, 민권사회 구현, 민족문화 창달, 민족통일 달성이란 '5민 노선'이었다.

그것은 반민주적인 독재정권을 무너뜨리고 자유와 민주, 정의란 이념을 기치로 한 새로운 민주정부를 수립하자는 시도였다.

4.19혁명과 6.3사태 동지들이 주축을 이뤘다. 박찬웅, 전충림, 정철기, 김원동(이상 토론토), 정일성, 송승락, 고려대 총학생회장 출신의 김유진(뉴욕), 김응태, 최창훈(워싱턴) 등이다.

한혁당 대표는 미네소타에 거주하던 44세인 이창재가 맡았다. 4.19 당시 서울대 총학생회장으로 선봉에 섰던 문무 겸비의 인물이다. 대구매일신문 정치부 기자, 한국민주학생기구 대표도 지냈다.

나는 처음부터 끝까지 당 조직을 설계, 추진한 주역으로 사무총장직을 수행했다. 상임고문에는 최석남 장군(구국 향군 총사령관), 송석중 박사(미시건 주립대 교수), 주우정 박사(엘리자베스 시티대 교수)가 추대됐다. 3인은 정치위원을 겸했으며 최 장군은 군사위원장도 겸직했다. 대변인은 볼티모어의 안봉근이 맡았다.

알링턴의 한민신보 사무실에 본부를 둔 한혁당은 미 의회의 상하원의원 전원과 백악관, 국무성을 상대로 한 서신 보내기 운동을 통해 미국 측에 박정희 독재정권의 불법 만행을 폭로하고 한국 민주화의 필요성을 역설했다.

미국 및 동포 언론 투고도 활발히 했다. "미국은 한국과의 영구적 선린관계를 유지하기 위해서라도 한국민이 반대하는 독재정권을 비호하지 말아야 한다~ 한국민들은 미국 정부가 박 정권의 탄압정책에 대해 아무런 조치도 취하지 않고 있는 사실을 놓고 상당한 충격을 받고 있음을 미 당국은 알아야 할 것"이라는 서한을 워싱턴포스트지를 비롯한 미국의 각 신문들에 보내 보도되기도 했다.

또 10여 회의 성명 발표, 20여 회의 시위, 기관지 '민주혁명' 3회 발행 등 역동적인 활동을 벌이며 국내외의 비상한 관심을 받았다.

10.26과 한국민주회의

그러나 창당 4개월 만인 그해 10월 26일 박정희가 김재규의 총에 맞아 죽음으로써 한혁당은 새로운 길을 모색해야 했다. 우리는 명확한 활동목표와 방법을 포착하기 어려웠다. 이듬해인 1980년 1월 긴급 정치위원회를 소집해 한혁당을 해체해 개편한다는데 합의를 보고 4월 전당대회에서 해체 수순을 밟았다. 그 대신 한혁당의 정신을 계승하자는 취지로 '한국민주회의'라는 이름으로 개편, 명맥을 지속시켰다. 이창재, 김유진, 정기용이 중심이 되어 한국민주회의를 이끌어 갔다.

짧았지만 한혁당은 청년층의 결속이란 차원을 넘어 다른 민주단체들에도 큰 자극을 주었으며 반독재 활동의 열기를 고조시키는데 기여했다.

그런 만큼 한국도 촉각을 곤두세우고 있었다. 내가 서울을 방문했을 때 5개 수사기관에서 질문해 온 것도 대부분 한국민주혁명당의 내막이었으며 이창재 초대 대표가 방북했을 때도 북측에서 한혁당에 대해 집중적으로 캐물어왔다고 술회했다.

1970년대는 혁명의 시대였다. 그것은 반 봉건사회의 질곡에서 인간의 삶을 찾아가는 과정, 인간의 얼굴을 한 사회로 향하는 민주혁명의 도정이었다. 나는 그 역사의 층위 위에서 내 혼신을 다하고자 했다. 그것은 조국을 사랑하는 자, 살아있는 자의 의무였다.

20

"뭐라고, 박정희가 죽었다고?"

주미대사관 빈소 조문 사건

박정희의 피살소식

어찌 그 날을 잊을 수 있을까. 1970년대도 저물어가는 10월의 하순이었다. 점심을 먹고 한민신보 사무실로 오니 전화벨이 울렸다. 메릴랜드에 사는 황옥성 씨였다.
"소식 들었소?"
"무슨 소식?"
"박정희가 죽었다던데…."
"뭐라고요?"
"충남의 삽교천 제방공사 제막식에 참석하고 돌아오다 차 사고로 죽었답니다."
그도 정확한 내용을 알지 못하기에 내게 확인 차 전화를 건 것이었다. 그 말을 듣는 순간 머리에 총을 맞은 듯 띵한 기분이었다. 그야말로 경천동지할 쇼킹한 뉴스였다. 한편으론 박정희가 그렇게 갑자기

죽다니 믿기지가 않았다.

나는 바로 사실관계의 확인에 착수했다. 주미대사관에 전화를 걸었지만 아무도 전화를 받지 않았다. 나중에 다시 거니 전화를 받은 직원은 아무런 대답도 해주지 않았다.

로광욱 박사에게도 물었으나 그도 모르고 있었다. 이번에는 돈 오버도퍼에게 연락을 취했다. 프린스턴 대를 나온 그는 1968년부터 워싱턴포스트지의 국제 담당 기자로 활동하고 있었다. 일본 지국장도 지내는 등 한국과 아시아 문제에 정통한 기자로 나중에는 존스홉킨스대 교수로 재임했다.

오버도퍼는 "박정희에게 사고가 난 건 맞는데 죽은 것은 확인이 안 되고 있다"고 말해 주었다.

적어도 박정희에게 사고가 난 것은 틀림없었다. 얼마 뒤 김성진 문화공보부 장관이 "박정희 대통령 유고(有故)"라는 막연한 발표를 했다. 나는 박 대통령이 사망했음을 직감했다.

개인적인 감상에 빠져들 시간이 없었다. 바로 호외 작업에 들어가 저녁 6시경 '박정희 피살'이란 호외를 발행했다. 인터넷도 이메일도 없던 시절이라 긴급 뉴스와 정보를 전할 유일한 방식이 호외였다. 300장을 급하게 제작해 버지니아는 물론 메릴랜드까지 한인 그로서리 등에서 뿌렸다. 호외를 접한 한인들은 동그랗게 눈을 뜨고 충격적인 활자에서 눈을 떼지 못했다. 아마 그들에게 미국에 이민 온 후 그처럼 놀라운 뉴스는 접해보지 못했을 것이다.

갈팡질팡한 민주진영

그것은 나나 민주진영 인사들도 마찬가지였다. 한국의 민주주의를 가로막던 철권 통치자 박정희의 급작스런 죽음은 충격 그 자체였다. 당장 무엇을 해야 할지를 몰라 갈팡질팡해야 했다. 나는 한민통 동지들에게 연락을 취해 긴급회의 소집을 제안했다. 하지만 모두들 어찌 해야 할 줄을 몰라 우물쭈물했다.

얼마 후 워싱턴 DC에 있는 주미 한국대사관에 박 대통령의 빈소가 차려졌다는 소식이 들어왔다. 나는 삼국지의 제갈공명을 생각했다. 주유가 화병으로 죽자 공명은 목숨을 걸고 오나라로 조문을 간다. 주유의 빈소에서 공명은 슬피 울며 자신의 최대의 라이벌이었던 주유의 업적을 높이 평가하며 애도한다. 물론 공명의 조문은 정치적 책략이긴 했으나 적장의 죽음을 애도하는 인간의 도리를 보여주는 것이었다.

여러 민주화운동 동지들에게 대사관 빈소에 조문을 가자고 말을 건넸다. 그러나 모두들 거절했다. 박정희에 대한 증오심은 그만큼 사무쳤다. 한편으론 조문을 갔다 사꾸라 소리를 들을까봐 두려워하는 마음도 있었던 것 같다.

"한창 싸우던 적국의 원수라도 죽게 되면 총을 내려놓고 조문을 가는 게 세상의 도리다. 우리가 박정희란 사람을 미워한 게 아니다. 그와 정치적 견해와 이념이 달랐기에 싸운 것이다. 우리는 박정희란 한 인간과 투쟁한 게 아니라 그의 독재정치와 싸운 것이다. 비록 그와 만난 적도 없고 개인적으로 알지도 못하지만 비참하게 죽었으니 조문을 가는 게 맞다. 그래도 나의 조국 대한민국 국가원수의 죽음이 아닌가."

당시의 주미 대사관. 현재는 워싱턴 총영사관으로 사용되고 있다.

내 생각이 반드시 옳다고 할 수는 없지만 난 혼자라도 조문을 가야겠다고 마음을 먹었다. 집으로 와 상복으로 갈아입고 대사관으로 향했다. 당시 대사관은 매사추세츠 애비뉴에 있는 현재의 워싱턴 총영사관에 있었다.

박정희 영정 앞에 서다

내가 대사관에 들어가려하자 입구에 있던 부영사가 가로막았다. 긴장한 표정이 역력했다.

"박 대통령 빈소에 조문하러 왔습니다."

"안 됩니다. 기다려주십시오."

그는 안으로 들어갔다. 나의 출현에 당황해 아마도 상급자들에 보고를 하고 상의를 한 모양이었다. 짧은 순간, 한국의 부모형제들도 십수년째 만나지 못하고 민주주의를 위해 박정희와 싸우던 생각이 주마등처럼 스쳐갔다. 한 10분쯤 흘렀나, 오채기 총영사가 나와서 "들어가십시오."라며 빈소로 안내했다.

안에서는 대사관 직원과 가족들이 도열해 조문객들을 맞고 있다가 날 주목했다. 박정희의 영정이 앞에 보였다. 죽은 자로 처음 대면하는 그를 보자 감정이 북받쳐 올라 눈물이 나려 했다. 간신히 참고서 국화로 헌화한 후 향을 사르고 묵념을 했다.

그가 날 내려다보고 있었다. 우리는 6.3 사태 이후 긴 세월을 싸웠다. 그는 민주주의의 살해범이었고 잔인한 독재자였다. 그는 내가 쓰러트려야 할 적장이었고 나는 그가 제거해야 할 적이었다. 악연이었다. 그런 박정희가 영정 속으로 들어가 날 바라보고 있는 것이다. 그는 자신의 정치적 불멸성을 믿었겠지만 신은 어김없이 그의 육신을 앗아갔다. 자신의 정치적 생명을 의탁한 김재규 중앙정보부장의 총격에…. 허망한 인생사다.

나는 한동안 그 영정 앞에서 감회에 젖어들었다. 미국에 오면 모두가 학업에 몰두하거나 생업으로 세월을 보내기 마련인데 내가 그동안 나름대로의 사명감에 젖어 싸워온 결과가 여기서 끝난 건가, 하는 복잡한 감정이 내 안에서 소용돌이쳤다.

나는 그의 명복을 빌었다. 한동안 서 있는데 도열해 있던 대사관 직원과 가족들이 여기저기서 훌쩍거렸다.

"정기용이가 조문을 오다니…." 그들에겐 믿기지 않는 일이 일어난 것이다. 평생 잊지 못할 장면이었다.

21

광주항쟁–백악관 앞 89일간의 1인 시위

"이건 광주사태가 아니다.
대한민국의 비극이다"

"전두환이 정국 주도한다더라"

박정희의 죽음으로 이제는 민주정부가 들어서겠구나 하는 막연한 희망이 피어올랐다. 하지만 그 단꿈은 짧았다.

한국에서 들려오는 소식은 불길한 내용들 뿐이었다. 그것도 정확한 게 아니라 풍문으로만 전해지는 가담항설(街談巷說)이었다. 한국에서의 언론 보도는 철저히 통제되고 있었다. 워싱턴 특파원들조차 국내가 어떻게 돌아가는지 제대로 몰라 오히려 동포신문을 발행하는 나에게 종종 국내 사정을 문의해 오는 정도였다. 사정이 그러니 태평양 건너 미국에서 모국의 정치 소식을 접하는 방법은 '카더라' 통신 밖에는 없었다.

10.26 사태 이후 계엄사령관이던 정승화 육군참모총장이 친위 쿠데타를 일으켜 실권을 장악했다는 소문부터 정 사령관이 YS와 가깝

다는 말도 들려왔다.

정승화 총장이 제거된 12.12사태도 풍문으로만 접해야 했다. 12.12 쿠데타 이후 전두환 소장이 막후 실력자로 부상했다는 소문도 떠돌았다. 우리가 전혀 모르는 인물이었다. 한국에서는 '안개 정국'이란 말로 불투명하던 정국상황을 표현했다.

갑갑하던 차에 친구인 윤혜구로부터 전화가 걸려왔다. 그는 어디서 들었는지 "전두환이가 지금 정국을 주도하고 있다"는 말을 들려주었다.

모든 게 불분명했다. 나중에서야 실체가 드러났지만 박정희가 군부 내에서 키우던 경상도 출신의 소장파 군인들이 12.12 사태로 정승화 총장을 끌어내리고 정국을 막후에서 주도하고 있었다. 그 리더가 보안사령관으로 박정희 암살사건을 조사하던 전두환 소장이었다.

서울의 봄과 DJ, YS의 처신

김재규 중앙정보부장의 저격으로 박정희의 18년 독재 정치는 일거에 끝났다. 그러나 김재규는 전두환 등 12.12 쿠데타로 군을 장악한 신군부에 의해 사형선고를 받고 형장에서 불귀의 객이 되고 말았다. 안개정국에서 신군부는 자신들이 장악한 권력이 한시적이라며 국민들의 눈을 속이고 최규하 국무총리를 대통령으로 추대하며 민심 수습에 노력하는 듯한 자세를 보였다. 당시 민심은 박정희 피살과 12.12 사태, 김재규 사형 등으로 어수선하고 흉흉했다.

그런 정국 속에서도 가장 희망에 부풀어 있었던 정치인은 당연히 야권의 리더인 김대중, 김영삼이었다. 사람들이 두 사람 주위로 몰렸다. 머지않아 집권할 수 있으리란 기대가 그들을 들뜨게 했고 또 그들을 갈라놓았다. 눈앞의 이익 앞에 의를 잊는 견리망의(見利忘義)의 시절이었다.

김영삼, 김대중은 곧 자기들 세상이 올 것으로 철석같이 믿었던 것 같다. 그들이 서울 시내에 나서면 20-30대의 차량이 앞뒤로 에스코트 하며 시내를 누비고 다닌다는 말이 들려왔다. 그들의 차가 지나가면 교통경찰도 신호등을 조작해 편의를 봐줄 정도였다니 위세가 벌써부터 대단했던 것이다.

그러나 그들은 군부를 너무 몰랐다. 박정희에 충성하던 하나회 출신의 군인들은 DJ나 YS가 집권하면 자신들은 모두 죽는다는 공포심을 느꼈을 것이다. 물론 야심이 작용했겠지만 그들이 전두환을 중심으로 정치의 전면에 나선 데는 그런 절망감과 위기의식도 한몫 했을 것이란 생각이 든다.

만약 DJ나 YS가 침착했더라면 군부와 소통하며 달랬을 것이고 그러면 민주정부 수립도 훨씬 빨라질 수 있었을 것이다.

서울의 봄은 그렇게 흘러갔다. 그리고 청천벽력 같은 소식이 또 날아들었다. 5월 중순을 넘긴 어느 날, 미국 신문들은 광주의 비극을 극적으로 전했다. 5.18 민주화운동이 발발한 나흘 후인 5월 22일경으로 기억된다.

"마약에 취한 공수부대원들이 유부녀를 겁탈하고 칼로 찌르기도 하며 유방을 도려냈다." "임신부의 배를 찔러 죽였다" "300여명이 학살당했다" 등등 루머인지 실상인지 모르는 그런 소문과 보도들이 줄을 이었다.

어쨌든 전두환 신군부의 광주학살이 시작된 것이었다. 한국 언론이 완전히 재갈이 물려 '광주사태'를 호도하고 있을 때 뉴욕타임스와 워싱턴포스트 등 미국 언론들은 제한적이긴 하나 연일 한국의 참상을 전했다.

미 언론들의 특별한 관심

당시 미국 내 민주화 세력들은 기진맥진 상태였다. 오랜 해외에서의 민주화 투쟁으로 지쳐 있는데다 생활도 어려워 이중고를 겪었다. 박정희의 죽음으로 투쟁 동력도 상당 부분 약화돼 있었다. 더군다나 10.26 사태 이후 미 언론들의 한국 관련 보도가 현저히 줄어들어 소외감마저 들게 했다. 그동안 한국의 민주화를 간접적으로 지원하던 미 언론들의 한국에 대한 관심이 떨어지니 힘이 빠진 것이다.

그러던 차 전해온 광주의 참극은 좌시할 수 없는 만행이었다. 죄 없는 내 동족이 죽어간다는 소식에 피가 끓었다. 한민통 회의가 열렸다. "한국의 군부 깡패들이 사람들을 다 죽이겠다."며 모두 분개해했다. 이 참상을 미국에 알리고 광주의 희생을 막기 위해 데모를 하자는 데 의견을 모았다.

그러나 방법론이 조금 달랐다. 대다수는 국무부 앞에서 시위를 하자는 거였다. 매일 국무부 브리핑이 열리고 많은 사람들이 드나들기에 적소라는 것이다. 나는 백악관을 주장했다. 시위의 상징성이나 의미가 더 크다는 뜻에서였다. 대세는 국무부였다.

나는 혼자서 백악관 앞에서 단독 데모를 하기로 결심했다. 사안이 너무 긴박했다. 아마 광주의 소식을 들은 다음 날인 5월 23일부터 나는 백악관 앞에서 1인 시위에 돌입했다.

"Mr. Carter do not support ROK Junta." 지미 카터 대통령이

백악관 앞에서 미국이 한국의 군사정권을 지지 해선 안 된다는 시위를 하고 있는 필자

한국 군부를 지원하지 말라는 글귀를 가슴에 붙이고 팻말도 들었다. 또 영어 팸플릿을 만들어 사람들에게 배포했다. 'Junta: 훈타'는 남미 용어로 군사평의회란 뜻이었다.

백악관은 매주 화, 목요일에 무료 개방되던 시절이었다. 주말도 그렇지만 이날들은 세계 각국에서 온 관광객들로 장사진을 이룬다. 그들은 내가 나눠준 팸플릿을 읽어보곤 한국에서의 참상을 알았다며 응원을 보내주었다.

언론들도 큰 관심을 가져주었다. 로이터, AP, AFP 등 주요 통신사들은 나의 시위 소식을 전 세계에 타전했다. 요미우리, 아사히, 산케이 등 일본 기자들은 물론 백악관 출입기자들 대다수도 나를 취재해 보도했다.

그 중에서도 CBS TV의 간판 앵커로 세계적인 명성을 떨친 월터 크롱카이트, ABC 방송의 샘 도날슨, 뉴욕타임스의 리처드 헬로란 기자 등이 기억난다.

신 군부의 협박

전 세계에 울려 퍼진 나의 백악관 1인 시위 보도에 한국의 신군부는 발칵 뒤집혔다. 국내에서는 '광주사태'와 관련된 모든 보도를 통제해 진실이 알려지는 걸 막았는데 해외에서, 그것도 워싱턴에서 한 명의 재미동포에 의해 그 방파제가 무너진 것이다.

집으로 사무실로 협박전화가 빗발쳤다. 시위를 하는 내 앞에까지 정체모를 한국 사내들이 다가와 보란 듯이 사진을 찍어댔다. 무언의 공갈이었다. 어떤 때는 아베크족을 가장한 남녀가 백악관 일대를 여기저기 구경하는 것처럼 꾸며 나를 계속 감시하기도 했다.

기관원들뿐만 아니라 친정부 한인들의 마타도어에도 시달렸다. 어떤 사람은 시위를 하던 내게 "당신 호남사람이냐"고 노골적으로 따지듯 물었다. 어이가 없기도 하고 화가 나서 나는 그를 점잖게 나무랬다.

"이건 광주사태가 아니다. 호남사태도 아니다. 이것은 대한민국의 비극이다. 그런 지역감정은 버려라. 단 1명의 시민이라도 왜 재판도 없이 권력의 총칼에 죽어가야 하나."

1인 시위를 계속하면서 한편으로 한민신보에서는 "전두환, 노태우 일당은 학살 만행을 중단하라"는, 1면을 가득 채운 사설로 질타했다. 신군부가 저지르고 있는 광주의 끔찍한 참상도 알렸다.

저들은 한민신보의 외로운 항거를 묵과하지 않았다. 당시 자체 인쇄시설이 없어 제목 활자는 외주를 주고 있었다. 그런데 이를 담당하던 박 모씨가 애를 먹였다. 제 날짜에 일을 안 해주며 시간을 질질 끌

백악관 앞에서 시위를 하는 필자와 왼쪽은 김대중의 처남인 이성호 씨

기도 하고 엉뚱한 한문 글자를 넣어 곤혹케 한 것이다. 가령 한자로 '권력 농락'의 농(壟) 자를 다른 뜻의 한자로 둔갑시켜 보내오는 등 일부러 안하던 짓을 하는 것이었다. 외부의 입김이 작용했다는 것은 삼척동자라도 알 수 있는 현상이었다.

엘리자베스 테일러의 응원

그런 와중에도 응원해주는 많은 분들이 있어 힘을 낼 수 있었다. 나는 매일 오전 10시30분부터 오후 2시30분까지 시위를 벌였다. 하루 4시간씩이었다. 신문을 제작하면서 짬짬이 시간을 내는 것이지만 결코 쉬운 행군이 아니었다.

이근팔, 최성일 씨는 물론 김응태, 심기섭 씨 등 민주인사들이 교대로 들러 격려해 주고 음료수도 들려주곤 했다. 그들은 나중에 국무부 앞에서 시위를 벌였다.

또 워싱턴한인회장과 호남향우회장을 지낸 계은순, 조한용 씨나 한국신문을 발행하던 홍성원 씨 등 호남 출신 인사들도 격려 방문을 와주었다.

한번은 백악관으로 들어가던 고급 승용차의 차문이 열렸다. 대단한 미녀가 "Hi!"하며 내게 인사를 건넸다. 자세히 보다가 깜짝 놀랐다. 세기의 미인으로 불리던 여배우 엘리자베스 테일러였던 것이다. 그냥 지나칠 수도 있는 것을 엘리자베스 테일러는 차를 잠시 멈추고 한국의 민주화를 응원해 주었던 것이다.

나는 그녀에게 팸플릿도 하나 건네주었다. 백악관에는 미국은 물론 세계 각국의 저명인사들이 드나든다.

이란 시위대와의 농담

백악관 앞은 진귀한 민주주의 시범을 관람할 수 있는 생생한 현장이기도 했다. 미국의 대통령이 거처하고 집무하는 바로 코앞에서 사람들은 자신들의 억울함을 펼쳐내고 가슴 속에 억눌린 주장들을 토해냈다. 아무도 그것을 제지하지 않는다. 백악관 길 건너편의 라파옛 공원에서는 메가폰을 잡고 구호를 외치는 사람들도 있었다. 별의별 사람과 인종들이 저마다의 구호를 외쳐댄다. 진풍경이 따로 없다. 그래도 백악관은 그것을 용인했다. 미국은 그것을 당연하다는 듯이 받아들였다. 그것이 민주주의다.

한국의 청와대 앞에서 그런 일을 벌였다간 쥐도 새도 모르게 잡혀가 치도곤을 당하던 시절이었다.

내가 한창 시위를 하고 있을 무렵 이란인 200여명이 백악관 앞에서 연좌농성을 하고 있었다. 그들의 데모는 5일간 계속 되었던 것으로 기억된다. 해외로 쫓겨난 팔레비 왕이 미국의 지원을 받아 이란 입국이 허용되자 과격 학생들이 테헤란의 미국 대사관을 점거해 50명의 인질을 잡고 444일이나 장기간 대치하던 국면이었다.

며칠 동안 연좌시위를 하던 이란인들과 낯이 익자 수인사를 나눴다. 그 중의 한 친구가 내게 농을 건넸다.

"그 미스터란 말 좀 빼면 안 돼."

내 가슴에 붙인 '미스터 카터'란 문구가 마음에 들지 않았나 보다. 카터 대통령 존칭을 빼라는 뼈 있는 농이었다.

모두들 한바탕 웃음보를 터트렸다.

백악관 경호경찰의 안부인사

백악관은 미국의 대통령 거처이자 집무실인 만큼 눈에 보이지 않는 경비도 삼엄했다. 경내는 'Secret Service'란 이름의 경호요원들이 경비를 맡고 있으며 외곽은 경찰들이 지켰다. 관광객들이나 시위대가 들끓는 백악관 담장이라 해봐야 대통령 집무실과 50미터도 채 떨어져 있지 않았다. 백악관 코앞을 관광객이나 시위대에 개방해 놓았지만 경비경찰들은 수상한 동태를 늘 주시하고 있다.

1인 시위를 하는 나도 백악관 경비경찰들의 감시 대상자 중의 한

명이었다. 그들은 매일 나의 시위 내용을 적어가곤 했다.

하루는 바쁜 일로 인해 오전 10시 30분보다 늦게 현장에 도착했다. 그러자 한 경찰이 다가오더니 "미스터 정, 오늘 왜 늦었나요? 무슨 일이 있었느냐?"며 인사를 건넸다. 무슨 일이 있는가, 해서 걱정을 해준 것이다.

또 어떤 날은 "미스터 정, 피곤하지 않나요. 좀 쉬어가며 해요"라고 말을 붙이곤 했다. 격려의 인사라고 생각됐다.

난 그들의 배려심이 눈물 나도록 고맙고 부러웠다. 그것은 외롭게 시위를 하는 한 인간에 대한 연민이자 어디에 있는지도 잘 모르는 동방의 한 작은 나라의 민주주의를 성원하는 마음이었던 것이다.

일본 한민통으로부터의 초청장

나는 백악관 앞에서 장장 89일간 1인 시위를 벌였다. 5월에 시작한 시위는 8월, 한여름이 되어서야 중단됐다. 그것은 일본의 한국민주회복통일촉진국민회의(한민통)에서 날아온 초청장 때문이었다.

"동경 시내 히비야 공원에서 김대중 선생 구출 데모를 하니 참석을 해 달라."

전두환의 신군부는 김대중에게 사형선고를 내렸다. 독재정권과 싸워오며 투쟁해온 김대중은 민주주의의 상징이었다. 목숨이 경각에 달린 김대중을 구하는 것은 한국의 민주주의를 구하는 것과 마찬가지였던 시절이었다.

그런 연유로 1인 시위를 끝낸 나는 일본행 비행기에 올랐다. 그리고 동경의 히비야 공원과 대학 강당, 한민통 집회를 돌며 릴레이 연설을 펼쳤다. 당시 한민신보 필라델피아 지사장 겸 편집인이던 김경재도 함께 했다. 그는 〈김형욱 회고록〉을 집필했으며 훗날 국회의원을 지낸 인물이다. 그리고 난 다시 미국으로 돌아왔다.

광주는 울분과 지울 수 없는 상처를 남기고 숨을 죽였다. 고난 받는 지도자 김대중의 생사는 이미 세계적인 관심사가 되어 있었다. 미국도 움직였다. 비밀리에 구명운동에 나선 것이다.

훗날 김대중 씨가 미국에 망명 왔을 때 해후한 적이 있었다. 그는 "나에게 사형을 구형한 군 검찰의 이름이 한문마저 똑 같은 정기용이어서 계속 내 머릿속에 당신이 떠올랐다"고 회고하며 묘한 인연에 함께 쓴 웃음을 짓기도 했다.

전두환 시대가 열렸다. 1980년대는 우리가 접해보지 못한 또 다른 역사의 층위에서 전개되고 있었다.

재미 민주화운동은 박정희 시대의 종언과 함께 사실상 그 막을 내렸다. 대부분 이민자의 일상으로 돌아갔다. 나의 곤고했던 민주화 여정도 마침표를 찍을 때가 왔다. 역사와 꿈을 위해 투쟁했던 나의 길은 이제 새로운 무대 위에서 펼쳐질 것이다.

제5화

워싱턴에서 만난 인물들

22

서민호 의원과 그의 아들

워싱턴에는 수많은 정치인들이 오고 간다. 1970년대 한국의 주요 정치인들에게 세계의 수도인 워싱턴은 반드시 들러야 할 곳이었다.

물론 지금처럼 직항 노선이 있거나 항공교통이 편리한 시절이 아니라 워싱턴을 오려면 여간 힘이 드는 게 아니었다. 그래도 의원 외교 명분이나 아니면 정세의 변화에 따라 일시적으로 워싱턴을 찾곤 했다.

그중에서도 광주 출신으로 신민당 사무총장, 국회부의장을 지낸 정성태 의원, 역시 전남 장성 출신으로 국회부의장을 역임한 김녹영 의원, 경남 출신으로 신민당 원내총무와 국회부의장을 지낸 정해영 의원, DJ의 조카인 김경인 의원, 경향신문 기자 출신으로 신민당 원내총무를 지낸 송원영 의원, 대구 출신의 유도인으로 신민당 최고위원을 역임한 신도환 의원 등등은 내가 만난 맹장들이었다.

서민호(徐珉濠) 의원도 잊을 수 없다. 전남 고흥 출신인 그는 와세다 대 정경학부와 컬럼비아대학 정치사회학부를 수료한 인텔리로 조선어학회 사건으로 1년 복역한 애국지사였다. 해방 후 광주시장, 전남 지사, 민주사회당 대표최고위원을 역임한 후 1973년 정계 은퇴했으며 이듬해 타계했다.

그의 삶은 파란만장하였다. 한국전쟁이 한창이던 1952년 거창양민학살사건의 국회조사단장으로 있던 그는 자신을 암살하려던 서창선 대위를 총으로 쏴 죽인 사건으로 복역하다 4·19혁명으로 출옥하였다.

서민호 의원이 정계은퇴 후 워싱턴을 부인과 함께 찾았을 때 DC의 힐튼호텔에서 만났다. 대화를 나눠보니 그는 정의감이 대단한 인물이었다. 박정희 군사독재정권을 신랄히 비판하기도 했다. 사실 그의 아들인 서범용은 나의 중동고 동기였다. 그래서 범용이와 친구 사이라고 소개하니 깜짝 놀라더니 "우리 아들 친구 중에 이런 사람이 있구먼." 하시며 흡족해 하셨다.

23

이철승에 망명을 권하다

 1970년대 한국 정치의 주역인 3김 씨와 얽힌 인연도 소개해야겠다. 김대중 전 대통령에 관해서는 앞에서 몇 차례 언급했기에 생략하기로 하고 이철승, 김영삼이란 양웅(兩雄)과의 기억을 되살려본다.

 소석(素石) 이철승은 왜정시대의 우국 학생으로 만날 때마다 그것을 자랑스럽게 이야기했다. 그는 1965년 박정희, 김종필이 한일회담을 추진하자 굴욕회담이라 비판하며 투쟁하기도 한 반일 인사였다. 그는 김대중, 김영삼과 70년대 야당의 기수였으나 유신 이후 중도통합론을 주창해 선명성을 잃었고 사꾸라 소리를 들으며 국민과 멀어져 갔다.

 국회부의장 재임 중 그는 가끔 워싱턴을 방문했다. 소석을 만나면 우리들의 극렬한 민주투쟁을 순치하려는 말을 직간접적으로 많이 들려주었다. 워싱턴에서 소석의 지지자는 고재곤 씨가 유일했다. 그들은 고려대 선후배 관계였다. 고 씨의 딸인 루시 고는 미 연방 항소법원 판사가 되었다.

 소석은 보스 기질이 다분하지만 술은 영 못 마셨다. 와인 한 잔에

소석 이철승과 필자

도 얼굴이 붉어졌다.
 한번은 금일봉이라며 두툼한 봉투를 하나 내밀었다. 내심 기대를 하고 집에 와서 열어보니 5불과 10불짜리가 섞인 것이었다.
 "야당이 무슨 돈이 있나." 소석은 그런 스타일의 정치인이었다.
 당시는 유신 이후 박 정권의 탄압이 날로 심해가던 때였다. 김대중은 납치사건으로 연금 상태였고 해외 민주화세력은 결집하지 못하고 표류하고 있었다. 소석을 만난 나는 아주 긴요한 제안을 했다.
 "선배님. DJ도 저리 되어 있는데 선배님이 미국으로 망명을 하면 어떻겠습니까. 그러면 해외 민주진영이 큰 세력이 되고 비중도 달라질 겁니다. DJ 대신에 그 역할을 해주십시오."
 미국으로 망명해서 민주화진영을 규합해 유신정권에 제대로 대항해보자는 것이었다. 나는 다시 진지하게 말을 이었다.

소석 이철승과 필자

"그렇게 되면 선배님은 큰 지도자 반열에 오르게 되고 국민의 신망도 얻을 수 있는 기회가 될 겁니다."

소석은 나의 당돌한 제안에 매우 심각한 표정으로 한동안 침묵하더니 "야, 이 사람아. 대대장하고 소대장 하고 입장이 같은가"라며 말을 돌렸다. 자신은 대대장이고 DJ나 우리는 소대장이란 뜻으로 나는 해석했다. 이철승의 망명을 권유하던 그 심각한 대화가 아직 생생하게 떠오른다.

24

김재준 박사와 김대중

내가 만난 인물 중 큰 감화를 준 이는 장공(長空) 김재준(金在俊, 1901년~1987년) 박사다. 젊은 시절 간도 용정에서 교편을 잡고 강원룡 목사와 안병무를 길렀던 그는 한국 예수교 장로회를 창설해 기독교계의 새 지평을 연 신학자이자 목회자이다. 한국신학대학 학장도 지내셨다.

다소 눌변이지만 고매한 인격과 해박한 지식으로 박정희 독재정권의 탄압에 맞서 한민통을 잘 이끌어온 분으로 평가한다.

장공을 생각하니 그의 사위 이상철 목사와 송정률, 전규홍 박사, 문익환 목사의 아버지 문재린 옹, 임창영 전 유엔 대사, 김상돈 전 서울시장 등도 잊을 수 없다.

후광(後廣) 김대중 전 대통령과의 인연도 매우 깊고 특이하다. 그는 어느 정치인에게서도 엿볼 수 없는 정치 감각과 순발력을 지닌 천부적 정치인으로 회고된다. 물론 험난한 정치역정에 흠도 있었지만 불가피한 측면으로 해석된다.

열한 살 때 처음으로 운동화를 신어봤다고 고백한 적이 있는 그는 필자의 부탁이라면 한 번도 거절한 적이 없고 속이야기를 소상히 하소연하곤 했다.

그의 첫 부인 차용애의 동생인 막내처남 차인식은 나와 중동고 동기동창이다. 이희호 여사의 막내 동생인 이성호 씨와는 모두가 알다시피 세상을 떠나는 날까지 가까이 지낸 사이다.

서울에서도 DJ는 장남 홍일을 자주 내게 보내 만나게 했고, 대통령이 되자마자 당시 대변인이던 박지원 씨를 통해 네 번이나 연락을 해오기도 했다.

25

김영삼 "정 사장 고생 많재이"

거산(巨山) 김영삼은 그의 정치적 동지들과의 학연이 먼저였다. 거산의 이른바 좌 동영, 우 형우로 불리던 김동영, 최형우는 나의 동국대 선배였다. 게다가 김동영은 나보다 2년 앞서 동국대 8대 정치학회장을 지냈으며 내가 미국으로 올 때 김재만 선배와 더불어 송별연도 베풀어 주기도 했다.

거산의 오른팔인 최형우는 내가 제대교우회 수석부회장을 할 때 조직위원장이었다. 물론 최는 나보다 4-5년 선배였다.

5.3 사태로 학생운동의 열기가 전국적으로 지펴졌을 때 김영삼, 김대중 등 야심 있는 신진 정치인들은 경쟁적으로 학생운동의 리더들을 데려가려고 했다. 김영삼 진영에서 나한테도 제의가 온 적이 있었다. 그런데 얼마 후 서울대의 김덕룡이 픽업되어 갔다.

김영삼과의 첫 대면은 학교에서 개최한 모의국회에서다. 그때 거산이 초청돼 첫 인사를 나눴다. 그는 나중에 워싱턴에서 조우했는데 기억력이 비상했다.

1980년대 중반, 김영삼, 김대중씨가 민주화추진협의회(민추협)를 결성해 전두환 정권에 대항할 때다. 민추협 사무실이 서울 무교동에 있었는데 그 골목을 지나다 우연히 만났다. 대번에 나를 알아보더니 "자네 여긴 어쩐 일이냐"고 반기면서 자기 사무실에 자주 들리라는 말을 잊지 않았다.

워싱턴에서 김영삼 지지자는 그리 많지 않았다. 김대중 씨가 1970년대 초반, 워싱턴에 망명객 비슷하게 일시 체류하면서 연을 맺은 후광의 지지자들은 많았지만 거산을 따르는 한인은 몇몇에 불과했다.
1976년인가 77년경, 거산이 워싱턴을 방문했다. 한민통에서는 DC에서 강연회를 개최했다. 기록적인 폭설이 내린 날이었다. 워싱턴 한인들의 민주주의를 향한 열망은 강인했다. 그 눈길을 뚫고 수백 명이나 모여 김영삼의 시국 강연을 경청했다.
다음 날 아침이었다. 거산에게서 만나자는 전화가 왔다. 버지니아 알렉산드리아에 있는 김창원 씨의 집으로 갔다. 그는 김영삼의 매제다. 부인이 김두악으로 거산의 막내 여동생이다. 차를 마시며 시국에 관한 대화를 나눴다. 거산은 국내 소식을 들려주었고 나는 미국에서의 민주화투쟁에 관해 설명해 주었다.
그런 대화가 오가던 중 거산이 나를 격려하는 말을 해주었다.
"정 사장, 고생 많재이."
"저보다는 국내에서 투쟁하는 분들이 더 고생이죠."
"신문사 운영은 잘 되나?"
"잘 될 리가 있겠습니까. 광고는 물론 이런저런 탄압으로 힘듭니다."
그러자 김영삼은 갑자기 매제를 불렀다.
"창원아, 이리 좀 와봐라."

"니 은행의 1년 광고비가 얼마고?"

김창원 씨는 1975년 12월15일 워싱턴에서 설립된 최초의 한인계 은행인 디플로맷 내셔널 뱅크(Diplomat National Bank) 행장으로 있었다. 김창원 씨가 뭐라고 답하니 거산은 "동포사회에 나가는 광고비 전부 정 사장 조라. 한민신보에 다 주거라."라고 지시하는 것이 아닌가.

김씨는 1년간 한민신보를 밀어주었다. 힘든 시기에 그 덕을 크게 봤다. 그게 김영삼의 스타일이었다.

훗날 내가 귀국해 서울에 있을 때 거산은 김덕룡 비서실장을 시켜 내게 출마를 권유하기도 했다.

26

중정 공사 나무란 양일동

　통일당 당수를 지낸 현곡(玄谷) 양일동(梁一東)은 1912년생으로 중동중학에 다니다 1930년 광주학생 의거에 연루돼 퇴학당하고 대한민국 임시정부에서 활동하다 옥고를 치른 독립운동가 출신 정치인이었다.
　1970년대 초반, 유진산 체제의 신민당이 박정희 독재정권과 타협 노선을 걷자 탈당해 1973년 선명야당을 표방한 통일당을 창당해 이끌었다. 그는 담대한 성격에 보스 기질이 강한 정치인이었다.
　양 총재가 워싱턴을 방문했을 때다. 포토맥 강변의 워터게이트 호텔의 그의 룸에서 만나 대화를 나눴다. 유정회의 강성원 의원도 함께 있었다.
　그런데 느닷없이 이상호(본명 양두원) 공사가 나타났다. 주미대사관 중앙정보부 총책인 그가 들어오자 강 의원은 쩔쩔 맸다. 중정의 악명과 권세가 하늘을 찌를 때니 이철승이나 신도환 같은 야당의 거물들도 양두원 앞에서는 몸을 사리곤 했을 때다. 강성원 의원은 곤란한지 먼저 자리를 피해 나갔다.

양일동 총재가 이 공사에게 말을 꺼냈다.

"자네 누군데 약속도 없이 불쑥 방에 들어오나."

"예 저는 정보부의 이상호 공사입니다."

양두원이 신분을 밝힌 그쯤이면 대개가 고개를 숙이고 들어가는데 양일동은 달랐다.

"자네 본명이 뭔가?"

"예 양두원입니다."

"근데 왜 가명을 쓰나?"

"정보부는 신분을 커버하기 위해 가명을 씁니다."

"그래, 자네 어디 양씨인가?"

"남원 양가입니다."

"돌림자가 뭔가?"

양두원이 뭐라고 대답하니 양일동은 "그러면 자네는 내 손자 아니면 조카뻘일세."라고 아랫사람 취급을 했다.

거기에다 양일동은 양두원을 나무라기까지 했다.

"정보부에서 불법 활동을 하고 동포들을 괴롭힌다는데 사실인가?"

"아닙니다. 그런 일 없습니다."

"그런데 왜 미국 신문에 그런 일들이 보도가 나는가."

미국에 온 양일동을 만나 동정도 파악하고 겁도 줄 요량이었던 양두원은 오히려 쩔쩔 매고 있었다. 야당의 맹장과 중정의 미국 책임자인 두 양 씨가 주고받던 대화가 너무 인상 깊어 아직도 잊히지 않는다.

미국에 온 김에 양일동은 한인들과의 간담회를 열었다. 부성래, 이범동 등 15-16명이 참석했다.

간담회 석상에서 양 총재가 갑자기 내게 봉투를 하나 주었다.

"정 후배. 이거 얼마 안 되지만 받게."

모두들 의아해서 바라봤다. 미국에서 신문하면서 반독재 민주화 운동을 한다고 고생하는 후배에게 주는 정이 듬뿍 담긴 격려금이었다. 공개적인 자리에서 봉투를 건네는 사나이다운 그 마음이 얼마나 멋지게 보였는지 모른다.

그 후 양일동은 일본에서의 김대중 납치사건에 연루됐다는 루머로 곤욕을 치렀다. 김대중이 양일동이 묵고 있던 동경의 그랜드 팔레스 호텔로 찾아왔다가 괴한들에 납치된 것이다. 한국 정치사에서 보기 드문 큰 그릇이었던 양일동은 그 화병 때문인지 1980년 타계했다. 길고도 짧은, 짧고도 긴 삶이었다.

27

이기택의 회식자리

　이기택 전 민주당 총재와도 귀한 인연을 맺었다. 70년대 중후반, 그는 워싱턴 근교인 버지니아 알링턴에 있던 한 사무실로 날 찾아왔다. 그의 비서관 출신으로 당시 국회 전문위원이던 박관용(전 국회의장)을 수행원으로 대동하고 미국에 온 것이다.
　김대중의 미국 비서실장 격이었던 이근팔 씨와 함께 인근 대륙식당에서 식사를 마친 후 이기택과 나는 많은 이야기를 나누었다.
　그와 나는 학교가 다른 선후배 사이였지만 4.19와 6.3 세대란 동류의식 때문인지 금세 친숙해져 흉금을 털어놓고 이야기를 나눌 수 있었다. 이기택은 고려대 상대 재학 중에 학생위원장으로 4.19를 주도한 인물이었다. 일찍이 정계에 입문해 70년대에는 이미 김대중, 김영삼, 이철승을 잇는 참신한 차세대 주자로 성장해 있었다.
　그는 주로 박정희 정권의 독재를 비판하며 대안으로서 세대교체의 필요성을 역설했다. 그 후 우리는 매우 친밀해졌다.
　내가 서울 출입이 가능해졌을 때 제일 먼저 회식(술좌석)을 베푼 이가 이기택이었다. 아이러니하게도 그는 술이라고는 입에도 못 대는 정치인이었다. 그는 어떤 공식 석상에서나 나를 불러 바로 옆자리를 권하곤 했다. 2016년 타계한 그의 빈자리가 요즘 들어 너무 크게 느껴진다.

28

정대철, 오세응과의 인연

1970년대 초중반쯤이었다. 미주리 대학교에 박사 유학을 온 정대철이 워싱턴으로 날 찾아왔다. 유학을 오자마자 가장 먼저 나를 만나러 온 그는 제2대부터 8선 국회의원을 지낸 정일형 박사와 한국 최초의 여성 변호사인 이태영의 장남이자 1남 3녀 중 둘째다. 정 박사 부부는 민주화운동과 여성 인권을 위해 매진해온 선진적이고 고결한 인품의 소유자들이었다.

특히나 정 박사는 김대중의 정치적 스승이나 마찬가지였다. 그런 연고도 있어서인지 정대철은 도미 후 바로 워싱턴에 들렀던 것이다.

그는 경기고와 서울 법대, 대학원을 나온 수재였다. 워싱턴에서 나와 친분이 두텁던 윤영오(국민대 총장 역임), 이헌재(경제 부총리 역임)와 경기고 동기라 더 각별했다.

나는 정대철을 한민신보 논설위원으로 위촉했다. 공부하는 틈틈이 글을 써보라고 한 것이다. 공부를 끝내고 귀국한 그는 77년 서울의 중구와 종로구 재보궐 선거에 출마해 당선되며 정계에 입문했다. 아버지 정일형 박사가 3.1 민주구국선언 사건으로 국회의원 직을 잃으면서 치러진 보궐선거였다. 정대철은 선거에 출마하면서 한민신보

정대철과 필자

오세응과 필자

논설위원 이력을 프로필에 넣기도 했다.

그는 워싱턴에 오면 민윤기-방숙자 부부와 함께 나와 어울렸다. 난 그의 부모인 정일형, 이태영 박사를 통해 생생한 한국 국내 소식을 듣기도 했다. 요즘과 달리 미국은 한국 소식을 알 길이 없는 암흑사회였다. 고작 국제전화나 지인들을 통해 듣는 게 유일한 뉴스 소스였다.

그 후 80년대 들어 내가 서울을 오갈 때 정대철과 만나 술좌석을 자주 가졌지만 지금은 서름한 관계로 남아 있다.

오세응(吳世應)은 나보다 몇 해 위지만 죽이 잘 맞았다. 그 역시 경기고 출신으로 연세대 정외과를 나와 1960년대 중후반 워싱턴 DC에 있는 아메리칸 대에서 행정학 석사와 박사 공부를 했다. 당시 갓 결혼했는데 공부하랴 가계 꾸리랴 생활이 어려워지자 주말에는 옐로캡(택시) 운전기사를 하며 돈을 벌기도 했다.

그러다 유진산이 미국을 방문했을 때 신진 엘리트 영입 차원에서 유학생 2명을 스카웃했는데 그 중의 1명이 오세응이다. 그와 유진산의 중개 역할은 메릴랜드에 사는 한창희가 맡았는데 그는 유진산의 비서 겸 집사 역할을 하던 사람이다.

귀국한 오세응은 1971년 총선에서 당선돼 정계에 들어갔으며 국회부의장까지 지냈다. 그는 미국에 오면 꼭 나한테 들러 정을 나눴고 내가 서울에 들어갈 때면 각별히 챙겨주기도 했다.

29

최은희 납북 예상했던 신상옥 감독

　신상옥 영화감독이 미국에 체류할 때다. 그가 운영하던 영화사인 신필름의 허가가 취소되자 신 감독은 미국과 불란서를 오가며 생활하고 있었다. 나를 만난 그는 대뜸 영화 제작을 제안했다. 제목은 '김대중 납치사건'과 '박동선 뇌물사건'이었다. 히트작이 될 것이라고 호언했다. 박정희 정권에 대한 그의 불만은 대단했다.

　문제는 영화제작 자금 조달인데 그는 두 가지 방법을 제시했다. 하나는 정치인 김상현을 통해 김형욱의 투자를 유인하자는 것인데 지금도 그 이유는 모르겠다. 둘째는 자신이 만든 영화 36편의 필름을 홍콩에 갖다 두었는데 이걸 미국에서 상영하면 제작비 걱정은 안 해도 된다는 것이다.

　신 감독은 워싱턴에 오면 미국 공보원에 근무하던 주동걸 씨 집에 머물렀다. 주 씨와는 함경도 북청 동향으로 어릴 적부터 친구라 했다. 하루는 주 씨 집에서 신 감독과 밤늦게 술을 마시고 취해 잠이 들었다. 도중에 깨어보니 그는 잠도 안 자고 깊이 담배를 빨며 고민하는 눈치였다.

신상옥 감독과 배우 최은희가 북한에서 김일성의 후계자 김정일과 만나고 있다.

"무슨 고민이 있으세요?"
"곧 알게 될 거야."

그는 자세한 이야기를 하지 않았다. 얼마 후 전 부인인 배우 최은희 납북사건이 발생했다. 1978년 1월이었다. 안양예술학교 운영자금 마련 차 홍콩에 간 최은희가 행방불명 된 것이다. 그 보도를 보며 난 신 감독이 최은희의 납북을 예상하고 있었던 게 아닌가 하는 생각이 들었다. 당시 신 감독은 여배우 오수미와 살고 있었다.

어느 날 뉴저지에서 신 감독의 전화가 왔다. 홍콩에 가서 최은희의 납북 수사에 협조한 후 불란서 칸 영화제에 참석하고 돌아오겠다는 것이다.

"감독님은 지금 영주권 신청 중입니다. 나가면 재입국이 쉽지 않을

신상옥 감독과 배우 최은희가 워싱턴에서 기자회견을 하고 있다.

텐데… 그리고 가족(배우 오수미와 1녀)이 하와이에 있지 않습니까?"

"그래도 내가 25년이나 함께 살던 여자인데 손 놓고 있을 수는 없잖나."

칸 영화제에 참석했던 신 감독에게서 엽서 한 장이 날아왔다. 미국으로 돌아오려 했지만 각 영사관마다 비자를 안 내줘 어렵게 됐다는 내용이었다.

신 감독은 78년 7월 홍콩에서 북한 공작원에 의해 납북됐다가 86년 방문지인 오스트리아에서 탈출해 미국으로 건너왔다.

한 시대를 풍미한 감독과 배우는 분단된 조국에서 영화보다 더 영화 같은 파란만장한 '인생 극장'을 찍은 것이다.

부록1 추억의 시간 속으로

1974년 1월 백악관 앞에서 포드 미 대통령의 방한에 반대하는 집회가 열리고 있다.

워싱턴에서 열린 시위에서 민주인사 석방하라는 팻말을 목에 건 어린이.

한민신보 사무실에서 1977년 1월 25일자 신문을 읽고 있는 필자.

한민신보 창간 6주년 행사에서 인사말을 하는 필자.

러시아를 함께 방문한 조영래 변호사와.

6.3동지회 회장과 13, 14대 국회의원을 지낸 벗 박정훈과 나.

서울시장에 출마한 선거 벽보.

연설을 하는 윤길중 민정당 대표와 필자.

2000년 12월 한국서민연합회 송년의 밤 행사에서 열린 올해의 위대한 서민 대상 수여식에 참석한 사람들.

1993년 12월 서울 프레스센터에서 열린 한국서민연합회 송년모임.

1999년 6월 철원의 복계산 등산을 함께 한 서민연합회 회원들.

1997년 3월 등산을 한 서민연합회 회원들.

자유광장 송년의 밤 참석자들이 국민의례를 하고 있다. 이수성 전 총리, 손학규 전 민주당 대표, 김대중의 처남 이성호씨, 박정훈 전 의원 등의 모습이 보인다.

손학규 전 민주당 대표와 함께.

부록 2

칼럼

이 글들은 2006년부터 미주 한국일보에 실렸던
칼럼 가운데 일부를 모은 것이다.

개띠의 해와 인간 체면

우리는 지금 이 순간에도 어디론가 가고 있다. 목에 붙어 있는 숨을 태우며 계속해서 어디론가 가고 있다. 불교에서는 이것을 밀이(密移)라고 한다. 시간이라는 신의 명령, 이 불가사의를 타고 목숨의 종착점을 향해 쉬지 않고 가고 있다.

목에 붙어 있는 숨이 다 타버리면 일단 이 세상에서의 '나'라는 존재는 소멸이다. 그리고 그 다음부터는 우리가 모르는 새 곳의 시작이다. 누구도 거역할 수 없는 하늘의 섭리다.

어떤 종교적인 이론도 이 세상과 저 세상의 구분을 부정하지 않는다. 종교들은 이 세상이 지(智)를 얻어 성불하거나 그리스도를 영접하여 저 세상에서의 영생을 구하는 곳이라고 믿는다.

새해가 왔다는 것도 이승의 허무를 알려주는 조종(弔鐘)일 뿐이다. 이승에서 우리는 절대로 육체적 영생을 구할 수 없다.

그런데도 인간은 왜 이리 어리석은가. 너나 할 것 없이 육체적으로 영원할 수 있다는 황당한 착각에 빠져 살고 있다. 저마다 곧 소멸돼 버릴 육체의 호강과 장수를 위해 수단 방법을 가리지 않는다. 남의 것을 빼앗고, 죽이고, 누르고 그리고 모략과 도적질 투성이다. 이미 우리 사회는 이웃이란 애초부터 없고, 자신만 잘 먹고 잘 살면 그만인 극단 이기주의만 횡행하고 있다.

누가 봐도 앞길 창창하다던 인물이 부정 비리에 걸려 철창신세를 지고 나왔어도 오히려 더 뻔뻔스럽게 거리를 휘젓는다. 염치라는 게 실종돼 버렸다. 교육자가 아들에게 시험지 도둑을 시키고, 종교인의 부녀자 농락 갈취가 다반사로 적발돼도 탄식의 소리가 그다지 크지 않은 지경에 서 있다. 본성을 잃어버린 실성한 세상에 살고 있는 것이다.

가엾고 천박한 인간들이 곳곳에서 판치는 이 더러운 현실, 건전과 청렴이 메말라 버린 오늘의 세태야말로 몽땅 우리 모두의 책임이다. 인간성의 도덕적 타락까지도 정권이나 위정자의 몫으로 돌릴 순 없다. 오늘의 모든 결과는 지금을 사는 사회 구성원인 우리 모두가 산출해낸 것이다.

힘찬 새해, 희망의 새해를 영위하려면 우리 각자의 가슴에 깊이 박혀 있는 욕심을 버려야 한다. 삶의 차원을 끌어올리려 하면 육체적 영생이라는 망상은 사라질 수밖에 없다. 자연히 영적 영생을 추구하게 되고 부질없는 욕심은 저절로 뒷걸음치고 말 것이다.

"욕심을 버리자"는 외침이 결코 나태나 가난과 무기력을 선(善)으로 보자는 게 아니다. 물론 인간 최고의 선은 근면, 성실이다. 각자가 근면, 성실하면 세상의 조화가 평화 번영으로 향할 수밖에 없다.

각자의 양심, 정직이야말로 사회의 공동선이어야 한다. 그런데 여기서 자기만 더 먹고 더 잘 살자는 과욕에 취한 이기주의자들이 돌출하여 설쳐대면 그 사회가 어떻게 되겠는가. '과욕'이라는 도덕적 반칙에 여기저기서 이웃들이 찔리고 오늘과 같은 타락의 필연을 낳게 되고 마는 것이다.

올해가 개띠라는데 올해야말로 '개만도 못한 X' 소리를 안 해도 된다고 자신할 수 있을까. 예수, 석가, 간디, 테레사 수녀 같은 분들이 있었기에 망정이지 정의감과 의리가 강하다는 개들 앞에 영 인간의 체면이 말이 아닌 형편이다.

평화로운 세상, 진정 희망을 가질 수 있는 사회가 되려면 모두가 이기심 대신에 이타심(利他心)을 가져야 한다. 진정한 이타심은 욕심을 지워버린다. 그리고 사회가 고상해진다.

30대 중반에 세상을 떠난 모차르트는 자기가 죽은 후 연주할 '진혼곡'을 미리 작곡해 놓았다. 벼슬을 버리고 '호상취도평택'이라는 멋진 싯귀를 남기고 고향으로 돌아간 도연명도 자신의 제문을 미리 써 놓았다. 이태백은 술잔을 들어 한잔 즐기며 '인생은 저 둥근 보름달 앞으로 기러기 날아가는 순간…'이라고 읊었다.

인생을 짧게만 보지 말고 멋지게 보는 혜안을 가져야 한다. 인생을 하루하루 값있게 즐기고 채우려 하지 않기 때문에 인생이 짧게만 느껴지는 것이다. 그리고 인생이 짧기만 하다는 허무감은 욕심을 불러온다. '남보다 잘 먹고 잘 살고 고관대작으로 살다 가야지…' 하는 내면에 존재해 있던 악이 꿈틀거리고 그 악이 남의 것을 빼앗고 모략하고 짓밟는 직성을 흔들게 한다. 그리고 온통 물질 최고주의, 출세 최고주의의 저속한 사회를 만들어버린다.

진달래 열 번, 스무 번만 피고 지면 대부분이 다 떠나야 할 사람들이다. 인생은 짧은 것도, 긴 것도 모두 아니다. 무리 않고 태공심으로 살아가는 게 욕심 버리는 길이고 그 양심적 삶이 평화의 축복 받는 세상을 만들어 갈 것이다.

우리의 부질없는 욕심 때문에 신이 주신 이 아름다운 세상을 부정, 비리, 피투성이 싸움으로 더럽혀 놓다니 이런 죄악이 어디 있단 말인가.

새해를 맞아 어떤 형태의 희망을 그려봐야 할지 얼른 대목이 떠오르지 않는다. 우리는 국내외 어디에 살든 같은 민족이다. 밝고 희망찬 민족의 장래를 위해 욕심을 버리자. 모두가 한 차원 높은 생활을 지향하자. 희망과 삶의 보람이 피어오를 것이다.

〈2006년 2월 3일〉

예수, 석가 그리고 김수환

존경을 크게 받았던 인물일수록 세상을 떠난 여파가 너무나 크다. 김수환 추기경! 그가 선종한 지도 두 주를 넘어섰지만 아직도 추모 행렬, 애도의 행사가 줄을 잇고 있다. 우리는 국가의 상황이 극한으로 치달을 때나 사회의 도덕이 수렁에 빠질 때마다 인적 국량이 가난함을 한탄해오던 터였다.

그래도 김수환 추기경이 순수와 열정을 보존하며 슬기와 충고를 보태고 억눌리는 민중의 역성을 들었는데 이제 누가 그만한 영향력으로 그의 역할을 대신할 건가. 우리가 그와의 작별에 허전함과 비탄을 쉽게 지우지 못하는 게 단순히 인간적 이별의 슬픔만은 아닐 것이다.

선을 가장하며 착취, 치부하고, 애국을 가장하여 나라를 파국으로 몰아간 사람들, 독재자에 부역했던 무리들이 김수환 추기경 시신 앞에 조문하는 광경은 선과 악을 극명하게 조명해 볼 수 있는 가르침의 장이었다.

김수환 추기경에게 희망을 물으면 "언제나 하늘을 배반하지 않도록 해달라"는 대답이었다. 하늘의 진리와 인간적 고뇌 사이에서 갈등을 겪었을 김 추기경! 석가모니가 진리를 찾으며 고행하는 동안 수천 가지의 고뇌를 이기고 견성에 도달했듯이 그도 모든 인간적 고뇌를 극복하고 진리의 길을 걸었던 것이다.

과신, 과평가인가. 그가 1984년 석탄일에 보좌 신부들을 데리고 참석하여 끝까지 자리를 지킨 것은 범부의 눈으로도 파격 그 자체였다.

천주교가 보수 일색으로 고립무원에 서게 되자 타 교파를 포용해 보자고 연 것이 바티칸 21차 세계 공의회였다.

이 회의(제2차 1962-1965)에서 요한 바오로 23세의 이름으로 마지못해 베푼 관용이 동방정교와 개신교는 '사악한 이단'이 아니고 '헤어진 형제'라는 것이었다. 천주교는 아직도 '율법'을 가운데 놓고 유대교와 상종하지 않고 있다. 유대교는 지나친 보상주의이고 실천주의라는 것이다.

이렇게 천주교의 엄격한 타 종교관을 박차고 김 추기경이 불교를 영접한 태도는 우리 인류 종교사의 기록으로 치부해도 손색이 없을 것이다. 김 추기경은 유학자 상산 김숙(1880-1962) 선생을 유교식으로 참배하는 기록을 남기기도 했다. 이 사실도 종교계에서는 큰 논제가 되기도 했었다.

왜들 싸우나. 종교라는 이름으로 살육을 감행하고, 증오하고, 비난하고… 이것이 하나님의 뜻인가. 천당, 극락, 아멘, 니르바나 다르바, 피안, 할렐루야, 적멸, 견성, 그리스도… 깨닫고 성취하는 방법이 다를 뿐이지 무엇이 다른가. 서로 사랑하자. 사랑하면 존중하게 되고, 존중하면 피차 죄 지을 일이 없다. 모두가 하나님께로 가자는 것 아닌가.

서로 인정하면 그 자체가 감사를 베푸는 것이다. 하나라도 있으면 없는 것보다 좋은 일이니 감사하자. 감사는 사랑의 씨앗이다. 함부로 말하기가 조심스럽지만 김 추기경의 종교관이 이런 것이 아니었다.

종교라는 이름으로 도처에서 살육전이 발발하고 있는데 김 추기경의 차원 높은 범종교적 삶은 세월이 갈수록 빛나는 귀감이 될 게 틀림없다. 김 추기경 재위 47년에 다종교문화인 우리나라에 종교 갈등 대신 종교간 교류가 보편화 됐고 천주교인도 90만에서 540만 명으로 늘어 천주교가 국교 가운데 하나로 정착됐다.

뿐만 아니라 김 추기경의 청빈한 삶과 정의, 희생적 삶은 현대판 오병이어의 기적을 펼치고 있다. 김 추기경이 두 개밖에 없는 각막을 기증하자 감동한 백성들이 너도나도 각막 신장을 떼어주려고 줄을 잇고 있는 것이 현대판 오병이어의 기적이 아니고 무엇이겠는가.

막연히 불안에 떨며 미륵불(여래)이나 재림 예수를 기다리지 말고 김 추기경 같은 위인들의 가르침이 무엇인가를 새겨야 한다.

종족과 종파, 신분과 출신 성분, 모든 걸 뛰어넘은 조문행렬 추모행사가 지금도 이어지고 있다. 누가 동원한 것도, 간청한 것도 아닌데 진정한 가슴의 슬픔을 안고 발걸음으로 그에게 향하고 있다. 최근 어느 신문의 사설 제목이 '추기경은 우리 가슴 속에 살아 있어야 한다'였다. 김수환 님께 해당하는 아주 좋은 표현이었다.

인간은 누구나 육체적으로는 죽는다. 예수도, 석가도, 김수환도 모두 육체적으로는 죽었다. 그들의 가르침을 우리 가슴 속에 대대로 지키는 것만이 그들의 부활을 소유하는 길일 것이다.

〈2009년 3월5일〉

아시안 게임과 인공기 해프닝

 세계 어디서나 국기(the national flag)에서 비롯된 일화가 많이 전해온다. 그만큼 국기가 상징하는 가치가 크기 때문일 것이다.
 작년 5월 평양에 태극기가 게양되고 우리 애국가가 연주된 적이 있었다. 이 자리엔 김정은, 이설주 내외가 다녀가기도 했다. 우리 정주영 씨가 지어준 평양 소재 '류경 체육관'에서였다. 조선 역기연맹 주최 세계역도선수권 대회장이었다. 이때 조선 역기연맹 지도위원은 제2인자 장성택이었고 이 해프닝을 계기로 북한 군부 강경파가 크게 반발하여 남북 이산가족 상봉 행사를 남측에 통보도 없이 갑자기 취소하고 장성택이 극형에 처해졌다는 것이다.
 우리 태극기 게양을 한사코 반대하여 FIFA 규정을 어기고 평양 능라도 경기장에서 열려야 하는 월드컵 예선 경기를 상하이로 옮겨서까지 치룬 북한이다. 김대중 노무현 두 전직 대통령이 정상회담차 북한을 갔어도 태극기 한 장 영접을 일절 금지하는 북한이니 장성택이 태극기 게양 문제로 화를 당한 것도 가능한 분석일 것이다.
 서울 소식에 따르면 곧 개막될 인천 아시안게임 주 경기장에 북한 인공기 게양으로 말썽이 있었다. 인공기 게양은 참가 45개 국기를 모두 내걸어야 한다는 국제경기 규정에 따른 것인데 일부의 격렬한 항의로 중국 오성홍기와 북한 인공기를 함께 내렸었다는 것이다.
 우리는 지난 번 부산 아시안 대회 때 김정일 초상화와 함께 북한

인공기 게양을 허용하기도 했는데 이번 인천 아시안게임에서 새삼스레 보여준 일부의 태도는 북한의 행실과 무엇이 다른가. 똑같은 수준의 취급 밖에 못 받을 것이다. 대회 주최국이면 주최국답게 국제 규약대로 인공기 게양을 하고 반발하는 부류가 있으면 반발하도록 내버려두는 것도 민주주의 국가다운 모습이 아니겠나. 일부의 반발이 거세다고 해서 국기를 올리고 내리고 게다가 중국 오성기까지 그랬다니 이 무슨 이해 못할 처사인지 모르겠다.

우리는 지금 국민 소득이 북한의 40배에 달한다. 북한이 핵을 가졌다고 하지만 세계 최강 핵보유국 미국이 문턱까지 와서 우리를 보호하고 있다. 북한을 신경과민으로 대할 필요도, 겁낼 필요도 없지 않은가. 극우라는 사람들은 말끝마다 '북의 침략'을 경고하지만 이건 겁먹은 자의 큰소리이거나 권력에 기어오르려 하지 말라는 대국민 협박으로 밖에 들리지 않는다.

우리는 지금 북쪽에 강경노선 점령노선이라는 약점을 노출시켜 놓고 있다. 겁먹고 소리 지르면 상대만 기고만장하게 할 뿐이다. 지금 북한은 부분적으로 남한을 데리고 놀고 있다. 목제 무인기도 심심하면 띄워 보내고 탈북민 가장해서 간첩도 보내고 이상한 짓 해놓고 함께 조사하자고 덤비고…. 이게 모두 우리를 우롱하는 짓 아니면 뭔가.

인공기 게양 국제법인데 북한 달래기에 얼마나 좋은 기회인가. 북한에서도 아시안게임 할 때가 있을 것이고 그때 우리 태극기도 평양 한복판에 나부껴야 하지 않나. 해방 70년 분단 70년이다. 아직도 국기 문제 하나로 남북이 이렇게까지 대치를 해야 하나. 원래는 남북이 우리 태극기를 함께 사용하였으나 1947년 김일성이 특별 지시하여 인공기를 제작했던 전력이 있다. 일본 지바 세계탁구선수권대회에서 남북단일팀이 한반도 통일기를 만들어 사용한 적도 있다.

미·중 모두가 한반도 요리에 별 수작을 다하고 있다. 특히 일본 아베 정권의 간특한 태도를 보면 저절로 쌍심지가 돋는다. 그들 앞에 남북은 지금 뭘 하고 있는가. 경제인들이 이룩한 첨단 전자기기 생산에 취해 으스대기만 하는 것이 이성적인 태도인가. 그렇지 않아도 남북문제가 목적도 없이 표류하거나 강대국들의 이권에 휘둘리고 있는 양상이다.

분단국인 우리의 입장에서 국기 문제를 둘러싸고 국가보안법과 국제경기 규정 사이에 민감한 사안인 것을 모르는 것 아니지만 이 기회에 남북 화해의 호재로 삼아 남북을 윈-윈으로 이끄는 지혜가 우리 남북 모두에게는 없는지 다 함께 생각해 볼 일이다.

〈2014년 9월 17일〉

통일의 키워드 '원수사랑'

'네 원수를 사랑하라' 예수의 가르침이다. 약육강식으로 시작된 세계 인류사에 파란을 예고한 지적이었다. 죽고 죽이고 강탈하고 빼앗김의 연속이 세계사의 반복이다. 그리고 그 원한을 가슴에 담은 후손들의 번성은 살육과 복수극으로 창궐하고 있다.

한반도의 역사도 특히 지난 1950년 6.25전쟁 이후 점점 더 깊은 원수관계가 누적 돼 오고 있다. 예수가 네 원수를 사랑하라고 한 가르침은 오늘의 한반도 비극상황을 예측한 족집게 충고인 것만 같다. 6.25 전란 통에만도 남북이 죽고죽인 숫자는 부상자를 합쳐 물경 600만을 넘는다. 6.25 전쟁 이후에도 계속해서 살육, 납치, 행방불명, 저격, 암살, 기습 등등 끊임없는 비극의 연속이다. 이렇게 비극이 진행되는 동안 남북 사이에는 원수관계만이 양산되고 있는 실정이다. 6.25 전쟁 때 국군의 총에 혹은 인민군의 총에 죽은 자의 후손들이 제각각 남북에서 복수의 한을 품고 있다. 오늘을 사는 이 후손들의 또 후손들이 더 늘어나게 될 것이다.

이러한 원수극의 반복은 기하급수적으로 늘어 그 악감정의 분위기가 극단으로 치닫고 있다. 툭하면 전쟁 불사론이 나오고 상대 섬멸의 끔찍스럽고 치졸한 언사들이 마구 교환되고 있다. 대표적인 중앙방송이 상대방 대통령을 서슴지 않고 욕설로 비방하기 일쑤이고 섬뜩한 살부지수의 한을 그대로 내뱉기도 한다. 한편에서는 상대방의 가난과 폭정을 마구 공격해대며 심지어는 지도자 부인을 놓고 마냥 조롱하는 무례를 저지르고 있다.

국가임을 자부하는 자존심에 아랑곳하지 않는 이 치졸의 원수극의 끝이 어디인가. 원수개념의 DNA를 타고나 자라고 있는 우리의 후손 어린이들에게 숫제 원수의 노래부터 가르친다.

"조국의 원수들이 짓밟아 오던 날을, 맨주먹 붉은 피로 원수를 막아내어, 발을 굴러 땅을 치며 울분에 떤 날을...(남측)",

"반동테러의 쓰러진 동무 원쑤를 찾아서, 떨리는 총칼 조국의 자유를 팔려는 원쑤...(북측)"

우리 후손들에게 이렇게 처참하고 잔인한 원수타령을 가르치고 있는 것이 현 남북한의 정서이다. 이러한 슬픈 정서는 북측에서 민족전멸을 초래할 수도 있는 핵무기를 제조하여 남한 쪽에 으름장을 놓기에 이르렀다. 남한에선 최신 살상무기와 외국군대, 전함까지 동원하고 바로 북한의 코앞에까지 데려와 키 리졸브 겁주기 군사훈련을 하고 있다.

가능성은 극히 희박하지만 그러나 언제 불의의 대형 참극이 벌어질 지도 모르는 게 현실 아닌가. 이 모든 오늘의 현황은 누적된 원수 감정이 빚어낸 것이다. 남북이 한 핏줄 한 민족이라는 기초적인 애정관계는 까맣게 잊은 채 자기 체제 자기 권력 유지에만 몰두해 왔기 때문이다. 전쟁이 별것인가. 양측의 어느 쪽에서라도 열혈 병사들이 순간적 정의감 충동으로 상대편 쪽에 소총이나 대포를 쏘아대고 다른 한쪽에서 맞받아쳐 격렬한 충돌이 벌어지고 누구도 이를 제재할 수 없는 분위기가 되면 그게 바로 전쟁 아닌가. 우리 남북 상황은 좀체로 전쟁이 안 일어날 것 같지만 동시에 언제든 전쟁이 일어날 가능성도 상존하고 있음을 부인할 수도 없을 것이다.

영원히 마땅히 함께 살아가야 할 우리가 영영 돌이킬 수 없는 것처럼 갈라져 살아가는 이 비극을 종식시킬 수 있는 방법이 무엇인가. 그것은 바로 "네 원수를 사랑하라"는 그 교훈이 바탕이 되어야 한다고 본다. 추호도 어느 특정 종교 선택을 권유하려는 게 아니다. 원수 사랑에 대한 가르침은 자비심을 강조한 불교에도 있고 인과 덕을 강조한 공자말씀도 마찬가지다. 원수를 사랑하라는 이 말은 보편적 진리를 강조하는 전범인 만큼 무신론자들이라 해서 혐오감을 가질 까닭이 없을 것이다. 사람은 언제 어떤 경우에나 위대한 화합과 평화를 생산한다. 그리고 가장 힘들면서도 인간 누구의 마음속에나 넉넉히 저장되어있는 자산이다. 남북의 원수 감정도 진정한 동포애만 있다면 얼마든지 지워버릴 수 있을 것이다.

그동안 남북은 많은 선언문이나 합의문을 발표했지만 도대체 통일 진전에 아무런 기여도 못하고 제자리걸음만 하고 있지 않나. 7.4남북 공동성명 한 장만 실천했어도 우리 통일은 벌써 우리 눈앞에 다가와 있었을 것이다. 그러나 7.4 공동성명의 '제도와 이념을 초월하여…'라는 이 첫줄도 실행하지 못하지 않았는가. 남북 간에 진정한 민족애가 없기 때문이다. 아무리 좋은 내용과 의제를 가지고 오랜 시간 토론을 해도 피차간 악감정을 가진 회합은 절대 진정한 타협을 이뤄낼 수 없는게 분명한 이치다. 상대에 대한 애정과 믿음을 갖는다는 게 쉬운 일은 아니겠지만 자기 마음만 비운다면 의외로 쉬운 문제일 수도 있다.

석가모니는 즉심시불을 설파했다. 마음속에 불심(평화)이 들어 있다는 말이다. 예수는 '너희 중에 하늘나라가 있느니'라고 했다. 서로 저주하고 증오하면 그곳이 지옥이고 서로 잘 되기를 빌고 사랑하면 그곳이 천국이라는 얘기다. 언제 남북이 그렇게 허심탄회한 자세로 마주앉아 순수한 대화를 가져 본 적이 있는지 반성해 볼 일이다.

　우리나라에서 통일운동의 최고표상은 김구 선생이다. 그 모진 빗발치는 모략과 비방에 개의치 않고 목숨 걸고 삼팔선을 넘나들었다. 원수를 뛰어넘어 국가와 민족을 사랑하는 정신 때문이었다. '함석헌의 씨알정신'도 원래부터 우리가 한 핏줄이니 모든 원한을 뛰어넘어 하나가 되자는 것이다. 남북한 온 국민의 숙원인 통일의 키워드는 단연 "네 원수를 사랑하라"라고 믿는다.

〈2015년 3월 3일〉

독도수호, 북한도 함께 하라

거센 물살이 흐르는 깊은 계곡, 그 위에 걸려있는 외나무다리, 산양 두 마리가 맞붙어 각축을 벌이고 있다. 절대 서로 양보가 없다. 자기가 먼저 건너겠다는 고집 때문이다. 대개 이런 싸움은 누가 뜯어 말리기 전에는 승부가 나지 않는다. 워낙 고집이 세서 한 마리가 계곡 밑으로 떨어지거나 둘 다 떨어져야 끝이 난다.

이쯤 얘기하면 지성적인 사람들이라면 무슨 얘기인지 벌써 알아차릴 것이다. 우리 한반도 분단의 비극 현실을 말하는 것이다. 한쪽이 자유억압과 가난으로 민중봉기가 일어나 망하든가 한쪽이 부패비리 민족의식 타락으로 수렁 속에 빠져 버리든가 해야 결말이 나올 것 같다는 자조적이며 자학적인 탄식도 심심치 않다.

도대체 왜 우리는 이렇게 통일의 실마리조차 잡지 못하고 사사건건 싸우고 저주하고 아귀다툼을 지속하고 있는 것일까.

그 이유는 첫째 남북 양측의 역대 정권들이 통일이라는 민족적 과제를 각각 자신들의 또는 자기 정파들의 정권장악 유지 또는 연장수단으로 이용해오고 있기 때문이다. 자기 권력의 위기가 닥치면 의례히 내세우는 게 용공 종북이요, 사상불순이요, 미제 간첩행위다. 역대 남북 양측 권력은 한 치도 양보할 수 없는 집권 구실을 앞세우고 통일이라는 민족적 과업을 우선 아닌 차선으로 취급해 오고 있다. 남북 양쪽 정권의 확고한 통일 철학이 결여된 것이 가장 큰 비극의 단초다.

두 번째는 남북이 통일을 이룩하려면 강대국들의 외세압력에서 벗어나 자주적 위치에 설 수 있는 신념과 의지가 있어야 한다. 지금 한반도는 정신없이 외세에 짓밟히고 있는 양상이다. 국제적 파워게임의 격랑 속에서 무기력하기 짝이 없다. 한반도 주요 현안이나 북핵문제에 대해서도 아무런 회의소집권이나 발언권이 전혀 없는 상태다. 살아남으려는 북한은 핵을 지녔다는 죄목으로 가혹한 금융제재와 국제교역 차단으로 빈곤경제가 가일층 심화되고 있다.

요즘 국내에서는 "안미경중"(안보는 미국, 경제는 중국)이라는 화두가 흔히 쓰이고 있는데 이것은 현실적 도식일 뿐 통일 추진에 근본적 치유책과는 거리가 먼 것이다. 중국은 북한과 핵에 대한 견해가 완전히 다르다. 중국은 북한의 핵이 일본 핵무장의 빌미가 될까봐 노심초사하고 있는 입장이다. 그래도 북한과 중국은 공산주의 사회주의를 통한 한통속, 전통적인 우방관계를 갖고 있다.

경제적 단물이 빠지면 남한으로부터 언제 등을 돌릴지 모른다. 미국의 사드 한반도 배치 기미가 보이자 "한국은 중국과의 관계를 중요시하라"고 무례하고 노골적인 공개적 협박을 가해왔다. 김관진 청와대 안보실장의 중국방문도 4개월째 지연되고 있다. 오는 9월 김정은 북한 위원장을 중국으로 초청해 놓은 상태다. 러시아도 오는 5월 세계 2차대전 승전 기념식에 남북 지도자를 초청했고 일본과 납북문제를 구실로 북한과 제네바에서 비공개 회동을 갖는 등 한반도에 영향력을 가지려고 호시탐탐하고 있다. 강대국들이 우리의 통일을 도울 것이라는 망상에서 벗어나야 한다.

한국과 미국과의 관계도 마찬가지다. 국가 대 국가 관계는 개인 대 개인 인간관계가 아니다. 아무리 튼튼한 우방이라 할지라도 양국 간의 이해득실은 언제나 분명하게 따져야 한다. 미국은 한반도의 공산화를 막아주었지만 자신들의 패권을 지키기 위한 전쟁에 우리는 함께 싸웠음은 물론 한반도를 전쟁터로 제공한 셈이 됐다. 서로가 서로에게 고맙고 소중한 관계이지 우리만이 미국의 일방적인 신세만 진 것처럼 저자세를 취해서는 안 된다. 한미관계는 숙명적인 맹방관계다. 그럴수록 대등한 입장을 견지해야 한다. 일방적으로 어느 한쪽으로 "갑"의 입장에 서면 거기서 반발이 생기고 사대주의적 상황이 펼쳐지는 것이다.

미국은 중국과의 관계 정상화를 위해 우방이었던 대만을 버렸고 지금은 일본의 극우정책을 앞장서서 부추기고 있다. 얼마 전, 미 주요 언론은 미국과 북한의 비밀회담 진행설을 보도하기도 했다. 미국의 웬디 국무차관은 공식논평을 통해 "한국은 일본에 도전하지 말고 좋은 관계를 유지하라"고 말했다. 이런 엄청난 실언이 미 고위 관리들의 한국에 대한 인식이라면 그냥 넘어갈 일이 아니다. 일개 차관급 각료가 함부로 남의 나라의 외교정책을 이래라 저래라 하다니… 그런데도 우리 정부 대변인은 물론 여야 어느 정당에서도 항의성명 한 장도 발표하지 않았다.

세 번째는 남북이 정치권력을 완전 배제한 공동과제 추진 협력체를 구성해 보자. 독도문제에 왜 북한은 일본에 아무런 항의가 없는가. 통일이 되면 독도도 우리 민족 모두의 것이다. 당연히 북한도 남한과 함께 일본에 공동 대응해야 마땅한 일이다. 앞으로 남북은 중국의 백두산 점유 실태 문제, 간도 고토 회복 문제, 대마도 연고권 문제, 그리고 중국의 소위 동북공정 문제 등등 타개해야 할 과제들을 찾아내 단일민족으로서의 위상을 확립하고 과시에 최선을 다 해야 할 것이다. 거기에 통일의 길, 실마리가 있을 것이라고 굳게 믿는다.

이번 여름 광주 유니버시아드에 북한이 대거 선수단을 파견한다고 하는데 적극 환영해 좋은 계기로 삼아야 한다. 80년대 일본 지바 세계 탁구선수권 대회에서 남북 단일팀이 우승한 바 있다. 남북이 통일만 된다면 어느 나라도 함부로 우리를 대할 수 없는 강대국이 될 수 있다고 확신한다. 이제부터라도 치욕의 분단 상태를 벗어나 자존심의 활로를 여는데 남북이 인식을 같이 할 때다.

〈2015년 4월 7일〉

한국 정치인의 탈당 감상법

　한국 정치판이 여야 구분 없이 내분을 거듭하고 있다. 잠깐 평온해진 듯 보이지만 다시 분쟁이 도져 시끄러워질 추세다. 야당에선 이미 일백여명의 간부 당원들이 탈당을 단행했다. 분당, 신당 조짐들이 끊임없이 나타나는 것을 보면 탈당 도미노가 쉽게 예견된다. 탈당이 분명한 정치행위의 한 방법이거늘 왠지 우리 지식인들은 탈당을 배신으로 혐오하고 범죄시하는 후진적 사고를 서슴없이 표출한다. 우리 정치인 지식인들의 낙후된 단면이다.
　의회주의가 발달한 정치 선진국들은 탈당 자체를 시비하지 않는다. 탈당의 장본인이 거물 정치인들일수록 결단이나 위대한 용단으로 평가받는 게 통례이다. 세계적으로 추앙받는 정치 대가 영국의 윈스턴 처칠 수상은 보수당에서 조세법에 관한 견해 차이로 의견이 다르자 서슴없이 탈당하여 자유당으로 갔다. 처칠은 자유당 정권에서 통상장관, 해운장관 등 요직을 지내고 다시 5년 뒤 보수당으로 돌아왔다. 보수당으로 돌아온 그는 노동당 등과 연립 정부를 구성하고 수상을 지냈다. 이때 그 어떤 영국 정치인이나 언론도 그의 탈당을 비난하거나 공격하는 일은 없었다. 다만 처칠의 정책에 대한 논란이 있었을 뿐이다.
　바로 얼마 전까지 일본 민주당 최초의 총리를 지낸 하토야마 유키오도 원래는 자신의 할아버지가 창당한 자민당에서 탈당한 인물이다. 그와 함께 자민당을 탈당하여 총리 취임을 도왔던 현 일본 정계의 최고 거물로 꼽히는 오자와 이치로 전 간사는 40여명의 동료 의원들을 데리고 다시 민주당을 탈당해버렸다. 그런데 사무라이 전통 등으로 의리를 중시한다는 일본이지만 손꼽히는 언론들, 아사히, 요미우리, 산케이 같은 매스컴들이 결코 탈당에 대한 인신공격은 한마디도 하지 않았다. 탈당을 정치인의 확고한 소신이나 결단으로 보는 선진 수준의 인식이라고 할까.

자신들이 미는 보스나 정당에 불리하게 작용할 것이라는 예감만 들면 앞뒤 가리지 않고 남의 탈당을 향해 마구 인신공격을 해대는 우리나라 정치판과는 극명한 대조를 이룬다. 우리나라 정계 거물들인 박정희(남로당), 김대중, 김영삼, 김종필, 손학규, 이회창, 박근혜 등 탈당 안 해 본 사람이 없을 정도다. 이인제는 자기 입으로 13번이나 정당 간판을 갈아 달았다고 하는데 탈당이 실제 몇 번인지 셀 수도 없다. 대부분이 집권을 해보기 위한 결단이었을 것이다. 그런데도 누가 누구의 탈당을 비난한다는 것은 앞뒤가 맞지 않는 모순이 아닌가. 어째서 탈당이 정치인의 문제가 되나. 정당은 결코 한번 들어가면 구속돼 버리는 정치인들의 형무소가 아니다. 정치인으로서 정당이 자기의 철학이나 소신에 맞지 않으면 그야말로 나라와 국민을 위해 언제든지 뛰쳐나와 합리적인 자신의 노선을 지켜가는 것이 정도다. 대개 독재 국가는 당원들의 탈당을 배신자로 취급한다. 북한의 세습 독재가 그렇고 남한의 군사 독재가 그랬다.

미국의 전 상원의원으로 대통령에 출마했던 조지 월레스도 민주당으로 탈당하고 무소속으로 앨라배마 주지사로 출마해 3번이나 당선, 임기를 누렸다. 그의 탈당 때 권위를 자랑하는 뉴욕타임스나 워싱턴 포스트나 어느 언론도 어느 국민도 탈당을 비난하고 악평하지 않았다. 사상의 자유가 보장된 미국의 멋진 정치 풍속도이다. 다만 그의 강력한 보수 지향성을 지적하고 평가했을 뿐이다.

탈당에 대한 편견을 가지고 인신공격까지 하는 그런 행태야 말로 전형적인 정치 후진국의 악습이라고 하지 않을 수 없다. 지금 우리나라 정치판은 파벌 독주 만연으로 획기적인 혁신이 요구되는 상황이다. 정치공작이나 일당 독주의 횡포로 사실상의 정치 가장 무도회가 펼쳐지고 있을 뿐이다. 이런 상황에서 어떻게 국민을 위한 정치를 기대할 수 있겠는가? 진정한 정치 혁신을 이루려면 이들의 울타리를 뛰쳐나와 새로운 활로를 열어야 한다.

윈스턴 처칠은 연이 높이 날려면 역풍을 맞아야 한다는 유명한 말을 남겼다. 탈당을 선동하는 게 아니다. 진정으로 이 시대를 사는 우리가 정치 혁신을 완수하고 국민들에게 희망찬 미래를 보장해주려면 탈당으로 신뢰를 보여야 한다. 불의 무리들과 뒤섞여 있는 정의 세력은 실망과 좌절만을 맛보고 있지 않은가. 윈스턴 처칠의 말처럼 역풍을 마다해서는 안 된다. 맞서 싸워야 한다. 물론 뒷거래가 있거나 부정 음모가 포함된 탈당은 지탄을 받아야겠지만 국가 정의 국민을 위한 탈당이 줄을 잇는다면 왜 마다하겠는가. 큰 정치인의 탈당은 위대한 결단이요 용단이다. 다함께 손잡고 희망의 미래를 위하여 전진하자. 지금 국민들은 새 정치에 의한 새 세상을 갈망하고 있다.

〈2015년 7월 23일〉

냉면축제, 자존심과 돈키호테

　대지의 열기로 숨이 콱콱 막혀 오는 삼복더위 한여름이다. 요즘처럼 더운 날 냉면 한 그릇을 다 비우노라면 씻은 듯 더위가 가신다. 세상이 내 것이나 된 것처럼 시원해지고 함께 곁들여 오는 만족감이란 말 그대로 지상 최고의 맛이다.
　이 찌는 더위에 입에 술술 녹아 넘어가는 냉면을 먹으며 새삼스레 우리 조상님들의 슬기와 존경심에 민족적 자존심마저 느껴진다. 웬 민족적 자존심이라니…엉뚱한 발상이라고 단박에 반발심이 생길 수도 있겠지만 이 맛좋은 냉면을 먹으며 한국인의 우수함을 느끼지 못하다니 당신이 한 수 아래인거야, 라고 대응 못할 것도 없을 것 같다.
　돈키호테 같은 발상이라고 냉면 민족 자존심 론을 평가하기 십상이겠지만 정말 전혀 근거 없는 발상이란 말인가. '돈키호테'를 쓴 작가 미겔 세르반테스가 이 작품의 주인공을 통하여 우리 인류에게 무슨 메시지를 전하려고 했는가를 잘 살펴봐야 한다. 단순히 작중 인물 돈키호테가 삐쩍 마른 나귀 등에 앉아 구부러진 장창을 꼬나 잡고 풍차를 향해 돌진하는 우스꽝스런 그런 행동만을 보고 비웃어 버린다면 수박 겉핥기에 다름 아닐 것이다. 세르반테스가 형무소에서 나와 16세기, 그 당시로서는 56세의 늙은 나이에 쓴 작품이 돈키호테. 그는 당시 스페인의 무소불위의 왕권과 고위층이나 고관들의 일방적 독주 횡포, 그에 따른 서민 대중의 피압박 설움을 풍자하려

했던 것이다.

당당한 냉면 민족 자존심 론을 코웃음거리로 치부하지 말라. 해외 이 땅에서 냉면을 즐기는 사람들은 한번 쯤 생각해 보라. 전 세계 어느 민족이 한여름에 이렇게 시원한 냉면을 만들어 먹는 슬기를 지녔단 말인가. 청년 시절 미국에 오면서 외국인들에게 우리 민족의 우수성을 알릴 수 있어야 한다며 틈틈이 몇 가지 항목을 숙독했었다. 단군 선조의 건국이념 '홍익인간'론을 비롯 서양 보다 200년 앞선 금속 활자 사용, 미국 라이트 형제의 비행기 보다 훨씬 앞선 정평구의 비행 날틀 실험, 최무선의 화약 발명, 불가사의한 팔만대장경, 을지문덕의 수나라 대군을 몰살시킨 살수 대첩, 강감찬의 귀주대첩, 어디 그 뿐인가. 세종대왕의 한글과 장영실의 물시계, 측우기, 이순신의 거북선과 지금도 미 해군 사관학교를 비롯해 일본을 포함한 세계 각국 해군들이 귀감으로 삼고 있다는 명량대첩 등등을 내용으로 하고 있지만 이제 나이 먹어 이국땅에서의 뒤늦은 발견이라고 할까, 깨달은 것이 냉면이다. 그렇게도 가난했던 우리가 이런 기막힌 음식, 냉면이란 것이 있었기에 더위를 견디고 굶주림을 이겨내는 저력의 바탕으로도 한 몫을 했다고 믿는다. 우리가 모르는 세계 어느 나라 특수 지방에서 여름에 찬 음식을 먹는 경우는 혹 있을지 모르지만 우리나라의 냉면은 전국적이다.

냉면을 꼽으라면 함흥냉면, 평양냉면, 진주냉면이 아닌가. 단백질 보충으로 편육도 몇 조각 썰어 넣고 계란도 삶아 얹고 배를 비롯한 각종 과일 김치 종류가 첨가되기도 한다. 회냉면도 있고 가자미 식혜를 곁들인 비빔냉면 등은 세계 어느 부호도 아직 맛보지 못한 천하일미 아닌가. 냉면이 우수한 식품이라는 것은 계절 음식일 뿐만 아니라 사시사철 기호식품으로도 손꼽히는 데에 있다. 국물은 그냥 맑은 물이 아니다. 꿩고기를 마냥 고아 우려낸 국물이라야 제격이다. 지금은 꿩을 사육하는 시대라 쉽게 구할 수 있지만 예전에 꿩 사냥이 여의치 않을 땐 닭고기 육수로 대신 했다. '꿩 대신 닭'이란 말이 냉면에서 유래됐다고들 한다. 물론 서양 사람들은 여름철 빙수나 아이스크림을 즐겨 먹지만 설탕과 향료 모두 가공식품이고 당뇨가 있는 사람에게는 정 떨어지는 음식이다. 빙수와 아이스크림은 끼니로 채울 수 없는 다분히 군것질 요소다. 냉면은 빈부귀천을 가리지 않고 누구나 만들어 먹었던 매우 민주적인, 서민적인 음식이라 해도 손색이 없을 것이다. 냇가에 흐르는 자연수를 그대로 식수로 사용할 수 있는 곳은 세계에서 우리나라 밖에 없다는 게 정설이다.

아무튼 냉면을 먹으며 무더위를 내쫓고 시원한 기분으로 민족적 자존심이 느껴지는 것이야 말로 조상들로부터 전해진 메시지가 아니겠는가. 조상들에게 새삼 감사를 느낀다. 세르반테스가 돈키호테를 통하여 인류에게 제시한 메시지처럼 나는 이 자랑스러운 조상의 슬기에 흠뻑 취해 냉면을 먹으며, 먹을 때마다 민족적 자존심을 느껴 본다. "자, 아가씨. 냉면사리 하나 더…" 저절로 자동차가 냉면집을 향하고 있다. 여기 워싱턴 동포들이 '한국 냉면의 날'이라도 정해놓고 외국인들과 모두 한자리에 모여 냉면축제라도 벌여보면 어떨까. 역시 돈키호테 같은 발상일까.

〈2015년 8월 12일〉

코스모스 연가

　가을이 오면 코스모스가 피어서 좋다. 코스모스가 화사하게 피어 가을을 좋아한다고 해도 마찬가지 말이다. 애절하고 낭만적이면서 격정적 감정을 내면에 접어 둔 채 속삭이는 듯한 애정을 드러내는 코스모스·봄의 발정과 여름의 격렬을 침착하게 흡수하곤 뿌듯한 보람을 셈하는 가을… 내게 있어서 가을과 코스모스는 한 해를 사는 이유이고 그 다음해를 기약하는 원천이다. 인위적 꾸밈으로 치부되겠지만 실제 감상은 가을과 코스모스 앞에 때로는 울고 때로는 웃는다.

　세월은 우리를 순화시켜 놓았다. 연륜의 흐름 따라 익을 대로 익어버린다. 산전수전 풍파가 지나가고 순수의 본령에 들어서 있다.

　코스모스에는 가슴속 저며 둔 사랑의 추억이 살아있다. 애잔한 순정과 그리움에 조용히 몸을 떠는 애련이 있다. 고교 국어책의 '청춘예찬', 그 내용도 들어 있다.

　"아 청춘! 이는 듣기만 하여도 얼마나 가슴 설레는 말이냐! 이성은 투명하되 얼음과 같고 지혜는 날카로우나 갑 속에 든 칼이다. 너의 두 손을 가슴에 대고 거선의 기관소리와 같은 심장의 고동을 들어보라…."

　가을날 코스모스 앞에서 심금이 울고 환희 또한 오버랩 되는 것은 우리에게 마지막 남은 정신적 자산이다.

코스모스는 볼수록 겸손하다. 아무데서나 잘 피어나는 것은 양처 검소의 덕목이다. 군집을 이루면 소리 없는 아우성이 들린다. 하늘하늘 청순미가 흔들릴 때면 모나코 국왕 레이니에 공에게 시집가 살다 세상을 떠난 그레이스 켈리의 모습이 연상된다.

마누라를 처음 만났을 때 코스모스라고 느껴 아내로 삼았다. 그 코스모스 인상을 가슴 깊이 안고서 사랑의 원류로 삼고 살아간다.

코스모스를 좋아하는 한 아내에 대한 애정은 영원히 피어날 것이다. 모든 꽃들은 저마다 아름다움을 지녔지만 하자가 있다. 땡볕 더위에도 시들지 않는 피튜니아는 너무 강한 인상이다. 포인세티아는 크리스마스 인기스타지만 한철가면 시들해진다. 아무리 추위도 만개를 고집하는 팬지는 왠지 외롭고 슬퍼 보인다. 국화는 늦가을 스산한 우수를 안겨와 범접에 부담이 간다. 난은 귀족들의 기호품이 아닌가. 사뭇 반항이 인다. 근엄 도식의 냄새가 짙다. 고관대작들이 수선화부까지 읊조리며 애지중지 했지만 수선화야말로 중국으로부터 온 사치품이란 전력을 지녔다.

나의 코스모스 칭송에 하자가 있을까. 코스모스(Cosmos)는 이름 자체가 '우주'다. 모두를 아우른다. 누구라도 사랑하는 사랑이 있다면, 그리고 잊지 못할 사람이 있다면 얼마든지 진하게 마음을 보내라고 코스모스가 세상에 왔나 보다.

베토벤의 사랑의 노래 '엘리제를 위하여'… 노래로 불러도 피아노 연주로 들어도 길게 길게 여운이 남는 애수를 띤 그 '엘리제'는 코스모스를 연상케 한다. "코오스모오스 한들 한들 피이어 날 적에"… 김상희의 노래가 생각난다.

코스모스를 좀 더 깊이 음미해 보라. 견실한 품격과 생의 진미를 터득할 수 있을 것이다. 영화 '길(La Strada)에서 쥴리엣다 마시나를 잃은 안소니 퀸이 나는 정말 홀로야…를 절규하며 파도 철썩이는 바다로 가는 그 길에 코스모스가 줄줄이 피어 늘어서 있던 그 장면은 지금도 콧잔등을 시큰거리게 만든다. 반 고흐가 즐겨 그린 해바라기엔 권총자살 직전의 비극이 충격으로 남아 있다.

　이번 가을에도 코스모스 길게 길게 늘어선 시골길을 함께 걸어보자. 그냥 가보지 말고 가슴 가득히 사랑을 담고 코스모스 향기에 취해 보자. 오래 전부터 아껴오던 추억이 되살아나고, 살아가는 날들에 희망과 의욕과 열정이 뜰 것이다. 그 애틋했던 장면들이 코스모스로 장식한 가을날을 축복해 줄 것이다. 저물어 가는 가을날, 최고 찬미의 장면은 코스모스와 어울려 격조가 높아질 것이다. 마누라가 더 존귀해지고 진한 애정이 생동하면서 새삼스레 가을의 새 맛을 불러다 줄 것이다.

　코스모스 흐드러지게 핀 가을 들판에서 지금까지 살아 온 사연들을 쉬지 않고 이야기 나누다 보면 어느새 밤하늘에 별이 뜬다. "여보 마누라 우리 삶도 이만하면 짱이었지…." 이렇게 자신 있게 말할 수 있으면 얼마나 좋을까. 그리고 보석처럼 별들이 반짝이고 벌판에 피어난 수 많은 코스모스들의 축복까지 보탠다면… 이 가을은 정말 환희의 가을일 것만 같다. 아니 그런가.

〈2015년 9월 23일〉

박정희 전 대통령 평가의 명암

　올해가 박정희 전 대통령(이하 존칭 생략)의 탄생 일백년이 되는 해다. 그는 민생복지와 안정을 추구하면서도 동시에 지옥을 거느린 독재자였다. 그는 북한의 사주를 받은 자객 문세광에게 부인 육영수를 잃었고 그 자신도 그가 만든 중앙정보부 김재규 부장에게 피살됐다. 큰딸 박근혜는 대통령 임기도중 탄핵된 후 수감돼있다.
　우리 민족의 역사적 큰 원한을 꼽으라면 멈춘 적이 없는 외세침략, 한 순간도 근절된 적이 없는 권력의 착취, 부정, 인권탄압 그리고 뼛속 깊이 자지러지게 이어온 백성들의 가난일 것이다. 특히 가난, 이 얼마나 우리 민족의 혼백까지 슬프게 만든 필수 극복의 과제였던가. 이렇게도 절절한 누대 천년의 가난을 극복시킨 장본인이 바로 박정희다. 그의 업적을 누가 감히 지워버리려 할 것인가. 아무도 그의 업적을 과소평가하려 들거나 부정하려해서는 안될 것이다.
　하지만 오늘날의 대한민국 경제발전이 박정희의 동기부여에서 비롯된 것이라 할지라도 역사기록만큼은 과장 없이 있었던 사실 그대로 정의롭게 평가돼야만 한다.
　박정희 시대의 경제개발 5개년 계획의 원안은 윤보선, 장면의 민주당 정부가 수립한 내용을 그래도 베낀 것이었다. 그리고 그에 대한 공로 치하에 토를 달지 않을 수 없는 것은 그의 경력과 통치과정 때문이다. 결코 고의적인 폄훼 의도나 혹독한 독재정치에 저항했던 나머지 감정적 편견을 넣으려는 의도가 아니다.

박정희는 일본 천황에게 충성을 바친 인물이다. 만주군관학교에서 소위 유망한 황국식민으로 평가받고 선발돼 일본 육군사관학교를 졸업했다. 이후 만주 등지에서 독립군 토벌에 참여했다. 그의 일본식 이름은 '오카모도 미뇨르', '다카키 마사오' 등 2개로 알려져 있다. 일본군에게 끌려갔던 장준하, 김준엽이 탈영하여 우리 광복군에 참가했을 때도 그는 계속 일본군에 남아있었다. 해방 후 박정희는 남로당에 가입하여 활동하다 핵심 군부당원 163명의 명단을 가지고 귀순하여 정일권 당시 육군 참모총장에게 바치고 구명된다. 4.19 혁명 이후 문약한 민주당 정부의 혼란을 틈타 그는 쿠데타를 일으킨다. 이 사건이 지금도 공식적인 호칭을 받지 못하고 있는 소위 '5.16 군사혁명'이다.

'새마을운동'이라는 획기적인 국민 대약진운동을 전개했다. 그는 한일협정에서 재일동포 법적지위 보장을 빠뜨리고 이승만이 그어놓은 평화선을 대폭 양보했다. 김종필·오히라 비밀 메모는 지금도 박정희 정권의 부정비리 꼬리표로 따라다닌다. 그의 굴욕적인 한일외교에 반대하는 세력을 진압하기 위해 그는 각 주요대학에 군대를 투입하고 '위수령'을 발동하기도 했다.

그 이후 박정희 군부 독재의 정치적 만행은 새삼스레 밝힐 것 없이 국민 모두가 다 알고 있는 바다. 그의 정치, 독재행패는 일제 때보다 더 막심했다고 하는 언론탄압, 야당인사들 및 각계 지식인 등 고문투옥 그리고 무엇보다 용서가 허용되지 않는 소위 유신헌법과 그것도 모자라 아홉 차례에 걸친 긴급조치 발동 등이 18년간의 그의 정치기록의 전부일 것이다. 중앙정보부를 창설하고 집권 내내 국가 공포분위기를 지속했다.

각계 지식인, 종교인, 성직자는 물론 국민 누구에게도 반대의 목소리가 허용되지 않았다. 장준하, 최종길의 의문사, 일본에서의 김대중 납치, 자기 휘하에 있던 김형욱 망명실종, 홍종철 익사사건, 인혁당 날조 지식인들 사형 등등이 정보공작 공포정치의 극치를 이룬다.

세계 어느 나라 역사에서도 산업발전을 이유로 독재자를 찬양하는 기록은 없다. 최초로 중국 천하통일의 위업을 달성했던 진시황도 '분서갱유' 만행과 수많은 지식인 생매장 등 백성학살로 폭군으로만 평가받고 있다. 히틀러도 '아우토반'(군사형 고속도로) 건설 각종 군수산업 시설 등으로 라인강 기적의 인프라를 구축한 장본인이지만 지금도 살인범 독재자로만 남아있다.

우리의 과거 대통령이었던 박정희에 대한 평가는 누구나 자기 양심대로다. 그의 업적만을 있었던 그대로를 역사에 기록하는 것이 우리 후손들이 국가정의를 지켜 가는데 표본이 될 것이다.

민주적으로 경제를 발전시킨 나라가 얼마든지 있는데 그는 왜 무한대로 국민을 탄압하는 독재정치를 해야만 했나. 그의 탄생 일백주년 앞에 만감이 교차한다. 불행하고 곤욕스럽던 사건들을 사사로운 연민으로 덮고 지나가려는 것은 역사에 대한 일종의 죄악이다.

〈2017년 11월 16일〉

김정은 위원장에 보내는 편지

　김정은 위원장, 벼랑 끝에 서 있는 한반도 운명이 지극히 염려스러워 다급한 마음으로 몇 가지 충고를 전합니다. 평창 올림픽이라는 가림막도 소용없는 상황입니다. 그대가 새파랗게 젊은 나이에 북한 지도자로 등장 했을 때 많은 사람들이 기대 반 우려 반 다소 기이한 감상을 경험했을 것입니다. 그대가 민주주의 요람인 유럽에서 교육 받은 인물이라는 점에서 뭔가 북한의 획기적인 변화가 올 지도 모른다는 막연한 희망을 가졌었습니다. 반면에 혈기방장한 다혈질이고 세상 경험 부족으로 미숙, 경솔의 불상사가 자주 빚어지는 거나 아닌지 하는 우려도 있었습니다.
　당신이 집권한 지도 어느새 6년째 접어들었습니다. 당신이 북한에서 어떤 방식으로 어떤 업적이나 과오를 저질렀든 시시콜콜 따질 계재가 아닌 것 같습니다. 지금 한반도는 당신이 한사코 고집하고 있는 '핵무기 보유'로 미국과 대립하면서 일촉즉발의 전쟁 상태에 놓이게 됐습니다. 그동안 당신이 내놓은 유일한 기록은 핵무기 소동 뿐, 그 이전보다 개선된 점이 아무것도 눈에 띄지 않습니다.
　북한이 핵무기를 보유해서는 안 된다는 것은 전 세계가 심지어는 북한의 우방인 중국, 소련도 동의하고 있습니다. 북한의 핵 보유를 인정하면 대한민국은 물론 일본, 대만 등도 핵무장을 할 수 밖에 없고 그리되면 동북아 전역이 핵 긴장의 불안에 빠져들게 될 것입니다. 핵무기의 위력은 설명 드리지 않아도 당신이 너무나 잘 알 것입니다.

김 위원장, 당신은 지금 우리 동포 모두를 인질로 잡고 있는 셈입니다. 핵무기 한두 발로 한반도 전역은 순식간에 영구폐허가 될 수도 있습니다. 지금 당신은 스스로의 권력을 이어가기 위해 강대국들 특히 미국과 맞서야하니 핵무기를 가져야한다고 주장하고 있습니다. 그러나 당신의 주장은 수령 절대주의를 계속 하려는 구실일 뿐으로만 보입니다. 북한 인민들에게 진정한 자유를 부여하고 진정한 평화 통일을 추구한다면 어째서 그렇게도 절실하게 핵 무기가 필요하다는 말입니까? 누가 당신에게 남북동포들을 볼모로 삼고 핵무기 소동을 벌이라는 권한을 부여했습니까? 지금 남한은 미흡하나마 자유 민주주의를 누리고 있습니다. 북한 당신들의 적화야욕을 제외하고는 어느 나라도 우리를 침략할 것을 염려하지 않습니다.

　김 위원장, 단도직입적으로 충고하자면 동포들 모두의 지지를 받는 민주주의 정치를 하십시오. 지금 당신은 사상적으로 철저히 세뇌된 기계적 열광에 도취돼 있습니다.

　그리고 그 마각이 드러나면 파멸의 길을 맞이할 수밖에 없을 것입니다. 그리고 당신은 그 종말이 두려워 핵무기를 과시하며 도박을 하고 있는 것입니다. 평화적으로 통일을 하고 민족자주의 길로 가자고 구호를 외치면서 당신은 그 정반대의 길을 걷고 있습니다. 핵무기, 유도탄 시험발사 무엇을 위한 것입니까. 진정으로 민족자주권을 지키기 위한 수단이 그것밖에 없다는 얘기입니까.

　미국을 일방적으로 두둔할 의사는 없습니다. 그러나 워싱턴, 뉴욕에 핵 공격을 하여 재앙을 안기겠다고 몇 번이나 위협을 해 왔습니까. 그러니 미국인들이 불안을 느끼지 않을 수 없고 북한 정권을 제거해야겠다고 채비하지 않을 수 없을 것입니다. 평창 올림픽 직전 바로 전날인 2월 8일 열병식에 핵무기, 화학무기, 전자무기 등을 과시하는 것도 미국의 눈엔 깡패 같은 공갈 행패이자 도발로 보일 것입니다. 미국 측의 경고가 계속되고 있습니다. 한반도가 극한 상황에 처해 있습니다.

김정은 위원장, 당신께는 아직도 행운의 열쇠가 있다고 충고하고 싶습니다. 그 희망의 길은 아주 단순합니다. 당신들이 잘 쓰는 말로 통 크게 '핵 포기' 결단을 전 세계에 발표하십시오. 남북한 우리 모두는 물론 전 세계에서 당신을 향해 갈채를 보낼 것입니다. '핵 포기'라는 당신의 조국사랑, 민족사랑, 진정성을 실감하고 모두가 열광할 것입니다.

김정은 위원장, 자 이제 파멸의 길, 핵 보유하는 어두운 길에서 방향을 고쳐 잡고 남북 평화통일의 길로 함께 갑시다. 정감록이나 노스트라다무스 예언서에도 통일된 한반도가 전 세계를 주도할 것이라고 기록하고 있습니다. 믿거나 말거나 희망 주는 기록이라 좋군요. 통일만 되면 남한의 경제력과 자본, 북한의 고급 두뇌, 노동력과 세계가 탐내는 지하자원이 환상의 콤비를 이루어 정말 빛날 것입니다.

김정은 위원장, 하루 속히 핵을 버리고 반핵의 한반도를 실현합시다. 굴복을 요구하는 것이 아닙니다.

결자해지 차원에서 당신이 긴장국면을 타개해 보라는 것입니다. 한손에 핵무기를 들고 다른 한손에 민족자주를 외치는 것은 어느 각도에서 봐도 자가당착이 아닐 수 없습니다.

김 위원장, 핵 포기의 현명한 용단을 촉구합니다. 당신에겐 아직도 젊고 용솟음치는 미래가 있습니다. 민족의 운명을 바로잡기 위한 큰 획을 긋기를 바랍니다. 핵 포기는 결코 굴복이 아닌 평화의 길입니다.

〈2018년 2월 7일〉

역순으로 가는 대북 행보

우리 한반도 정세가 점점 더 극한 상황으로 치닫고 있다. 핵무기 소동을 놓고 북한과 미국이 마주보고 달리는 중이다. 되풀이 되는 말이지만 북한은 지금 절박한 상황에 놓여 있다. 핵무기만이 군부와 인민을 이끌고 가는 마지막 수단인데 이 핵무기를 내려놓으라니, 핵무기를 고집하느냐 포기하느냐 기로에서 칼을 물고 벼랑 끝에 서 있는 입장일 것이다.

김정은은 핵을 포기하면 제일 먼저 선군정치의 명분을 잃게 된다. 급작스런 군부 동요를 우려하지 않을 수 없다. 핵무기만이 침략자 미국과 맞서 국가주권을 지킬 수 있다고 인민을 설득해왔는데 핵을 포기하면 북한 인민들의 신뢰가 하루아침에 증발돼 버릴 것이다. 김정은은 지금 만장일치로 통과된 유엔 경제제재 압박과 중국 소련의 등돌림에 생사를 넘나드는 급한 처지에 놓여 있다.

북한 핵 공격의 타깃이 돼 있는 미국 또한 북한이 핵무기를 가지고 있는 한 심한 안보불안 상태를 절감하지 않을 수 없는 입장이다. 북한은 쉴 새 없이 미국의 태평양 최대 군사기지 괌을 공격하겠다고 공언해 왔고, 워싱턴과 뉴욕에 핵 공격 재앙을 안기겠다고 선전포고나 다름없는 협박을 가해왔다.

미국도 경계상태에 들어간 나머지 중국과 협의, 미군을 한반도 DMZ 이북으로 진격하지 않는 대신 북한의 핵시설과 김정은을 제거하는 선에서 작전을 수행한다는데 중국이 묵인했다는 전언이다.

중국도 북한이 지정학적으로 순망치한의 절대적 요충지이지만 그들의 핵 보유만큼은 절대로 허용할 수 없다는 입장이다. 북한의 핵이 공인되면 당장 남한을 비롯해 일본, 대만, 오스트레일리아 등이 핵무장으로 맞서게 될 것이다.

그렇게 되면 중국의 군사적 강대국으로서의 위상과 경제기반 붕괴는 불을 보듯 뻔한 일이다. 21세기 들어 중국은 미국을 능가하여 세계적 패권국가가 되려고 절치부심하고 있다.

북한이 인민들의 기본권을 존중하고 자유주의를 지향하는 것이 아니라 김일성 일가 독재권력을 강화하기 위해 핵무기에 집착하니 동조해줄 만한 명분조차 없다.

북한과 미국은 어느 한쪽이 핵무기 문제를 포기할 입장이 아니다. 2월 20일자 워싱턴포스트 보도는 동계올림픽이 열리는 서울에서 마이크 펜스 미 부통령과 북한 대표단이 비밀리에 회합을 가지려 했으나 북한 측에서 바로 2시간 전에 일방적으로 회동 취소를 통보했다고 폭로했다. 추측이고 해설이고 가려볼 것도 없이 평양으로부터 '핵 포기'라는 말이 한마디라도 나와서는 안 되니 당장 그만두라는 불호령이 떨어졌을 것이다. 북한과 미국의 극적인 변화가 오지 않는 한 핵 협상은 불발되고 대형사고가 터질 것만 같은 불길한 예감이 든다. 평창 올림픽 이후 상황이 지극히 걱정된다.

이번 평창 올림픽을 통하여 남한 전역을 초토화 시키겠다고 으르렁대던 북한이 갑자기 천사의 탈을 쓰고 '미소작전(Charm Attack)'으로 나왔다. 문재인 정부의 미-북간 화해 노력을 무시할 수는 없겠지만 북한의 사술에 말려드는 형태로 나타나 조마조마하다.

펜스 부통령이 한국에 온 것은 올림픽 개막식 참여보다는 북핵 포기 추진에 비중을 더 두었을 것이다. 회합 무산에도 불구하고 굳이 만찬장에 북대표단과 펜스 부통령을 같은 테이블에 배석하여 퇴짜를 맞다니 큰 결례를 범한 것이 아닌가. 미국과 우리가 동맹국이라면 함께 보조를 맞추고 북한을 설득해야지 문 정부는 뭔가 순서를 거꾸로 잡고 있는 것만 같다. 북한의 정상회담 유혹에 단꿈부터 꾸는 것이 아닌지 걱정이다.

문재인 정부 요인들이 핵 포기와 핵 중단을 구별 못하는 것 같은 발언들도 신경을 쓰게 만든다. 핵 중단은 핵 보유의 현 상태를 그대로 유지하자는 술책이다.

아무런 통고도 없이 들이닥친 김여정에 대한 어색한 우리 태도도 반성해 볼 필요가 있다. 김여정의 직책이 선전 제1부부장이던데 우리 대변인이 계속 '특사'라고 발표하다가 그가 평양으로 돌아갈 때쯤 돼서야 "특명을 받고" 왔다고 둘러댄 것도 뭔가 굽실거리는 인상을 주었다. 더군다나 우리 정보원장을 왜 배석을 시켰는지 민망한 장면이었다. 정보원장은 보이지 않는 국가 총자산을 관리하는 책임자다. 외국의 원수가 오더라도 좀처럼 나타나선 안 되는 인물이다. 국내 어느 보수신문이 사설에서 "서훈 국정원장의 배석은 직무유기"라고 지적했다던데 전적으로 동감이다.

평양방송은 연일 김정은의 정상회담 제안을 '하사'라며 마치 상왕 노릇이라도 하는 듯 불어대고 있다. 이낙연 총리 주최 만찬이면 됐지 임종석 비서실장 주최 만찬은 또 뭔가. 불경 질책 받을까 겁먹었나.

김영남 북한 내각총리는 러시아 각료와의 대화에서 "우리는 외세의 어떤 압박에도 견디어 왔으며 앞으로 풀만 먹으면서도 일백년은 더 버틸 수 있다"고 술회한 적이 있다. 우리는 좀 더 냉철하고 투철해져야 한다. 핵을 가진 북한은 상상만 해도 전율이 느껴진다.

〈2018년 2월 27일〉

정치 9단 김종필의 재조명

　한국 근대 정치사의 격랑을 한동안 휘저었던 '운정' 김종필 씨가 지난 6월 23일 타계했다. 그의 생애에 대한 평가가 중구난방이다. 그가 공인이었던 이상 다시 한 번 냉철한 눈으로 회고해 보자.
　김종필은 60년 중령시절 육사 8기 동기생들과 '하극상'을 일으킨다. 이 사건은 처삼촌 박정희 당시 육군소장과 치밀하게 쿠데타를 계획하고 이를 실천하기 위한 전초전이었다. 하극상 내용은 군부 장성급 이상 상관들의 전횡과 부패를 비판하고 장면 정권의 무능과 사회 혼란을 규탄하는 내용이었다. 군인 신분으로 절대 있어서는 안 될 집단항명으로 적지 않은 사회적 물의를 일으켰다.
　마침내 쿠데타에 성공한 김종필은 권력 장악 배후인 중앙정보부를 만들고 부장으로 취임한다. 박정희와 김종필의 쿠데타 명분은 '민족적 민주주의'였지만 실천 내용은 전혀 딴판으로 흘러갔다. 북한 침략, 공산주의 침투 방어를 명분으로 창설했다는 중앙정보부는 먼저 혁명에 가담하지 않은 군 수뇌부 숙청을 단행했다. 이후 중앙정보부의 국민탄압 불법사례는 필설로 다 열거하기 어려울 정도다.
　김종필은 한일협정 체결을 주도했다. 일본으로부터 식민지배에 대한 보상금을 받아 경제개발 자금으로 사용하며 일본과 협력하여 북한 침략을 공동 방해한다 등이 골자였지만 그 내용에 의혹이 너무 많았다. 당시 일본 오히라 외상과 김종필의 소위 '김-오히라 메모' 사건은 부실한 내용에 의혹이 많아 국민들이 한일회담 자체를 반대하기 시작했다. 김-오히라 메모에 국민들이 분노한 이유는 우선 평화선(해양주권선, 일명 이승만 라인)을 포기한 것이다.

'평화선'은 초대 대통령 이승만의 최고 외교업적으로 꼽힌다. 평화선은 이승만이 우리 해양자원을 보호하고 북한침투와 일본의 영향력을 방어하자는데 목적을 둔 것이었다. 국민들은 김종필이 평화선을 일본에 매각했다며 크게 분노했다. 평화선은 1965년 박정희 공화당 정부가 공식 폐기해버렸다.

"제 2의 이완용이 돼도 좋다"고 폭언을 내뱉은 김종필은 "그까짓 바위 덩어리 2개를 놓고 양국 간에 말썽 부릴 일이 뭐 있습니까 그냥 폭파해 버립시다"라고 했다는 내용이 오히라와의 비밀 메모에서 밝혀지기도 했다. 그가 추진한 한일협정 내용에는 재일교포 법적지위, 참정권 문제, 위안부 문제 등은 거론조차 되지 않았으며 보상금 액수도 형편없었고 그나마 절반은 공화당 창당자금으로 횡령했다는 설 등이 나돌아 전국 대학생 반대시위 6.3 사태가 발생하기에 이른다.

김종필은 계속되는 박정희의 견제에 시달렸다. 한일회담 체결 직후 이른바 4대 의혹사건(증권파동, 워커힐 건립 부정, 새나라 자동차 사건, 재일교포 김태준의 빠찡꼬 사건) 등으로 (자의반 타의반) 외유의 길에 오르기도 했다.

김종필은 사사건건 박정희를 배반했다. 3선 개헌, 유신선포 큰 대목에 이르러서 늘 반대했다가 다시 돌아서는 이율배반적인 처신으로 눈 밖에 났다. 그는 늘 암암리에 자기 세력 구축에 몰두하는 등 야욕을 보이기도 했다. 엄청난 축재, 부패분자로 지목돼 전두환이 집권하자마자 대뜸 그를 구속시킨 이후 오랫동안 가택 연금시켰다.

김종필은 정치적 야욕을 위해 타락도 서슴치 않았다. YS, DJ와 함께 정치 9단 JP로 불리던 그는 이른바 '핫바지론'으로 충청지역 감정을 선동하여 영호남 대립에 지쳐버린 많은 국민들을 실망케 했다. 그는 내각제에 동의하지 않는 김영삼과의 충돌로 3당 합당에서 뛰쳐나왔다. 그리고는 "처마 끝에 연작(참새)이 높은 하늘을 나는 홍학의 뜻을 어찌 알리요"라는 타협 아닌 아첨을 던진 후 김대중 대통령과 손을 잡고 총리에 취임했다.

김종필은 박근혜 전 대통령에 대해 "꼭 제 에미(육영수)의 못된 점만 닮은 얼간이"라고 한 적이 있고 문재인 대통령에게는 "그 바보 같은 XX 뭘 보고 지지하겠느냐"고 감정표현을 한 적이 있다. 그는 노무현의 역사 바로 세우기 운동에 대해 "역사는 누가 어쩔 수 없는 것으로 바로 거기에 있는 것"이라고 술회한 적이 있다. 그의 정치행로나 족적에 대해 앞에 자신의 말처럼 과찬도 비판도 말고, 있는 그대로 기록해야 한다. 그의 빈소를 찾지 않은 문재인 대통령은 그에게 공직자가 아닌 일반 국민에게 주는 무궁화 훈장을 수여했다.

김종필은 음악 애호가이자 수준급에 이르는 화가이기도 했다. 대단한 독서량과 현란한 말솜씨로 한때 감수성 많은 젊은 층의 인기를 모으기도 했지만 그의 정치행각에는 얼룩점이 너무 많고 정치업적은 기억할 만한 게 거의 없다. 정치는 '허업'이라던 종언 속에서 뭔가 못다 채운 그의 한이 읽혀짐이 웬일일까?

〈2018년 7월 11일〉

민족 자존심 포기한 성조기 데모 부끄럽다

어느 나라 경우나 마찬가지겠지만 아주 기억하고 싶지 않은 사건이 발생할 때가 있다. 그리고 그 혐오스런 사건이 재연될 기미가 보이면 알 수 없는 초조감마저 일게 마련이다. 서울의 덕수궁 앞과 미국 워싱턴 백악관 앞에서 미국 성조기를 휘두르며 박근혜 전 대통령을 석방하라는 데모가 바로 얼마 전에도 열렸다.

박근혜를 지지하든 싫어하든 그 자체는 누구에게나 자유겠지만 미국 성조기를 흔들며 백악관 문턱에서 '박근혜 구출'을 외치는 장면은 정말 다시 떠올리기 싫은 추태인 것만 같다. 미국측의 냉소적 반응이 떠올라 민망할 지경이다.

도대체 우리 국내에서 일어난 국정농단, 부정비리, 탄핵사건을 미국 정부에게 해결해 달라고 탄원을 하다니 그 발상자체를 납득하기 어렵다. 미국이 아무리 우리의 맹방이라 할지라도 엄연히 타국이 아닌가. 우리 민족의 자존심과 주권을 도외시하고 내정간섭을 서슴없이 자초하다니 기가 막힐 지경이다. 설사 생뚱맞게 촛불정국을 반공논리에 갖다 붙여 미국의 구원을 애걸한다 해도 박근혜의 정치행각을 되돌아보면 미국을 향한 구출호소가 얼마나 황당한 짓인가를 알 수 있을 것이다.

박근혜는 임기동안 친 중국 노선으로 기울어지는 모습을 보였다. 미국과 전시 작전권 문제, 미국의 동북아 방어선인 MD 문제로 논쟁을 벌였으며 중국과는 시진핑을 비롯한 왕이 외교부장, 우다웨이 등 실력자들을 빈번히 초청하는 매우 우호적인 자세를 취하기 시작했다. 미국은 문재인 정부가 등장하고서야 겨우 사드를 한국에 배치할 수 있었다. 본인도 직접 중국의 국빈으로 초청받아 가서 극진한 대우를 받았다.

박근혜의 친 중국 외교의 절정은 세 가지다.

첫 번째는 중국 최고의 대학으로 꼽히는 '칭화대학' 연설이다. 그는 써가지고 간 연설문을 중국어로 낭독하며 중국과의 우의를 과시하며 학생들로부터 십여 차례에 걸쳐 열렬한 박수를 받았다. 북한 김정은이 미국 하버드대에 와서 미국과의 친교를 과시하는 연설을 하여 학생들의 열렬한 박수 받는 장면을 상정해 보라. 중국의 입맛이 어땠을까.

두 번째 박근혜는 미국 주도의 동북아 아시아 개발은행에서 이사국 대우마저 포기하고 탈퇴해 중국이 아시아 지역에서 경제적 영향력을 갖기 위해 새로 설립한 아시아 개발은행(AIID)에 500억 달러를 투자하고 가입해 버렸다. 박근혜가 다시 돌아와 양다리를 걸쳤지만 미국의 속내가 어느 정도였을지 짐작되고도 남는다.

세 번째로 미국이 더 크게 배신감을 느꼈을 사건은 박근혜의 중국 창군 기념일 행사 참여다. 중국은 미국과 한국 6.25전쟁을 통하여 직접 전쟁한 경력이 있는 적성 국가이며 동시에 세계 패권 도전국으로 부상하고 있는 중이다. 박근혜가 미국을 비롯해 영국, 프랑스, 호주, 일본 등 우방국들의 만류를 뿌리치고 중국 창군 기념일 행사장 주석단 한가운데에서 시진핑 내외와 기고만장 으스대던 장면이 미국의 눈엔 틀림없이 배신과 분노의 추태로 보였을 것이다.

그 이후 박근혜 탄핵에 미국은 매우 냉담, 아무런 도움도 주지 않았다. 당시 리퍼트 미 대사가 주한 외국대사들을 전원 소집하고 "우리는 한국 내정에 관여하지 않는다. 그러나 안보는 우리가 책임지겠다"는 발표를 했을 뿐이다. 탄핵 당시 백악관과 국무성에서 각각 두 번씩 성명을 냈지만 안보걱정 말라는 내용뿐이었다.

　미국은 언제나 한국 정부의 동향을 예의 주시하고 있다. 지난 2002년 김대중 전 대통령이 평양을 방문했을 때 김정일이 갑자기 차에서 내려 김대중을 예정 없이 30분간 자기 차에 태우고 백화원 초대소까지 함께 들어간 해프닝이 있었다. DJ가 돌아온 후 3일이 채 안 돼 당시 미 국무장관 매들린 올브라이트 여사가 급거 서울로 왔다.

　한국이 북한이나 공산권을 접촉하면 미국과 모든 일정, 일거수일투족을 아주 세밀하게 협의해야 한다. 올브라이트 미 국무장관이 급거 서울에 온 것은 김대중과 김정일이 순안 비행장과 백화원 초대소까지 따로 가기로 되어 있었는데 왜 사전 조율도 없이 갑자기 차를 함께 타고 갔느냐, 그리고 30여분 동안 가면서 나눈 밀담 내용이 무엇이냐고 따졌다는 게 정설이다.

　박근혜 씨가 중국과 긴밀한 관계를 진행하는 동안 어떤 중대사를 진행시켰는지 또 미국은 시진핑과 박근혜 사이에 무슨 시나리오가 진행되고 있음을 알아냈는지 우리가 알바는 없다. 그러나 미국이 박근혜와 시진핑의 밀교를 질투하고 우려했을 가능성은 크다.

　미국과 중국의 한 가운데 서서 박근혜 정부가 이렇게 묘한 정치행각을 벌였는데도 백악관 앞에서까지 박근혜 구출을 애걸하고 있으니 누가 이런 황당한 장면을 다시 보고 싶어 하겠는가. 현재의 과잉 극우와 극좌의 대립이 빚어내고 있는 참담하고 슬픈 코미디라고 한다면 너무 비약 논리인가.

　건전한 중도노선이 아쉽다. 미국에게 박근혜 구출을 호소하는 정서는 아무래도 맹목적 보수이념과 분별없는 사대주의의 산물인 것만 같다.

〈2018년 9월 12일〉

교황의 북한방문 환상과 혁명

프란치스코 교황의 북한 방문 움직임이 실현될 것인가가 여러 각도에서 갖가지 궁금증을 불러일으킨다. 문재인 대통령의 김정은 위원장 초청 용의 전달에 프란치스코 교황이 "북한의 공식초청이 오면 방문하겠다"는 내용인데 구두로 발표된 것들이어서 아직 명쾌한 그림을 그려 내기는 쉽지가 않다. 다만 교황의 북한 방문이 실현되리라는 가정만 가지고도 한반도를 조국으로 하는 우리들에게 큰 충격이 밀려오는 것은 어쩔 수가 없을 것 같다.

전 교황의 공산권 국가 폴란드 방문은 선풍적 민주화 바람을 일으켰고 현 교황의 쿠바 방문은 미국과의 수교를 이끌어 내기도 했다. 따라서 프란치스코 교황의 북한 방문이 실현될 경우 후폭풍이 자못 주목되는 것도 무리한 기대는 아닐 것이다.

북한은 그들의 사회주의 헌법에 종교 신앙의 자유를 인정한다고 명시하고 있지만 사실상 전술적인 형식에 불과하다는 것은 누구나 다 아는 사실이다. 북한은 전형적인 그리고 대표적인 무신론 체제다. 공산주의 창시자 레닌의 교시에 따라 유물론을 최고의 선으로 받들어 오고 있다. 눈에 보이지도 않는 신을 믿고 이상사회를 염원하는 것은 비현실적이며 퇴폐적 사상임으로 종교라는 것은 이상사회 실현의 가장 큰 적이라는 것이다. 이른바 유신론을 타파하고 유물론의 우월성을 주장하는 논리이다.

인간이 지니고 있는 사유(思惟)세계의 무한자유를 인위적으로 제도화하고 제한하며 인류의 이상향을 추구하는 모순을 주장한 공산주의는 결국 몰락하지 않았는가. 북한은 이 와중에서 주체사상, 유일사상을 앞세운 수령 절대주의로 변신하여 정권을 이어왔다. 만약 프란치스코 교황의 북한 방문이 실현된다면 신을 숭상하는 눈으로 볼 때 암흑세계에 밝은 등불을 켜는 것으로 비유된다. 그리고 신앙 없는 암흑세계에서 살아온 사람들에게는 인류의 대표적인 신앙인인 프란치스코 교황의 등장이 새로운 불빛이요, 가슴 속 깊숙이 잠들어 있던 자유본능 의식을 흔들어 깨우는 파장을 줄 수도 있을 것이다.
　김일성 주석은 서거 전 "우리도 서양 사람들과 다른 하느님을 갖고 있다"고 주장하며 우리의 조상 단군 시조를 숭배한다며 평양 근교에 대규모 단군릉을 건설하고 지금도 계절 따라 성대한 시제를 올리고 있다. 하지만 그 배경에는 외세를 배격하고 자신의 권력을 우상화하기 위해 인민을 선동하려는 저의가 있었음은 누구나 다 아는 바다. 북한에 존재한다는 장충성당, 봉수교회, 묘향산 보현사 등 종교시설이 유지돼오고 있는 것도 자기 우상화를 공고히 하고 외부세계에 종교자유가 있는 척하는 형식으로 유지하고 있다는 것은 주지의 사실이다. 김일성은 기독교 가문의 후예다. 그의 아버지 김형직, 어머니 강반석은 성실한 기독교인이었던 것으로 선전하고 있다.
　90년대 중반에는 미네소타 한인성당의 부제 이창재(82)가 북한 김일성 대학 역사학과에 주체 종교 강좌를 개설하려다 실패한 바 있다. 4.19 직전 서울대(철학과) 총학생회장 출신인 이 씨는 60년대 큰 파문을 일으켰던 학사주점 사건에 깊은 연루가 있었던 인물이다. 그는 "북한의 종교관이 전보다 훨씬 관대해졌다"고 주장하고 있다.
　아무튼 북한의 프란치스코 교황 초청이 사실이라면 김정은 위원장의 대단한 결단임에 틀림없다. 북한의 현실에서 종교의 자유를 튼다는 것은 불가피한 체제변화를 예측해 볼 수도 있기 때문이다. 말하자면 유일사상 수령절대주의 체제에 '하느님'이라는 유일신을 용납하겠다는 것인데 엄청난 사건이 아닌가. 김 씨 일가 3인을 하느님보다 높은 존재로 믿으며 살아오고 있는 북한동포들이다. 김 씨 일가 3인에 대해 경배하거나 감사하지 않고 부처를 향해 합장을 하거나 십자가를 보고 성호를 그으면 불순분자가 돼 곤욕을 치러야 하는 것이 북한 사회가 아닌가.

교황의 북한 방문을 앞두고 절차나 의전관계를 복잡하게 고민하는 좀스런 사항에 집착하지 말고 크게 교황의 북한 방문 사실 자체를 체제에 대입시켜 큰 눈으로 관찰해야 한다.

교황은 북한 방문에서 종교인으로서의 사명감을 가지고 인권문제를 의미심장하게 언급하지 않을 수 없을 것이고 박해받는 종교인의 석방을 설파하거나 심지어는 면담을 요구할 수도 있을 것이다. 교황의 북한 방문은 어떤 형태로든 북한사회에 적지 않은 파장을 몰고 올 것임이 틀림없다. 김정은 위원장의 교황 북한 방문 초청이 단순한 난국 타개를 위한 제스처인지 인민들에게 평화와 자유를 부여하기 위한 위대한 혁명의 길을 결심한 것인지 속내가 궁금하기 짝이 없다.

교황의 북한 방문이 실현된다면 우리 문재인 대통령의 공로에도 크게 점수를 매겨야 한다. 교황의 북한 방문이 어두운 세계를 일시적으로 비추고 지나가는 서치라이트가 아니라 영원히 불을 밝히는 등불이 되기를 기원해 본다.

〈2018년 10월 24일〉

日 상품 불매운동과 친일 망령

지난 8월 1일 '워싱턴 지구 범 동포 일본상품 불매운동 연합'이 출범했다. 일본의 난데없는 경제침략을 당한 우리 조국에 물심양면으로 힘을 보태 내외 국민이 총 단결하자는 충성심의 발로였다. 기꺼이 참여한 인사들의, 보수 진보 이념을 초월하고 정권 차원을 넘는 국가 우선주의 자세가 매우 존경스럽고 더욱 용기를 갖게 하는 원동력이 되었다.

주지하는 바와 같이 일본의 한반도 정벌은 그들의 숙원이다. 도쿠가와 이에야스, 도요토미 히데요시 때에도 '정한론(한반도 정벌)'을 앞세워 임진왜란을 일으켰다. 300여년 후 '명치유신(1894)' 때는 쇼군 출신 젊은 장교 주동자들의 첫 공약이 정한론이었다. 지금 아베의 한국에 대한 경제도발도 한반도를 경제예속화 및 식민지화하려는 야욕을 드러낸 살기 어린 침략이다.

정부수립 후 맥아더-하지 중장 라인의 미군정의 압력으로 비록 '반민특위(반민족 행위 특별조사위원회)' 재판을 중단하여 크게 원성을 샀던 초대 이승만 대통령도 일본 경계만큼은 혹독하리만큼 엄중했다. 이승만은 동해바다 한가운데 평화선(이승만 라인)을 선포하고 외교관계를 단절, 영사업무만 허용했을 정도였다. 이승만의 외교 안목과 선견지명을 교훈 삼을 만하다.

아베는 한국에 대한 경제침략 이유에 대해 답변을 벌써 네 번이나 바꿨다. 차마 한국을 망가뜨리는 것이 목적이라고 말할 수는 없기 때문일 것이다. 그러면서 한편으로는 전범 기업 미쓰비시를 중국에 보내 침략을 눈물 흘리며 사죄케 하고 일본 돈 650억 엔을 강제징용 보상하면서 한국에는 칼을 들이대는 그들이다. 성장하는 한국에 대한 질투와 두려움, 경계심이라고밖에 달리 해석할 길이 없다.

일본 국내에서도 한국에 대한 아베 정권의 잘못을 지적하는 목소리가 점점 높아가고 있다. 우쯔노미아 겐지(전 일본인 변호사 협회장)를 비롯한 1,200여명의 각계각층의 지식인들이 아베 총리의 대 한국 수출규제가 잘못되었다며 반기를 들고 있다. 많은 기업인들도 결국 화가 일본에게로 돌아오게 된다며 아베에게 시정을 요구하고 있다. 언론들도 반대와 재검토를 요구하고 각 도시 곳곳에서 시민들의 데모가 연일 계속되고 있다.

일본은 입장이 불리하게 되면 금세 변신술을 발휘한다. 여기에 현혹당하지 말아야 한다. 간사 요사스럽고 돌변하는 것이 일본의 역사요, 배신이 그들의 주특기임을 잊지 말아야 한다. 그들이 우리 앞에 사죄하고 화이트 리스트 명단 삭제 원상복귀를 전 세계에 발표할 때까지는 절대 경계를 늦춰서는 안 될 것이다.

우리는 우리 민족의 자랑인 슬기와 지혜를 모아 일본의 가차 없는 경제 침략을 전화위복의 기회로 삼아야 한다. 일본이 규제하려는 주요 품목들을 연구, 개발하여 국산화하고 수입 다변화로 일본과의 경제 갑을관계에서 벗어나는 길을 모색해야 한다. 일본의 공격으로 타격이 있겠지만 비중만 적을 뿐, 타격은 그들에게도 있다. 몇 년간 참고 견디며 난국을 호기로 삼는 저력과 노력만 있으면 반드시 성공할 수 있다고 확신한다.

지난 8월 8일자 조선일보는 사설에서 손학규 바른미래당 대표의 제안을 참고하자고 역설했다. 손 대표는 "우리 한국도 G20선진국의 일원이다. 일본의 사죄를 받아 도덕적 우위에 서고 보상금 문제는 우리 스스로가 해결하는 선에서 합의를 도출하자"는 것이다. 주목할 만한 제안이다.

우리는 그동안 아베 정권의 느닷없는 경제침략 시작부터 무던히도 대화를 위해 노력해 왔다. 외교 공식 채널을 통하려고 노력하고 국회의원들, 정치인들, 기업인들, 심지어 특사 파견까지 몇 번이고 타진했으나 일본은 지금까지 면담마저 회피하고 자국 내 지도급 인사들과 세계 각국의 지식인, 학자들이 반성을 촉구해도 막무가내 딴청을 부리고 있다.

그런데 가짜 뉴스에 속아 딴소리로 떠드는 한국인들이 있다니 황당하다. 이런 판국에 일본 망령이 씌었나, 일제 잔재인가, 일본 사모곡을 부르는 이해 못할 극히 일부의 한국인이 괴성을 지르며 거꾸로 뛰고 있다. 세계가 주목하는 한·일 열전이 벌어지고 있는데 우리 골대를 향해 공을 차고 있으니 이 무슨 바퀴벌레와 같은 체질이요, 습성인지 기가 막히다. 일본 상품 불매운동 선구자로 '조선물산 장려운동'을 주창했던 고당 조만식 선생은 "내가 죽으면 한쪽 눈은 조국의 독립을 볼 수 있게, 다른 한쪽 눈은 일본의 패망을 볼 수 있게 남겨 놓으라."는 마지막 유지를 남겼다.

워싱턴 지구 범 동포 일본 상품 불매운동 연합은 우리 민족정기와 자존심을 과시하는 운동이다. 누구나 우리 운동에 참여할 수 있고 대표가 될 수 있다. "일본 친구와 사귀되 일본 맥주는 마시지 않겠다"는 국내 청년세대의 구호가 지혜롭고 모범적인 답안이다.

〈2019년 8월 20일〉

기러기 울어 예는 가을의 노래

올해도 그 슬픔과 풍요를 함께 안고 가을에 서성이고 있다. 해마다 까닭 없이 침잠해 있는 내 가슴을 흔들고 가버리는 이 가을은 정녕 신비와 연민의 원초라도 되는 걸까.

가을이 깊어갈수록 나는 왠지 모를 그리고 어딘지 모를 내 영혼의 원류를 더듬는다. 이내 허망과 아쉬움에 휩싸여 심금 모두가 감상의 늪에 빠져버리고 만다.

젊디젊은 묘령의 규수와 사랑의 도피 행각을 했던 박목월은 바다 건너 제주도까지 찾아와 누비옷을 건네고 귀가를 종용하던 부인의 간곡한 설득에 그 뒤 애인을 남겨놓고 떠나며 한없이 눈물을 흘렸다. 그리고 그 애처로움을 녹여 절절하게 이별을 노래했다(재미 영문학자 변만식의 회고).

"기러기 울어 예는 하늘 구만리
바람이 싸늘 불어 가을은 깊었네
아아 너도 가고 나도 가야지
한낮이 지나면 밤이 오듯이
우리의 사랑도 저물었네~"   〈이별의 노래〉

저 끝없이 멀고 먼 밤하늘 차가운 별빛만이 격려를 보내는 밤하늘에 짝 잃은 기러기가 한 없이 한 없이 어디로 날아갔단 말인가. 기러기는 왜 짖어대지도 울부짖지도 않고 '울어 예는'이었던가. 바람이 싸늘 불어 가을이 깊어진 어디엔가로 유인해 가는 그 숙명 앞에 이별을 던져놓고 가슴을 쓸어내리기라도 했단 말인가. 박목월은 어찌하여 외로워진 기러기가 통곡하지도 비명을 지르지도 아니 하고 '울어 예는'이라고 절규했을까.

분명코 가을은 사랑이라는 것과 어우러져 신비를 낳기도 지우기도 하는 마법사인가. 가을날에 같은 이별이라도 어느 기차역에서 잘 생긴 귀족 청년 장교 브론스키와의 이별을 결심하고 안나 카레리나는 더 진한 사랑을 갈구하다 끝내 달려오는 기차에 뛰어들어 스스로의 종말을 고하고 말았다.

작가 톨스토이는 본 남편인 늙은 고관대작으로의 회귀를 시도하지도 않고 안나를 생의 나락으로 빠져들게 했던가.

박목월은 "산촌에 눈이 쌓인 어느 날 밤에/ 촛불을 밝혀두고 홀로 울리라"던 그날, 그 아픔의 애절함이 한꺼번에 밀려왔다.

가을은 우수의 계절인가. 가을 한 가운데 내가 갈망하고 있는 것이 뭔지 도무지 가닥이 잡히지 않는다.

아련한 추억의 서사시 한 토막이 되살아온다. 아주 오래 전, 눈매가 아름다운 소녀와 함께 창경궁을 함께 걸었다. 늦가을 찬비가 넉넉히 내리던 날이었다. 얕은 지혜가 떠올랐던가. 계획은 적중했다. 갖가지 낙엽은 이리저리 뒹굴고 인적은 모두 끊긴 채 둘만의 아늑한 공간은 더 없이 행복을 안겨주었던 것 같다. 사랑의 출발선에서의 아득한, 그러나 무슨 대화인지를 길게 길게 이어갔던 늦가을에 있었던 그 일화가 가을 정취와 더불어 문득 되살아온다.

나는 이제 본격적으로 인생 말년에 들어서는 마지막 라인

(Marginal Line)에 서서 이 가을을 맞고 있다. 수퍼마켓 진열대에 그득히 쌓여 있는 탐스러운 과일들, 마냥 풍요로움만 압도해 오지는 않는다. 어쩐지 결실만으로 보람을 느끼지 못하고 결별의 의미가 은근히 스며들어 옴을 거역할 수가 없다.

결실과 결별이 함께 가슴에 저며옴을 어쩔 수 없이 고백할 수 없는 것은 연륜 탓인가, 계절 탓인가. 그 애잔함이 내 생애에도 늦가을에 접어들었음을 알리는 것이 아닐는지.

알버트 아인슈타인에게 기자들이 와서 물었다. "당신에게 죽음이란 무슨 의미입니까?" 이에 아인슈타인은 "내게 있어서 죽음이란 모차르트 음악을 더 이상 들을 수 없는 것"이라고 했다 한다.

아이슈타인에게도 어느 가을날, 어느 연인과의 깊숙한, 잊지 못하고 끊어야 할 애련한 스토리가 있었던가. 모차르트의 피아노 협주곡 No. 21(Piano Concerto No. 21 'Elvira Madigan')과 유부남 귀족 출신의 젊은 육군 중위 식스턴, 서커스 단원으로 줄 타는 소녀였던 엘비라 마디간과의 애정 박진감에 취했었나 보다.

아인슈타인도 가고 어느 가을날 식스턴과 엘비라 마디간의 두 발의 총성으로 마감한 슬픈 사랑도 한없이 한 없이 흘러가는 냇물을 타고 떠내려가고 가을날의 수많은 낙엽들도 함께 멀리 멀리 흘러가 버렸다.

여름철 내내 작렬하던 불볕더위에 격렬히 저항하던 '피튜니아'도 가을의 위엄에 열정을 거두고 인동초 '팬지'가 가을을 맞고 있다. 언제나 온갖 이야기들을 평화로 승화시켜 주는 코스모스 행렬은 곳곳마다 피어오르겠다. 해마다 어김없이 찾아올 영롱한 단풍 평화를 선사해주겠지.

시야가 흐려져 더 이상 코스모스와 눈맞춤을 할 수 없는 민망한 내 신체적 상황이 안타깝기 그지없다. 혹시 내게 죽음이 무엇이냐고 묻는 사람이 있다면 "죽음이란 육체가 있는 세상에서 육체 없이 영혼으로만 사는 세상으로 가는 것"이라고 말해주고 싶다.

나는 어느 가을날 줄지어 늘어선 코스모스와 함께 어우러지며 죽고싶다. 이 깊어가는 우수의 가을에 나의 애잔한 고백이다.

〈2019년 10월 24일〉

북한 개별 방문 허용 추진 재고를

최근 문재인 정부가 발표한 '북한 개별 방문 허용 검토' 내용은 매우 기발하고 당돌한 쇼크로 받아들여진다. 최근의 평탄하지 않은 남북한 분위기를 볼 때 개별 자유방문 허용문제를 놓고 사전 내통이 있었던 것 같지도 않아 궁금증이 증폭된다. 총선거를 앞두고 즉흥적으로 한 건 올려놓은 것이라면 이 발상이야말로 경솔한 불장난이 아닌가 싶다. 문재인 정부의 북한 측량 수준이 단박에 질려온다.

남북한의 활발한 교류 왕래를 누가 반대하겠는가. 그 자체에 토를 단다는 것이 다소 외람되기도 하지만 복잡한 한반도의 불행을 풀어가는 과제인 만큼 신중과 침착을 강조하지 않을 수 없다.

한반도는 우리 모두가 가슴을 치고 있는 바와 같이 세계 유일의 분단국가로 시련에 빠져 있다. 정작 우리를 쪼개 놓은 강대국들은 외교 관계를 수립하고 자유롭게 왕래하고 있다. 미국과 중국은 닉슨 전 미국 대통령의 핑퐁외교로 모택동과 화해, 1971년 외교 관계를 수립했으며 일본도 재빨리 다음 해인 1972년 중국과 외교 관계를 맺었다. 소련 붕괴 후 그 위성 국가들도 쿠바를 제외하고 거의 모두가 자유화되었음은 우리 모두가 부러워하고 있는 처지이다.

민주, 공산 양 진영의 격돌로 전쟁터가 되었고 가장 많은 생명과 재산을 잃고 민족의 본질성마저 처절하게 파괴당한 우리들이 아닌가. 그리고도 하늘이 우리 민족에게 무슨 대가를 원하는 건지 우리는 아직도 통일을 못하고 서로 물고 찢고 있다.

고대 그리스의 철인 소크라테스는 "너 자신을 알라"고 역설했다. 모두가 자신의 영혼을 쓰다듬고 돌보라는 그런 의미다. 우리 민족은 오랜 세월을 외세에 시달려 오기만 했던 탓인지 '민족혼'이 지금도 방황하고 있다. 민족이 통일로 향한 공통분모를 창출해 내지 못하고 있다. 장기집권, 파벌주의, 사리사욕 등의 흉계를 품은 타락한 보수, 진보의 진영논리에 취해 혼미를 거듭하고 있다. 북한의 김일성 일가 왕조 수령 제일주의 고착화가 한층 더 민족을 좌절시키고 있다.

오늘 이 시간에도 우리는 한 쪽에서 네가 빨갱이가 아니라면 김정은 욕을 해보라고 한다. 네가 수구꼴통이 아니라면 미국을 비난해 보라고 한다. 마치 바리새인들이 예수를 향해 "네가 하나님이라면 저 높은 성에서 뛰어 내려 보라"라든가 "네가 하나님이라면 이 돌멩이로 떡을 만들어 보라"라는 식의 억지 이념논리에 결박되어 있는 것이 아닌가.

문재인 정부의 속내를 알 수 없는 '북한 개별방문 허용 검토'는 남북 국민들의 눈높이로 볼 때 확실한 과속이다. 남한으로 넘어온 3명의 괴한들이나 죽음을 무릅쓰고 탈북한 동포를 살인자로 몰아 심도 있는 조사도 없이 당일 즉시 북으로 돌려보내는 기이한 안보태도를 보고 국민들이 불안해하고 있는 실정이다. 지금과 같은 남북의 이념 혼란, 극한 대립 속에 우리 정부의 북한 개별방문 허용 검토는 결코 순진한 눈으로만 해석되지 않는다.

북측에선 인민들에게 자유로운 남한방문을 허용할 수 없는 형편이다. 그런데도 우리가 먼저 북한 자유방문을 허용하겠다는 것은 대북공세인가, 아부인가, 관광비용이란 푼돈으로 북한경제를 돕자는 심산인가. 분명한 지표가 보이지 않는다.

북한은 나름대로 자신들의 특이한 체제 아래 독특한 규율과 질서로 지탱하고 있는 사회다. 따라서 그들이 제일 두려워하는 것은 남한 스타일의 자유화 물결일 것이다. 남한의 관광객들이 북한에 들어가 돈을 뿌리고 노래방, 술집을 찾고 함부로 말하며 함부로 행동하는 그런 돌발 분위기를 소화시킬 수 있는 준비가 안 된 사회다.

　북한에선 김일성 사진이 실린 신문지 위에 실수로 구두를 벗어 놓았다고 강제 수용소로 끌려간다. 미국 청년 웜비어는 성경을 들고 북한에 들어가서 법에 걸려 고문당하고 초주검이 되어 돌아와 결국 숨졌다. 남한 관광객이 자유분방한 행동으로 그들에게 트집 잡혀 다수가 인질 상태로 고초를 겪는 불상사가 예측되는 것도 결코 무리는 아닐 것이다.

　북한은 남한 적화야욕을 멈추지 않고 있는 정권이다. 남한의 자유 방북 공세에 의표를 찔러 역공을 취해 올 것도 예상된다. 남한의 방문객을 제한적, 선별적으로 받아들이면서 치밀한 사상교육, 세뇌공작 프로그램으로 대응하려 할 것이다. 따라서 북한에 포섭, 세뇌 당하고 자신도 모르게 친북 요원이 되어 돌아 올 사람이 없을 것이라고 누가 장담할 수 있겠는가.

　김정은 초상화를 집무실에 걸어놓고 친북 찬양가를 부를 때 우리 실정법 저촉 여부는 정리가 되어 있는 지도 궁금하다. 일반인 방북은 이산가족 상봉, 체육, 문화교류 등 일정한 관리 아래 진행되는 것이 순리일 것이다. 방북 자유화 추진은 남북한 양측의 혼란만 초래할 헛발질로만 보인다. 남북문제에 관한 한 민족의 눈높이를 늘 존중하라.

〈2020년 2월 5일〉

전광훈의 신성모독을 고발한다

하나님(신)은 사랑, 평화 그 자체다. 형이상학의 구분 그 위에 존재하는 불가침, 불가촉의 상위개념이다. 하나님은 '절대' 존엄으로 경외의 존재임은 전 인류의 묵시적 동의하에 오늘날까지도 신봉돼 오고 있다.

세계 어느 나라 그리고 어느 역사, 어느 종교에도 하나님을 비방하거나 욕하거나 그 위에 군림하려고 했던 기록은 없다. 성경, 불경, 도덕경, 코란경 등 어느 경전이나 민족신앙, 무속신앙, 이단 사교, 어느 법구경, 염불 주문에 이르기까지 하나님에 대한 예찬은 있어도 저주나 비방은 금기시 돼 왔다. 기껏 하나님을 원망한다고 해봐야 "신의 저주를 받을"(God dam), '오 나의 신이여'(Oh My God) 등이 고작이다. 우리나라 풍습 언어에도 기껏해야 '하나님 맙소사'라든가, '하늘도 무심하시지' 정도였던 것 같다.

인류 역사에 수많은 순교자가 기록돼 있는 것도 모두가 신의 위대함 때문이다. 어떤 고통, 어떤 수난이 닥쳐도 신을 위해 기꺼이 많은 사람들이 목숨을 바쳤던 것이다.

그런데 최근 서울의 한 정치적 집회에서 한기총(한국기독교총연합회) 회장이며 자칭 목사라는 전광훈씨가 하나님을 심히 욕하는 연설을 하여 큰 파란을 일으켰다. 그는 이날 군중들 앞에서 "하나님 까불면 죽어", "하나님이 못 다한 것, 내가 해결할 거야 두고 봐…"라고 저주를 쏟아냈다. 그의 이 극한 망발은 신문, 방송 등 각종 언론매체를 통하여 국내외에 수십 차례 반복해서 보도되었다.

목사를 자칭하는 장본인의 주워 담을 수 없는 이 저주가 전국으로 알려졌으니 모두가 당혹감을 금치 못했을 것이다. 그의 패륜적 언행은 신중히 보려 해도 이해와 용서의 틈을 찾아낼 길이 없다. 전광훈씨는 명색이 목사 아닌가. 어떻게 이런 참담한 저주가 튀어 나올 수 있었는지 심정마저 괴로워진다.

전광훈씨는 '신성 모독죄'를 범했다. 성스러운 신(하나님)을 저주하는 용서할 수 없는 죄를 지었다는 말이다. 로마 황제가 교회와 정치를 함께 관장하던 신정시대에는 신성 모독죄를 범하면 '화형'에 처벌하는 것이 상례였다. 13세기경 유럽에서 시작한 길로틴(단두대) 형벌도 주로 종교 사범들에게 적용되었다. 로마 교황청(바티칸)에는 신앙인들의 신성모독에 '파문'으로 처벌하는 제도가 현재에도 시행되고 있다.

전광훈씨는 자신의 망언을 충고하는 사람들에게 "성령에 취해서 자신도 모르게 그런 말이 나왔다"라고 강변했다는 전언이다. 사죄와 반성의 빛도 없이 성령과 악령을 혼동하는 구차한 그의 변명에 혐오감이 가중될 뿐이다.

범투본(문재인하야범국민투쟁본부) 대표인 전광훈씨는 지난해부터 문재인 정부 반대 극한 투쟁을 벌이고 있다. 불법행위 따위는 안 되겠지만 추호도 그의 정치 행위를 간섭할 의도도 없다. 민주주의 국가에서 모든 정치적 의사 표시는 개인의 자유, 기본권에 속한다. 그러나 반정부 행동을 한다 해서 마음대로 하나님을 희롱하고 살해 협박을 하다니 그야말로 무소불위의 횡포가 아닌가.

전광훈씨의 망발 이후 두 번째로 놀라게 한 것은 하나님을 믿는

종교인들의 반응이다. 그의 망언이 '신성모독'이 확실하지 않은가. 하나님의 말씀에 의해, 하나님의 말씀을 위해, 하나님의 말씀대로 살아간다는 종교인들이 기독교의 기본 축을 무너뜨릴 만큼 최악의 불경스런 발언 사건에 비굴하게 침묵만 하고 있는가. 이것이 우리 종교계의 신앙 수준인가.

군중들 앞에서 마음껏 소리 질러 욕설을 내뱉은 자를 이마에 목사라는 스탬프를 찍고 거리를 활보하는 그런 현실을 고발하지 않는다면 공범이 아닌가.

워싱턴 지역에만도 한인 교회가 200여개에 이르고 수백 명의 성직자, 수만 명의 신앙인들이 있지 않은가. 그런데도 뚜렷이 누구 하나 나서서 전광훈씨의 추태를 성토하는 사람이 없으니 무슨 면목으로 하나님 앞에 이들이 기도를 올릴지 면구스럽다.

하나님 저주를 묵인하고 지나가면 그만큼 신앙생활의 질이 악화되는 셈이다. 목사가 하나님에게 심한 욕설 저주를 퍼부어도 괜찮은 사회, 이런 사회를 결코 정상적인 사회라고 볼 수는 없을 것이다.

워싱턴 지역에서도 전광훈씨의 정치 행보에 동조하여 여러 사람이 지원한다는 소식도 들었다. 그러나 이 분들도 그의 신성모독에 크게 실망했으리라 사려된다.

전광훈씨는 감옥에서 풀려나면 기도원에 머물며 하나님을 향해 깊이 반성하고 기도하는 것이 신앙인으로서의 예의가 아닐까. 거듭 거듭 옳다고 생각하고 기도하는 마음으로 이 글을 썼다.

〈2020년 3월 8일〉

신비의 여로, 고독 환상곡

　코로나 19 바이러스 팬데믹이 지구 전체를 압도해 버렸다. 인간 모두가 포자씨처럼 허공으로 흩어져 존재감을 상실해 가고 있는 분위기다.
　불후의 명작 '레미제라블'을 쓴 빅토르 위고는 주인공 장발장을 통해 "눈물 젖은 빵을 먹어 본 사람이 아니면 인생의 참맛을 모른다"라고 했다. 이제 위고의 설파를 승화시켜 "코로나 바이러스의 고독, 슬픔, 평화의 참맛을 전율해 보지 않고서는 삶의 원론을 꺼내 들지 말라"고 해야 할 단계인 것 같다.
　분주한 나의 생활 습성이지만 고독을 즐기는 나만의 취향도 있다. 심오한 인생철학을 사색하는 것도 아니고 막연히 무념의 상태로 빠져 들어가는 버릇이 언제부터인가 몸에 배어 버렸다. 그래서인지 코로나 바이러스의 잔인성을 증오하면서도 한편으로 그가 만들어낸 인간 단절, 이 기묘한 풍속도를 저항감 없이 받아들이고 있는 것이 솔직한 고백이다.
　레프 톨스토이는 나이 50을 넘어서 '참회록'을 썼다. 갖가지 편력과 방탕 등 순수한 그의 양심 술회가 값진 교범이 되어 내 고독의 시간을 채울 때도 있다.
　지난 5개월 간 코로나 바이러스의 부산물로 내게 던져진 고독의 시간, 값진 시간이었든 무의미한 시간이었든 상관없이 내 인생 역정에 잊지 못할 회억으로 뚜렷이 남을 것만 같다. 고독의 긴 시간 동안 몇 번이고 끝없는 우주공간을 헤매고 돌아오기도 했다.

이 생소한 경험에 취해 나 스스로에 대한 갖가지 궁금증을 풀다 말고 눈물을 흘리기도 했다. 먼지보다도 더 작은 미립자로 허허공공 구만리장천을 부유하다 창세기 때 기적적으로 지구에 내려앉았고, 그리고 어찌어찌 수백만 년의 세월이 흐르고 그리고 지금 나는 무엇을 하고 있는 것인가. 도대체 '나'라는 존재가 무엇인가, 소년처럼 자칫 유치한 상상 앞에 민망함이 저며 들기도 한다. 수처작주(隨處作主), 어느 곳에서나 자리 잡고 앉아 주인이 되라는 말이다.

석가모니가 본래부터 아무것도 없었던 것을 깨닫고 영원으로 니르바나 성령을 얻으면 됐지 무슨 형상이 필요한 것이냐고 가르친 것이다. 예수의 산상기도, 독방 홀로 기도, 그 모습을 상상하며 다시 한번 교회나 절에서 예배나 불공을 드려야만 하느님을 만나는 것인지, 득도에 이르는 것인지, 고독이나 외로움이 '참 진리'를 터득하는 지름길임을 일깨우는 것 같다. 코로나 바이러스의 팬데믹 광풍은 놀랍게도 인류의 새로운 신앙 풍속도를 창출해 내고 있는 것만 같다.

이 새로운 풍속도는 '방하착(放下着)'을 본령으로 제시할 것 같다. 모든 것을 내려놓고 마음의 평안을 얻어 정착하라는 불타의 가르침이다.

"병 속에 바나나를 움켜쥐고 있는 원숭이는 결코 손을 뺄 수가 없다. 손에 잡은 것을 풀어 놓아야만 병에서 손을 빼 낼 수가 있다."

집착을 버려야만 자유로워지는 것이 진리이다. 모든 인류가 매일같이 쉬는 시간도 없이 더 많이 소유하고, 더 잘 먹고, 더 잘 입고 터무니없이 더 높아지려는 탐욕에 속박돼 있지 않은가.

인류 문명에 대한 자학적 사고인가, 끝 모를 AI(인공지능)의 진도는 로봇 아내, 목사, 반 고흐와 파블로 피카소보다 더 좋은 그림을 그릴 수 있는 화가, 베토벤이나 모차르트보다 더 감동적인 작곡가를 만들어 낸다. 새로운 생명을 만들어 수명을 좌우하고 우주공간을 제멋대로 여행할 수 있는 날이 다가오고 있다.

이런 현상들 모두가 '신의 영역'을 인류가 침범하고 있는 것이 아닌가. 그러니 이런 추악한 집념 앞에 코로나 형벌의 등장은 필연일 수밖에 없다는 충동이 밀려온다. 물론 '잘못 배운 놈들', 얼치기 논리, 교언영색(巧言令色), 곡학아세(曲學阿世), 세상 어지럽힘도 코로나 등장에 한몫했을 것이다.

길고 긴 코로나 바이러스로 내게 던져진 고독의 시간을 공개하자니 그 내용이 너무도 다채롭다. '중용의 도'를 가르친 장자는 호랑나비가 되어 밤새도록 꽃밭을 날다가 깨어나서 '호접몽(胡蝶夢), 현실 세상과 영혼의 세계가 하나인 것에 감탄했다. 장콕토의 자유에 대한 열망, "내 귀는 하나의 소라껍질, 그리운 바다의 물결 소리여"라고 어떤 그리움을 절규했고, 알프레드 테니슨은 '스완송'을 읊어 일평생 한 번 밖에 부르지 않는 백조의 노래를 갈망했다.

고독은 어찌 보면 무한대의 공간이다. 슬픔도, 기쁨도, 낭만도, 애련도 모두 수용할 수 있는 마음의 무한대 공터다. 황혼 무렵 외롭게 '술 익는 마을'을 걸어가던 박목월은 "구름에 달 가듯 가는 나그네"라고 고독을 노래했다. 원로 영문학자 변만식의 영문 번역시가 한층 더 양 미간을 자극해 온다.

'덕불고(德不孤)', 사랑으로 덕을 베풀고 살아가면 결코 외로울 수 없다는 공자의 가르침이다. 코로나 위세에 굴복한 것은 아니지만 그가 우리에게 밀어낸 고독이라는 화두와 어떻게 어울리고 있는지를 누구에겐가 고백하고 싶었다. 내게 있어 코로나 고독과의 신비스러운 스토리는 계속 이어질 것만 같다.

〈2020년 7월 15일〉

뒤만 돌아보면 앞이 보이지 않는다

요즘 한국사회가 너무 혼란의 연속이다. 역대급 막장 드라마가 매일같이 연출되고 있다. BC 8세기에서 BC 3세기, 중국 춘추전국시대에 각 나라마다 학자들이 주장을 들고 나와 논쟁을 벌이는 이론 광풍이 요란했던 시절이 있었다.

이른바 '일견명(一犬鳴), 백가쟁명(百家爭鳴)' 풍자가 유래되었다. "개 한 마리가 뭔가를 보고 짖어대니 온 마을의 개들이 덩달아 영문도 모르고 따라 짖어댄다"라는 말이다. 그래도 그 시절에는 학자들이 나름대로 철학과 휴머니즘을 바탕으로 순수성 짙은 풍조가 있었다.

오늘의 대한민국, 운영지표가 보이질 않는다. 나라를 누가 무슨 철학으로 어떻게 어디로 이끌고 가는 건지 문자 그대로 깜깜이 진행이다. 남북이 제각각 사상논쟁으로 서로 물고 찢고 짓밟고 죽이는 비극이 끊임없이 이어져 오고 있다. 우리 한민족에게 정녕 슬기와 지혜와 관용과 아량이 없단 말인가.

지난달 타계한 백선엽 장군 장례절차를 놓고 한바탕 소동이 있었다. 고 백 장군은 우리 국군 창설 공로자이자, 공산주의로부터 대한민국을 수호한 전쟁 영웅이다. 현충원에 그의 묘 자리 몇 평마저 안 된다고 펄펄 뛰는 옹졸하고 인색함에 비애가 느껴진다.

그가 26세 젊은 나이에 일본군 중위로 만주 토벌군 소속으로 복무했었던 사실은 결코 묵과할 수 없는 행적이다. 그러나 그는 고국에 돌아와 평생 동안 헌신하고 크게 공적을 세우기도 했다.

그가 일제시대 고위관직에 앉아 이완용 등 을사오적처럼 나라를 팔아먹은 큰 역적질을 했다면 용서할 틈새가 없을 것이다. 하지만 일제 식민지하에서 독립운동에 직접 참가한 사람 빼놓고 창씨개명 하지 않은 사람이 과연 얼마나 됐었나. 이제 와서 백 장군의 공적은 다 지워버리고 한 자락 오류만을 들고 나와 징벌하려는 주장은 선뜻 내키지가 않는다.

저우언라이(주은래), 장제스(장개석) 총통도 일본 유학파 출신이다. 두 개의 일본 이름까지 가졌던 박정희(다카키 마사오, 오카모토 미노루) 전 대통령은 말할 것도 없고, 북한 김일성도 스탈린의 총애를 받던 소련군 대위 출신이다. 한국군 창설 공로자들, 이형근(군번 1번), 송요찬, 김석원 등 뚜렷한 장성들이 일본군 출신임을 어쩌랴.

성경책에도 '돌아온 탕자 이야기'가 있다. 물론 홍범도, 김좌진, 김원봉 같은 불멸의 애국자들을 더더욱 기리고 추모해야 한다. 그러나 일본이 패망하고 한 세기가 지나간 이 마당에 '과'만 물고 늘어져 '공'을 밟아버리려는 편견 또한 버려야 할 것이다.

남아공의 백인정부에서 27년간 옥살이를 하고 대통령이 된 흑인 지도자 넬슨 만델라의 첫 연설은 "모든 것을 용서하겠다. 그러나 잊지는 않을 것이다"였다. 지나간 역사를 대하는 우리들 모두가 귀담아 들어야 할 명언이다.

고 백 장군의 서거에 미 국무성에서 애도 성명을 내고 미 군부 지도자들이 그의 공적을 치하하며 조문한 것을 두고 '한국 광복회'에서 트럼프 미 대통령에게 "내정간섭 말라"는 항의서한을 보냈다던데 참으로 기가 막힌다.

아까운 인재들을 버리고 이렇게까지 악을 쓰고 단세포적인 사고로 과거를 규탄하려면 우리 삼국시대 이후 당, 송, 원, 명, 청에 빌붙어 아부하던 사대주의자들 모두를 부관참시라도 해야 하는 것 아닌가.

무릇 국가라면 청탁불문 모든 국민을 끌어안고 가는 게 마땅한 도리다. 일시적 반역을 이유로 영구 응징을 논하는 것은 오히려 민족분열 사고로 지적받을 수도 있다. 이순신도, 영국의 넬슨도, 프랑스의 나폴레옹도 심지어 독일 나치의 롬멜은 국적과 관계없이 지금도 칭송받고 있다. 이것이 어찌 내정간섭이란 말인가.

전 민정당 대표 윤길중은 21세에 일제 사법, 행정 양과에 합격하고 전남 무안 군수로 부임한 후 식민공출 정책에 항거, 조선농민 보호에 공을 세웠다. 그의 공덕비는 지금도 현지에 보존돼 있다. 일본 지배 아래 관리를 지냈다고 해서 모두 친일파로 매도하지는 말아야 한다. 모두가 자기 영역에서 저항정신과 조선인의 자존심을 지키려 노력한 사람들도 많이 있었다.

지금 한국에서는 갈피 잡을 수 없는 보수 진보 이념논쟁, 다수의 횡포와 홍위병 식 세몰이, 독립이 보장돼야 할 감사원장과 검찰총장에 대한 뭇매 작태에 검사장 급들이 활극까지 빚어내는 지경이다. 거슬러 보면 치졸한 세력다툼이다. 양보와 단결의 진리만 깨달으면 중도노선의 진리가 보일 것이다.

한참 철 지난 보수니 진보니 하는 흘러간 옛 노래 틀고 앉아 뒷걸음질 치지 말고 다 같이 힘 합쳐 중도노선으로 힘차게 달려야 한다. 너무 뒤를 돌아보면 앞이 보이지 않는다. 현대 세계는 정의냐, 불의냐, 손해냐, 이익이냐의 실존주의를 추구한다. 사상논쟁은 후진적 작태다.

〈2020년 8월 5일〉

이 가을의 정취, 축배와 찬가

　가을이 오면 습성처럼 꼭 집어 표현할 수 없는 신비스런 우수가 밀려온다. 내게 있어 가을은 떠난 사람들이 그리워지고, 있을 법 했던 환상의 과거사에 대한 아쉬움에 문득문득 서러워지는 계절이다. 속세가 번잡한 소음들로 소용돌이 쳐도 가을의 침잠한 정서는 곧장 평화로 접어들게 만든다.

　가을 정취에 젖어들면 어느새 술잔을 들게 되고 그리하여 취기가 오르면 또다시 표현 못 할 황홀감에 빠져든다. 클로드 모네가 그린 자연 풍광이나 어디론가 달리고 싶어 몸부림치던 신체장애인 로틀렉이 그린 '길', 길게 뻗은 가로수들을 머릿속에서 즐겨본다. 확실히 내게 있어 가을은 변신의 계절이고, 슬픔의 계절이고, 우수의 계절이다.

　아직도 내 심장에는 젊은 혈맥이 요동치고 흰 백발만 날리는 머릿속엔 과거와 현재와 미래가 뒤엉켜 갈등을 겪어내고 있는 건가. 해마다 찾아오는 가을이지만 내게 가을이 몰고 와 안기는 갖가지 감상들 앞에 번번이 저항 한 번 못해 보고 굴복해 버린다. 가을이 발산하고 있는 그윽한 애정의 향기는 한껏 음악의 갈증을 느끼게 만든다.

　구태여 평소 즐겨 듣는 베토벤의 '전원'(교향곡 6번, Pastorale)이나 구노의 '아베마리아'나 이브 몽땅의 샹송 '고엽'(Autumn Leaves)을 감상하지 않아도 좋다. 패티 김의 '가을을 남기고 간 사랑', 이용의 '잊혀진 계절'도 심금을 울리기는 마찬가지다. 비발디의 사계(Four Seasons)는 일 년 내내 아무 때나 들어도 좋으니 다소 헤픈 기분이 들지만 이 계절 한 가운데선 차라리 "오동잎 한잎 두잎 떨어지는 가을밤에 어디선가 들려오는 귀뚜라미 우는 소리"로 술잔을 들게 만든다.

올해에는 코로나 바이러스까지 사람과 사람 사이를 단절시켜 곳곳에 외로움을 쏟아 놓았다. 옛날 선대들의 가을 감상이 떠오른다.

"추색이 만연하니 미친 흥이 절로 난다… 솔불혀지 마라. 어제 진달 돋아온다. 짚방석 내지 마라. 낙엽엔들 어떠랴. 아해야 산채박주 일망정 없다말고 내어라…"

고대 로마 청년들도 가을이면 "묘지를 밝히기 위하여 관솔불을 켤 필요는 없다. 우리에게 술을 주신 박카스 신을 위하여 마시고 또 마시자…"고 했다.

동서고금 세계 어디서나 옛부터 가을은 인간들에게 모든 시름을 내려놓게 했었나 보다.

오랜 세월이 흘러도 가을은 언제나 옛날 일들을 머릿속에 다시 그려 보게 만든다. 미국에 온지 얼마 안 되어 있었던 일화 한 토막이다.

샌프란시스코에서 1번 국도를 타고 50여마일 떨어진 바닷가의 매우 한적한 카페(bar), '노스탤지어'에 우연히도 가끔 들렸었다. 나 홀로 드라이브를 즐기는 취미가 있어 자주 들렀던 그 카페 창밖으로 바다가 보이고 왼쪽으로 숲이 울창하여 가을이면 경치가 화려했다. 그 외진 곳에 '제시카'라는 이름의 여주인은 매우 우아했고 친절했다. 미국에 와 첫 가을에 만났던 그 여인, 지금 어디서 무엇을 하고 있을까. 가을은 분명히 잊을 수 없는 옛 추억을 되살아나게 하는 힘이 있는 계절인 것 같다.

그 많은 인연들, 사연들, 추억들, 모두들 어디로 흩어져 어떻게 되었는지. 가을의 보이지 않는 위력 앞에 아쉬움만 차오른다.

"아 세월은 잘 간다. 나 살던 곳 그리워라. 가슴에 날 품어다오~, 가슴에 날 품어다오, 너를 사랑해, 이-맘 아야야, 이 마음을 바치리라…"

가을이면 고향생각이 더욱 더 사무쳐 온다. 알 수 없이 북 받혀 오르는 설움을 달래려 야외로 나간다.

셰넌도어 가는 길에 누가 언제 씨를 뿌렸는지 길고 긴 코스모스 행렬이 평화로운 갈채로 위로를 안겨준다. 은막의 스타에서 모나코 왕비가 되었던 그레이스 켈리를 늘 코스모스와 비교했다. 내 아내도 코스모스와 같은 정을 느껴 지금까지 함께 인생길을 걷고 있다.

올 가을에는 유난히도 삶의 정경이 머릿속 화폭에 자주 담겨진다. 올해에도 가을 밤 하늘, 별들이 더욱 더 반짝이겠지… 시력 장애가 안타깝다.

오! 이 거룩한 2020 가을을 위해 축배를 들어야겠다.

〈2020년 11월 9일〉

3.1 독립선언과 일본의 본색

1919년의 3.1 독립운동이 올해로 102주년을 맞는다. 독립선언문의 첫 구절 "우리는 오늘 조선이 독립한 나라이며, 조선인이 이 나라의 주인임을 선언한다"라는 그 당시의 절규가 왠지 한 번 더 울려야만 할 것 같아 전율을 느낀다.

일본은 애초부터 우리 민족의 절멸을 시도했다. 그들은 민비를 살해하고 고종 황제를 폐위시켰다. 대한제국 군대를 강제 해산하고 외교, 치안 등 모든 국가 권한을 빼앗아 갔다. 한반도의 지하자원과 궁궐, 사찰 등지의 국보급 명품, 명화들을 모두 강탈해 갔다. 현재 일본 관민이 소장하고 있는 우리 문화재가 줄잡아 2백만 점이라는 학계의 조사 보고도 있다. 그들의 도둑질은 이루 필설로 열거하기 힘들 정도다.

일본은 다수의 저항하는 지식인들을 모두 처형하고 심지어 '사회안전법'이라는 법까지 만들어 일상 언어나 행동이 조금만 똑똑해 보여도 반항의 기미가 보인다하여 '불령선인(不逞鮮人)'이라는 죄명 아닌 죄명을 씌워 투옥하고 고문했다.

아무튼 왜구는 민족의 근본을 지우려 창씨개명을 강요하고 불응하는 백성에겐 불이익을 안기고 협박했다. 한반도의 맥을 끊어야 한다는 '풍수지리설'까지 동원해 서울 한복판의 북한산을 비롯해 전국 명산 봉우리에 쇠심(철심)을 박는 저주를 서슴지 않았다.

왜구들은 동양척식회사를 설립하여 악랄한 이자놀이로 전국 농토의 대부분을 잠식해 들어갔다. 1923년 간토(관동) 대지진 때는 "조선인들이 우물에 독약을 풀었다"라는 등의 루머를 퍼뜨리고 우리 동포들 수 천 명을 학살했다.

이토록 우리에겐 죄악 자체였던 일본의 지금 태도는 어떤가. 후안무치하게도 그들은 위안부 성노예 범죄, 강제징용 등도 부정하고 그들의 최고 행정기관이었단 '태정관' 공문서에도 조선영토라고 기록돼 있는 우리의 '독도'를 자기네 섬이라고 날조극을 벌이고 있다.

일본은 세계 2차 대전 때 같은 침략국이었던 독일을 배워야 한다. 독일은 전쟁 때의 만행을 참회하며 피해국들에 대해 사죄하고 보상과 배상을 하는 모범을 보이고 있다. 수 백 년 동안 싸웠던 이웃국가들과 화해하고 특히 견원지간이던 프랑스와는 공동 역사책을 발행하여 두 나라 각급 학교에 공급하고 있다. 역사책 공동 집필의 이유는 어느 편에도 억울한 허위 사실 기재를 예방하기 위해서라는 것이다.

일본의 행태는 정반대다. 특히 1930년부터 45년까지의 역사 기록은 대부분 삭제하고 학생들에게 잘 가르치지도 않는다. 한반도와 중국 '침략'을 '진출'이라고 하거나 남경(난징) 30만 대학살극도 남경 진출로 호도하고 있다.

일부 극우파는 전범기업, 미쓰비시를 통해 자금을 풀고 워싱턴에 연구소를 차리는 등 역사 지우기에 혈안이 돼 있다. 최근 하버드대 교수인 마크 램지어의 논문 소동도 그들의 공작이다. 독일처럼 회개라는 진실을 찾아 존경받는 국가가 되어야 한다.

우리 스스로의 잘못 또한 감출 의도는 없다. 동학혁명 당시 고종과 민비가 일본군을 끌어들여 제압하려던 것이 큰 실책이었다. 민중의 요구대로 인권을 보장하고 참정권을 부여하는 화해의 손을 내밀었더라면 국면 전환의 계기가 있었을 것이다.

어느 고관대작 부호의 가문에서 평생을 살아온 늙은 노예가 후손들에게 "잘 먹고 잘 살았던 노예의 시절이 행복했다"라고 술회하여 망신당한 일화가 기억난다. 우리 선조들 가운데 "일제시대가 좋았다"라고 회상하는 본질 망각 이기주의자들은 없는지 반성해 볼 일이다.

우리는 지금 일본의 무역보복에 역전승을 거두고 앞서가고 있는 중이다. 특히 문화 예술 분야는 전 세계인의 심금을 압도하고 있다. 일본의 방해로 개화가 좀 늦었다고 열등감을 갖는 것은 비굴한 사상이다. 한반도 절반만 가지고도 세계 12위권 안에 드는 일등 국가로 인정받고 있다.

어느 철학자의 "비극의 역사를 잊은 민족은 반드시 비극을 되풀이한다"는 명언을 기억해 두고 싶다. 지금 강대국들은 분단 한반도를 어떻게 요리할까를 궁리하며 경계하고 있다.

1919년 3.1 독립선언은 우리 민족의 각계각층 대표 33인 선열이 세계만방에 우리의 기백을 포효했던 거대한 선언이었다.

잊지 말자 3.1 정신!

〈2021년 2월 25일〉

대북 전단 살포, 현명한 일인가

　대북전단(삐라) 살포가 남북 간에 적지 않은 파장을 일으키고 있다. 적지에 삐라 살포는 이미 한물간 낡은 교란, 선동행위이다. 지금은 컴퓨터 시대다. 북한에서도 250여만 대 이상의 셀폰(Hand Phone)을 일반인들이 사용하고 있다. CD, 비디오 등이 대량으로 밀반입되어 북한 당국도 골머리를 앓고 있다는 소식이다. 남한 문화의 유입으로 북한 인민들의 생활양식이나 언어 습성까지 바뀌었다고 소식통들이 전하고 있다. 북한은 이미 남한 비디오를 보다가 적발되면 10년형에 처한다는 포고령을 내려놓은 상태다. 이런 판국에 전단(삐라)을 살포하며 기고만장하는 게 어울리거나 하는지 의아스럽다.
　게다가 1달러짜리 5,000장을 50만장 전단에 뒤섞어 뿌렸다는 발표는 더 한층 의도를 어리둥절하게 만든다. 과연 삐라 대북 살포가 시의에 맞는 그리고 현명한 일인지 납득이 안 된다.
　남과 북은 이미 상호 비방금지(방송, 유인물 포함)를 합의한 바 있다. 이 합의를 먼저 깬 것은 북한이다. 북한이 합의를 어기고 대남방송을 틀어놓다가 남한의 맞대응 방송에 확성기 성능이 열세를 보이자 슬그머니 꼬리를 내린 사실이 있다. 그리고 대남 전단 살포는 효용성과 제작비용 부담으로 중단하고 있는 상태다. 북한은 정치, 경제, 제반 상황이 긴박하여 조만간 붕괴 상태에 직면할 수도 있다는 관측마저 있는 실정이다.

이런 가운데 남북합의 내용 중 겨우 하나를 지켜오고 있는 것이 '상호비방 중단, 전단 살포 금지' 조항이다. 그렇지 않아도 북한은 사사건건 우리를 트집 잡고 협박을 일삼고 있는 중인데 '대북전단 살포'야말로 우는 아이 뺨 때리는 격이 아닌가.

북측은 "남조선은 말끝마다 평화공존을 제안해 오면서 한편으로는 우리 존엄(김정은)을 비난, 욕보이고 있다"라며 길길이 뛰고 있다. 북측의 발작적 협박에 겁내는 게 아니다. 양측 간 화해의 길을 모색하자 해놓고 전단 살포를 하는 것은 도발이요, 내부 교란 선동이라는 것이 북측의 불만임을 참작하자는 것이다.

따라서 일부 탈북단체의 대북전단 살포는 북한에 반발 빌미를 제공하는 셈일 수도 있다. 북한이 먼저 합의사항을 준수하지 않는데 우리는 당하고만 있느냐는 항변도 십분 이해한다. 그러나 냄새나는 자와 뒤엉키면 둘 다 냄새가 나기 마련이고, 대화의 실마리마저 놓칠 수 있다는 우려도 감안할 수밖에 없지 않은가.

대북 전단 살포를 주도하고 있는 '자유북한 운동연합'은 탈북 동포들이 이끌고 있는 것으로 알려져 있다. 이분들의 북한에 대한 분노와 탈북 용단이란 의거를 높게 평가하는데 인색할 의도는 없다. 그러나 반북 투쟁은 탈북단체만의 전유물이 아니다. 더군다나 대북관계에 있어서 초법적 행동까지 용인되지 않는다는 것을 분명히 인식해야 할 것이다. 전단 살포 고집은 전쟁 논리로 해석될 수도 있다.

"로마에 가면 로마인이 돼라(When in Rome do as the Romans do)"는 격언이 있다. 일단 대한민국에 왔으면 누구를 막론하고 대한민국 법을 따라야 한다. 나라에서 하지 말라는 짓을 어기면 제재를 받게 마련이다.

남북통일 문제가 원한이나 분노의 표출로 해결될 수 있겠는가. 민족 전체의 최대공약수와 정리된 요구사항을 양측 정권 차원에서 풀어가는 것이 순서일 것이다.

자유북한연합 박상학 대표가 "문재인 대통령은 북한 편에 서서 남한을 공격해 온다"라는 요지의 '여적죄'로 고발을 했다던데 심한 망발로 판단된다.

박상학 씨는 전단 살포 금지를 언론탄압이라고 격분하는 모양이던데 대북 발언을 함부로 하는 것이 언론자유라는 주장 또한 황당 억지 논리이다.

최근 우리 정부는 "대북전단 살포 금지를 어기면 3년형에 처한다"는 법안을 통과시켰다. 정부는 반북을 빙자하여 제 맘대로 행동하고 오히려 우리 내부를 교란 분열 책동하는 자들에 추상같은 법의 위엄을 보여줘야 한다. 문재인 정부의 고충도 참작할 만한 점이 있다.

소크라테스는 로마 법정에서 유명한 명언을 남겼다. '악법도 법이다(A law is a law, however undesirable it may be).'

이런 어록을 여기에 쓸 수밖에 없는 것이 우리 민족의 숙명인가. 갖가지 감회가 겹친다.

〈2021년 5월 19일〉

6월 매미들의 대합창 소감

여름 어귀인 6월초, 브루드 X(Brood X) 매미들의 대합창에 취해 있다. 행복한 비명이란 표현을 써도 될까. 이른 아침 창밖에서 울려오는 매미들의 대합창, 신비한 생명력을 호흡한다. 분명히 이런 일상은 축복임에 틀림없다.

아무튼 올 6월은 내게 있어 매미들의 음악축제에 젖어 황홀하게 흘러가고 있다. 오! 저 웅장한, 한편으론 겸손하고 그윽한 수백억 마리 매미들의 대합창은 신의 소리가 아니던가. 수많은 이 매미들이 저마다 '판소리' 명창처럼 득음(得音) 경지에 어떻게 오를 수 있었단 말인가.

귀먹은 루드비히 베토벤(Ludwig van Beethoven)이 하늘로부터 내려온 그 소리, 영감으로 받아 적은 마지막 교향곡 '대합창(제9번)'. 어찌해서 수백억 마리의 매미들의 음정, 박자 하나 틀리지 않고 화음을 이루며 이렇게도 유려한 대합창을 쉬지 않고 공연할 수 있단 말인가. 이 매미들의 대합창은 환상으로, 슬픔으로 어떻게 감사해야 할지 돌연 신비로움이 감돌면서 무아(無我) 지경으로 빠져들고 만다.

13세기 초 고려 때 몽고군의 침략을 막아내려는 염원으로 팔만대장경을 만들었다. 과장하지 않고 말해도 팔만대장경의 완성은 세계 인류가 기적의 표본으로 삼아도 손색없는 대작이다. 연인원 수 만 명이 동원돼 바닷물에 절였다가 꺼내서 말린 송판 위에 불경을 각인해

놓은 것이 팔만대장경이다.

　그런데 이 팔만대장경 필체(글 모양)가 한 사람이 쓴 것처럼 한 자도 틀림없이 똑같다. 이것이 기적이 아니고 뭔가. 경상도 합천 해인사에 팔만대장경이 보관돼 있다.

　현대 문명의 기기인 에어컨이나 통풍 환기 장치나 방부제 하나 안 쓰고 고스란히 원형 그대로 보관하고 있다. 오히려 안전 보존 강화를 위해 에어컨 등을 설치했더니 작품에 손상이 가고 훼손 징조가 보여 즉시 철수시켰다는 소식이다. 팔만대장경, 누가 이를 기적이 아니라고 말할 수 있단 말인가.

　매미들의 곡조와 박자와 음향이 한결같은 이 현상에 팔만대장경과 뭔가 일맥상통하는 감각이 와 닿는다. 17년 동안 땅속에서 매미들의 수행목표가 무엇이었는지, 그리고 어느 날 동시에 깨달음을 얻고 일제히 같은 곡목을 합창하는 그 동기에 신비감이 더해진다. 신의 소리인가, 한 맺힌 절규인가. 아니 하늘과 소통한 그 기쁨을 자랑이라도 하는 건가. 도무지 수백억 마리 매미들의 거대한 음악 데몬스트레이션(demonstration) 앞에 한없이 왜소해지는 나 자신을 절감하지 않을 수가 없다. 이 매미 군들의 억양, 박자 하나 틀리지 않는 부르짖음인지 노래인지도 확실치 않은 메시지 내용이 무엇인지도 알 길이 없어 답답함 또한 고백하지 않을 수가 없다.

　어느 옛 시인은 "매아미 맵다 하고 쓰르라미 쓰다 하네, 매워도 맵다 말고 쓰도 쓰다 말고, 눈감고 귀 막고 보도 듣고 말리라"라고 읊었다. 누가 뭐라 해도 유럽 일대와 미 동부 지역에서만 나타난다는 특이한 17년 만의 매미의 대향연은 감상하는 사람들 각자의 몫으로 나누어 놓겠다. 하루 이틀 천둥 번개 비가 내리더니 매미들이 일제히 합창을 멈췄다. 이 신비로운 행동통일에 갖가지 있을법한 상상들이 머릿속에 맴돈다. 진퇴가 분명해야 한다는 저들의 계율인가.

계절따라 여기 저기 장미는 만발하였는데 사명을 다 한 매미 시신들이 하늘을 보고 누워있다. 영혼이 빠져나간 육신의 무의미함을 증언하는 것일까. 수백억 거대한 브루드X 매미 군단이 뭔가 인류에게 경고나 교훈을 남기고 갔는데 그 진의가 제대로 우리 영혼과 교감되지 못한 것 같아 아쉽기 그지없다.

밤낮을 가리지 않고 그렇게도 내 심금을 흔들고 간 매미들의 17년 만의 외출 그리고 그들의 혼백은 어디로 누구를 찾아가 버린 걸까. 예수님이 십자가에 못 박혀 "다 이루었도다, 다 이루었도다"를 마지막으로 하신 말씀처럼 그들도 신이 내린 소명을 이루고 떠난 것이 아닌지 미련이 길게 이어진다.

아무튼 올해 6월은 매미들이 남긴 알 듯 모를 듯 그러면서도 한껏 호기심과 신비스러움의 경지에 빠져 지나가고 있는 중이다.

〈2021년 6월 15일〉

DJ 타계 12년, 그리운 리더십

후광 김대중 전 대통령이 타계한지 18일로 12주년을 맞았다. 대선을 앞둔 한국 정치판의 저질 소동들 때문일까, 그의 빈자리가 너무나 크게 느껴진다.

김대중(DJ)은 타고난 정치인이었다. 불굴의 민주신념과 투쟁정신, 또한 총명 민첩한 리더십으로 나라를 이끌었다. 박정희 정권 이래 전두환, 노태우에 이르기까지 30년 군사독재를 종식시키고 김영삼(YS) 전 대통령이 민주정치의 토대를 닦았고 그 뒤를 이은 DJ가 민주주의를 더욱 정착시켰다.

역사가들은 흔히 DJ를 16세기 이탈리아의 니콜로 마키아벨리의 '군주론'을 인용하여 비교하지만 거기에 선뜻 수긍이 가지 않는다. 군주론 가운데 흔히 회자되는 '군주가 국민의 사랑을 받으려면 수단 방법을 가리지 않는다'라든가 '여우도 되고 사자도 되어야 한다'라는 논리가 DJ에게 부합하는 주장은 아닌 것 같다.

DJ는 흙수저 출신으로 난관이 닥칠 때마다 맨몸으로 부딪쳐 극복하는 삶을 이어갔다. 그는 집권하자마자 그렇게도 자기를 탄압했던 세력에게 주저 없이 화해의 손을 내밀었다. DJ를 28년간 옥고를 치르고 나와 백인정부와 화해한 아프리카 최초 흑인 대통령 넬슨 만델라와 비교하는 것이 결코 무리가 아니다. DJ는 박정희의 최측근이던 박태준, 2인자 김종필과 손을 잡았고 첫 비서실장으로 김중권(경북

울진, 민정당 의원)을 임명했다.

 5.18 군사법정에서 자신에게 사형선고를 내렸던 전두환, 노태우를 사면하는 관용을 베풀기도 했다. 박근혜가 추진하던 '박정희 기념관 건립'에 700억원을 지원하여 감동을 주기도 했다. 과감히 국민통합정치를 실천했던 것이다.

 DJ가 국가부도 위기(IMF)에서 나라 경제를 구해낸 것은 역사에 길이 남을 업적이다. DJ는 통일이념으로 '햇볕 정책'을 내걸고 분단 이후 처음으로 남북정상회담을 성사시켜 한국인 최초로 영광의 '노벨 평화상'을 수상했다.

 그는 일본을 공식방문, 의회연설에서 패전 일본의 자유 민주주의 선택과 경제 부흥을 평가하면서 "이제라도 일본이 피해 받은 나라에 진심어린 사과를 한다면 도덕적으로 존경받는 나라가 될 것"이라고 열변을 토해 일본 의원 전원이 열띤 기립박수를 보낸 기록도 있다. 이후 일본의 왕 히로히토가 "통석의 념'을 금할 수 없다"라는 사과 성명을 발표하게도 했다. 그때부터 한일 양국은 경제 분야와 함께 문화, 예술 교류가 대폭 확대되기 시작했다.

 세계 학자들의 국가 지도자 덕목을 논하자면 '지성·주도성·외향성·열중성·공평성·동정심·자신감·정직성·유머감각' 등 인격성 특성을 꼽는다. 대통령론을 연구하는 학자들은 1. 비전 제시 2. 설득 3. 순수성 4. 열정 5. 판단력 등을 평가기준으로 삼기도 한다.

 DJ가 여기 항목들 가운데 몇 개가 해당되고 안 되고는 각자의 주관에 따라 다를 것이다. 하지만 중국 후한 삼국지의 유비, 조조를 놓고 DJ의 스타일을 비교해본다면 두터운 인품의 유비보다는 경세가였던 조조의 스타일과 맞을 것 같다.

 그러나 DJ도 씻을 수 없는 오점을 남기기도 했다. 전 국민의 여망이던 YS와의 단일화 실패를 지적하지 않을 수 없다. 두 사람의 분열은 노태우를 당선시켜 군사정권 5년 연장을 가능하게 해주었다. 끝내 두 사람은 단일화 실패에 대한 책임도 사과도 없었다.

또한 4억5,000만 달러 대북 불법송금 사건도 지워버릴 수가 없다. 이 사건으로 후임 노무현 정부로부터 수사 받는 도중 현대건설 정몽헌 회장이 투신자살 하고 비서실장이던 박지원(현 국정원장)이 실형을 언도받기도 했다. 이런저런 우여곡절을 겪었지만 아무튼 DJ는 임기응변에 능하고 총명한 치세의 달인이었음에 틀림없다.

지금 우리나라는 남북관계, 대일외교 등이 극한 상황에 놓여있고 국내 경제가 호황이라고는 하지만 빈부격차의 심화 그리고 부동산 주택문제가 손 쓸 수 없는 지경에 이르고 있다.

대선 출마 후보들 가운데 국가의 절박한 과제들을 유능하게 해결해 갈 만한 인물이 보이지 않는다. DJ 롤 모델이 한층 더 아쉬워지는 이유다. YS, DJ 당시에는 정치가 있었다. 지금은 정치가 없고 분열, 격돌의 이전투구만 보인다. YS, DJ의 시절이 그립다.

〈2021년 8월 20일〉

12월 단상, 낙원의 부활

해마다 12월에 들어서면 버릇처럼 오 헨리의 단편 '마지막 잎새'를 반추하며 애수의 눈물을 흘리곤 했다. 아마도 고교시절 무렵이었을 것이다. 한 소녀 환자가 꺼져가는 자기의 생명을 창밖의 나무 잎사귀들이 찬 비바람에 떨어져 나가자 마지막 잎새 하나가 떨어질 때까지를 한계상황으로 그려 놓은 글이다. 그 나무 잎사귀는 바로 아래층에 살고 있던 어느 노 화가가 소녀 환자를 격려하기 위해 몰래 그려 붙여놓은 잎새였다.

올해도 어김없이 찬바람 불어 을씨년스러운 겨울이 찾아왔다. 한동안 먼 옛날의 전설처럼 잊혀 있던 오 헨리의 '마지막 잎새'가 묵묵히 나의 정서 한 귀퉁이를 차지하고 있음이 웬일일까. 연륜이 쌓여가는 탓일까.

12월 마지막 남은 달력 한 장이 눈 비바람에 애처롭게 시달리고 있는 '마지막 잎새'처럼 감성 신경을 흔들어 오면서 오래 전의 추억들과 올 한해의 수많은 회한들이 함께 밀려와 나를 압도해 버린다.

올 한 해를 나는, 아니 우리 모두는 어떻게 살아왔는가. 코로나가 탈을 바꿔 써가며 우리들, 더 나아가 온 인류에게 옐로카드를 쥐어주고 여차하면 레드카드를 내밀 기세다. 코로나의 분노를 모두가 전혀 눈치조차 채지 못하고 다시 1년을 보내온 우리가 아니었나.

존 밀턴(John Milton)은 17세기에 이미 '실낙원(Paradise Lost)'

을 통하여 인간사회의 타락과 부조리와 탐욕 등으로 낙원이 사라진 비참한 그리고 깊숙한 지옥의 늪을 고발하였다. 밀턴은 실명 후에 실낙원을 쓰며 눈으로 본 세상이 아니라 마음으로 본 세상을 썼으리라.

여기에 같은 시각장애인 상황에서 밀턴의 주장에 주제넘게도 한 줄을 덧붙이고 싶다. 우리들이 뱀의 꼬임에 빠져 원죄를 짓고 이 고뇌의 땅으로 추방당한 것이 아니라 우리 스스로가 악을 좋아하여 선악과를 맛있게 따 먹고 다시 악이 그리워 낙원을 뛰쳐나와 사탄의 세계로 뛰어내린 것이라는 억지 주장 말이다. 갑자기 오늘을 함께 살아가는 모든 사람들에게 질문 하나를 던진다.

올 한 해 우리는 선했고 양심적이었던가를, 그리고 증오, 시기, 질투, 저주, 탐욕의 어리석음이 없었던가를 자문자답해 보라고 권한다.

석가모니는 극락에 도달하려면 방하착(放下着, Releasing the Attachments)을 수련하라고 가르쳤다. 모든 천한 것, 소유 욕망이 모두 다 죄업이니 모든 것을 포기해야 무념의 경지에 들 수 있고 그것이 극락(낙원)이라는 것이다. 응무소주 이생기심(應無所住 而生其心)에 행복의 길이 있다.

예수는 "좁은 문으로 들어가라, 진리가 너희를 자유케 하리라"라고 계명했다. 어렵고 힘들고 고통 받는 이를 돕는다는 것은 쉬운 일이 아니다. 자기를 희생하고 이웃을 위해 헌신하는 것이 모두가 어려운 일, 좁은 문이다.

그 좁은 문을 택하는 것이 바로 진리이다. 돈을 움켜쥐고 벌벌 떨며 어려운 고통 받는 사람들을 도와주지 못하는 것은 진리도 아니고 자유도 아니다. 한 줌 재물에 진리를 외면하는 것이야 말로 구속된 상태가 아닌가.

우리는 올 한 해 동안 좁은 문으로 들어가는 진리를 택하고 자유로웠는지 함께 반성해 보자고 권한다. 존 밀턴도 실낙원 속편으로 '복낙원(Paradise Regained)'을 남겼다. 그리스도의 인간적인 역할로서 인간이 견고한 성실과 신의 의지에 대한 겸손한 순종을 가지고 구원을 되찾을 수 있다고 설파했다. 잃었던 낙원이 인간의 마음속에 부활되는 것이라고…해가 바뀌는 어귀에 서서 새삼 시간의 개념을 명상해 본다. 시간이란 인간의 편의대로 짜 놓은 엄혹한 규정 아닌가. 그냥 산간계곡에 흐르는 물처럼 소리 없이 정처 없이 흘러가는 구름처럼 살면 됐지 구태여 시간이라는 틀 속에 매달려 아등바등 헛스윙, 헛발질로 삶을 낭비하지나 않았는지 반성이 앞선다. 지나가는 세월에 대한 반항인가 보다.

 그러나 올 겨울도 여느 때와 마찬가지로 12월의 정감이 알 수 없는 흥분을 일으키고 있다. 어쩔 수 없는 인간으로서의 갖가지 사연 깊은 추억들과 있을 법한 미래의 꿈을 그려본다.

 올해 따라 유난히도 정겨움에 더해 서글프게, 또 더하여 신묘하게 참으로 오랜만에 찾아온 '마지막 잎새'의 감회가 나만의 12월을 현란하게 장식하고 있는 것만 같다.

〈2021년 12월 12일〉

재외선거운동 규제는 막장 드라마

　최근 한국일보에 보도된 한국의 재외동포 선거법을 처음으로 읽어보고 깜짝 놀랐다. 국내 선거법과 다소 차이점이 있으려니 짐작은 했지만 이렇게까지 엄청난 규제와 제한이 있으리라고는 상상도 못했다. 그리고 어떻게 이런 악법을 안고 선거를 치러 왔는지 우리 해외동포들의 방관이나 무관심한 태도 또한 탄식이 나온다. 따라서 해외동포의 새해 첫 과제로 '선거악법 철폐' 운동을 권고하고자 한다.
　그 근거인 '제20대 대통령 재외선거 관련 한국 선거법 안내' 내용은 다음과 같다. "투표 참여를 독려하면서 특정 정당이나 후보자를 지지 추천하거나 반대하는 내용을 포함하는 행위" – 어떤 정당이나 후보자를 지지하지 말라니 아무도 비판하지 말고 평가하지 말고 깜깜이 투표를 하라는 얘기인가.
　"선거운동(지지, 반대) 발언을 하면서 확성장치를 이용하는 행위", "선거운동을 위한 집회를 개최하는 행위 및 야외집회에서 다수를 향해 선거운동 하는 행위" … 이쯤 되면 가히 인간의 자유를 원천적으로 속박하는 유치한 규제법이 아닌가. 집회도 막고 대통령 후보를 후원하기 위한 결사의 자유도 안 된다니 이 무슨 해괴망측한 행패인가.
　도대체 한국 정치권은 해외 동포들의 존재를 어떻게 인식하고 있는 건가. 미국 현지의 자유 분위기를 참작이라도 했는지 묻지 않을 수 없다. 이 법안 제정 과정을 누가 주도했는지, 동포들이 얼마나 참여를 했고 의사가 반영되었는지, 일방적으로 당하기만 한 형국이다. 앞에 열거한 규제조항 이외에도 조목조목 '안 된다'와 '하지 말라'가 줄줄이 나열돼 있다. 도무지 이따위 내용을 선거법이랍시고 만들어 발표한 저의가 의심스럽다. 재미동포 숫자는 대략 275만 명 그 중 유권자는 90여만 명으로 추산(국내 각 정당조사)한다.

현실적으로 불가능한 가상이지만, 만일 90만 표가 총 단결하여 한 정당 후보에게 표를 몰아줄 경우 충분히 당락을 좌우할 수 있는 겁나는 사태가 야기될 수도 있다. 이런 경우의 예방책으로 재외동포 투표를 유명무실화하려는 음모가 내재되어 있는 것은 아닌지 무지막지한 규제 내용에 말문이 막힐 뿐이다. 이럴 거면 재외동포들에게 참정권(투표권)은 왜 부여했는지 심히 혼란스럽다.

한국의 관계자들은 선거를 통해 동포사회의 분열과 불법, 금품거래 행위 등을 방지하기 위해 만든 법이라고 궁색한 변명을 늘어놓고 있다는 전문이다. 오히려 동포사회의 분열보다는 단결을 더 우려하는 건 아닌지 묻고 싶다.

세계 자본주의의 총본산 미국에 사는 우리에게 선거 금품거래 방지 운운하는 것도 아이러니컬하거니와 금품거래 행위를 어떻게 수사하고 적발하려는 것인지 속셈이 의아스럽다. 각 정당과 각 후보들을 지지하는 신문광고마저 아예 금지한다니 발상 자체가 가소롭다.

이스라엘과 일본 그리고 유럽 몇 개 국가에서는 오래 전부터 이중국적을 허용하여 해외동포를 통한 국가 영역을 확충해 가고 있다. 한국의 지금과 같은 선거규제, 악법 시행은 졸속 근시안적이며 해외동포의 자존심을 짓밟는 민족분열주의 처사라는 지탄을 면할 수 없을 것이다.

더 기가 막힌 일은 법을 어길 경우 영주권자들은 '여권 반납(압

수)'하고 시민권자들의 경우 한국 '입국 금지 가능'을 적시해 놓고 있다. 이 조항은 한미 양국 간의 외교문제로까지 번질 여지도 있다.

더하여 현지 선거 관리관 파견은 수많은 동포들이 자칫하면 선거사범(범법자)이 될 판인데 선거관리관이 상주하고 있다 하니 위압감마저 느껴진다. 과거 군사독재 시절에도 중앙정보부 요원들이 이렇게까지 노골적으로 동포 상대 공권력을 행사하지는 않았다. 이번 재외선거법은 해외동포들의 눈과 귀와 입을 막아버린 최악의 독재 수칙이다.

투표권은 국민의 가장 중요한 기본 인권이다. 동포사회 각 언론들은 물론 법조인들, 정계, 학계, 종교계, 각계각층의 지도자들, 나라를 사랑하는 재외동포들 모두 총 궐기하여 선거악법 철폐에 나서자고 주장한다. 우리 동포들은 국내 대통령 선거에 활발한 토론과 후보들의 정책, 비전 제시를 자유롭게 판단하고 지지할 권리가 있다. 악법을 철폐하라는 외침은 엄연한 대한민국 국민의 한 사람으로서 자존심과 자유를 지키자는 절규이다.

〈2022년 1월 6일〉

꼴찌에게 보내는 박수

　정치 지도자 손학규 씨가 지난 1월26일 대통령 후보직을 결국 내려놓았다. 그는 한국 정치의 험악한 탁류 속에서 한 줄기 청량한 명맥을 이어 온 소중한 존재였다. 뭔가 정치 무오류의 마지노선이 무너져 버린 것 같은 허탈감이 엄습해 온다.
　한국의 정치 환경이 양지 바른 '정토'가 아니고 쓰레기 배설물 가득한 '예토'라고 했던가…. 맑은 영혼으로 흔들림 없이 제 자리를 지켜오던 정치인 손학규의 도중하차가 새삼 우리 스스로를 되돌아보게 만든다. 문득 고려말 충신 정몽주에게 그의 어머니 영천 이 씨가 들려 준 시 한 수가 떠오른다.

"까마귀 싸우는 골에 백로야 가지마라.
성난 까마귀 흰빛을 새오나니
창파에 고히 씻은 몸 더럽힐까 하노라."

　정치권 전체가 타락의 하한선을 훨씬 넘어 부조리가 노도처럼 발호하는 그곳에 뛰어들어 30여년을 버텨 온 손학규. 그의 용기와 신념이 존경스럽다. 그는 줄곧 중도 진보 자유주의 노선을 지켜왔다. 극우정당에서의 이탈은 오히려 지조였고 정의였다.
　그러나 정치판은 윈스턴 처칠이나 미 앨라배마 주지사 월레스의 3

번 탈당 기록은 존경하면서도 일본 사무라이 의리를 들이대며 손학규의 탈당은 폄하했다.

천군만마 영웅이라며 그의 입당을 애걸하던 야당은 그를 영입하자마자 '경선'을 하자고 물어뜯기 시작했다. 이런 와중에도 손학규는 4선 국회의원, 제 1야당대표 3회, 보사부 장관, 경기도지사 경력을 쌓아 올렸다. 현재 손학규의 총 재산은 전세 보증금 2억 9,000만원에 마이너스 통장 한 개 뿐이다. 지하철, 버스를 타고 다니는 자랑스러운 청빈 정치인이다.

그의 학력은 서울대, 영국 옥스퍼드대(박사), 서강대 교수였다. 그가 도지사직을 수행하는 동안 경기도 경제성장 지수는 7.4를 상회했으나 당시 이명박 시장의 서울시는 2.3이었다. 그의 업무수행 능력과 출중한 지도력을 한 눈에 보여줬던 업적이다. 경기도 파주시의 50만 평 규모 LCD 공단도 그의 작품이다.

그가 대통령에 출마하겠다는 소식을 듣고 어느 재벌에서 거액의 정치자금을 현찰로 제시했으나 손학규는 "내가 이 자금을 받으면 다음에 너를 도와야 할텐데 그리되면 부정비리가 시작되는 것이 아닌가"라고 단호히 거절하여 의리까지 상했다는 일화는 지금도 회자되고 있다. 그가 금도를 결단코 굽히지 않은 것은 정치인으로서의 자존심을 생명처럼 소중하게 생각했기 때문이었을 것이다.

프란츠 슈베르트(Franz Schubert)의 '아베마리아', '송어(Trout)', '보리수(Der Linden baum)' 등을 격찬하는 음악가들은 "그의 물질을 초월한 영혼에서 이런 불후의 명곡이 나온 것"이라고 평가한다.

영혼이 맑은 정치인 손학규의 메시지는 '저녁이 있는 삶'이었다. 이 한 구절에 손학규의 국민사랑, 서민대중에 대한 철학이 짙게 배어있다. 그는 우리 정치사 최초로 100일 동안 민생탐방을 하였다. 수재, 화재, 재난민 구호 행사를 할 때마다 하도 열심히 실천하여 동료들이 진정성에 감탄했다.

그가 조지워싱턴대 연수시절 대학 사무처장(일본계 여성)이 한국에서 온 수강생들이 등록만 해 놓고 골프나 쇼핑 등으로 자주 결석을 하면 그들을 불러다 손학규 교수처럼 성실하게 출석하라고 충고했다는 모범사례가 지금까지도 전해지고 있다.

손학규 씨의 대선도전이 4번이라고 하지만 3번은 당 경선에서 좌절되었고 이번에는 무소속으로 나와 중도하차했다. 실제 정식 후보가 되어 국민들에게 정식으로 신임을 물은 기회는 사실상 한 번도 없었던 셈이다. 여류 소설가 박완서 씨도 그의 한 소설에서 꼴찌에게도 박수를 보내자고 격려한 적이 있다. 손학규 씨의 대선 중도하차에 격려를 보내야 한다.

우리 국민들이 손학규의 진면목을 발견하지 못하고 부조리 변칙에 취해 끝내 그를 잡아두지 못한 눈높이가 매우 아쉽다.

손학규 씨가 주요 움직임이 있을 때마다 북한 측이 핵실험, 연평도 포격 등 대형사건을 일으켜 번번이 관심을 가로채 갔던 우연의 일치(?)도 아쉬운 대목이다.

그가 대선 도중하차를 발표했지만 "정치를 끝낸다"라고 선언했는지는 확인하지 않았다. 손학규와 명운을 함께 해 왔던 송태호 씨(전 문체부 장관)를 비롯한 동지들께 심심한 존경과 위로를 표한다.

〈2022년 2월 8일〉

난세의 영웅, 젤렌스키 대통령

"난세에 영웅이 탄생한다"라고 했던가. 현대판 다윗과 골리앗의 싸움에서 한 사람의 영웅이 기적을 만들어 내고 있다. 일주일 정도면 함락되고 말 것이라던 모든 사람들의 예상을 깨고 막강 러시아가 되레 우크라이나에 밀리고 있다. 어찌된 셈인가. 우크라이나 대통령 블라디미르 젤렌스키의 고귀한 나라사랑이 이끌어 낸 '신비의 힘' 때문이라고 판단한다. 그는 패할 것을 예측, 미국 정부가 국외로 피할 것을 종용했으나 딱 잘라 거부했다. "대통령인 나에게 어디로 가라는 말이냐. 나를 피신시킬 자금 대신에 총탄을 보내달라"라며 국가수호 결의를 다졌다.

그의 용단에 감동되어 우크라이나 국민들은 물론 전 세계로부터 열렬한 지지와 후원이 답지하고 있다. 심지어 러시아 정권 내부도 동요, 강경파와 온건파의 마찰로 푸틴 대통령의 권좌가 위태롭다는 소문도 파다하다. 러시아 국민 80%가 전쟁을 반대한다는 여론 조사도 있다.

'사랑'은 언제나 인간과학의 능력으로 계산해 낼 수 없는 힘을 가졌다는 진리를 젤렌스키 대통령이 몸소 증언하고 있다. 거대한 괴물, 불의는 작은 먹잇감(정의) 일지라도 결코 압도할 수 없다는 교훈을 지금 전 세계가 확인하고 있는 중인 것만 같다.

젤렌스키 한 사람의 나라사랑 모범에서 우리는 국가 지도자 한 사람의 살신성인(殺身成仁), 솔선수범이 얼마나 그 나라에 중요한 영향을 미치는가를 목격하고 있다. 만일 젤렌스키 대통령이 일신의 안전을 위해 해외로 구명도생했더라면 우크라이나도 점령당하고 국민들도 뿔뿔이 흩어져 버렸을 것이 아닌가.

지난 1950년 6.25 전쟁이 터졌을 때 당시의 잊혀진 실화 한 토막. 북한의 남침으로 남한 전역이 거의 함락 위기에 처했을 때 미국은 이승만 대통령에게 재일동포가 많이 사는 오사카로 피신할 것을 권유했었다. 그러나 이승만 대통령은 "나더러 왜놈들 땅에 가서 망명정부를 세우라니 나는 진해 앞바다에 빠져 죽을지언정 대한민국을 지키겠다"라고 호통 치며 단호히 거절했다.

그의 결연한 민주주의 국가체제 수호의지에 감동한 우방국가들이 더욱 분발, 북진을 시작하는 계기를 만들었다. 이승만의 애국심은 국민들의 반공의식을 한껏 고취시키고 800여만 명에 이르는 북한동포가 남한으로의 피난길에 오르는 기회를 이끌어 냈다.

또한 미국 측도 이승만 대통령으로부터 휴전협정 승인을 받아내는 조건으로 1953년 '한미상호방위조약'에 서명을 하게 되었다. 장기집권 탐욕으로 180여 명의 학생이 희생당하고 4.19 혁명을 초래해 망명길에 오르는 쓰라린 오점을 남긴 이승만. 그래도 그의 민주주의 대한민국을 지켜낸 숭고한 업적만은 아무도 지워낼 수 없을 것이다. 아직도 많은 국민이 그를 추모하고 있다.

한편 무능한 지도자로 나라를 궁지에 몰아넣었던 본보기로는 조선 14대 왕 '선조'를 꼽는다. 선조는 등극 초 호남의 학자, 양민 1,000여 명을 학살(?)한 '기축옥사'를 저질렀다. 신하들의 상소를 외면하여 '임진왜란'을 예측하지 못했다. 정작 왜구의 침략이 시작되자 겁을 먹고 도망, 보름 만에 국경 의주까지 피신, 명나라에 구원을 요청했다. 왜군이 한양에 들어온 것은 선조가 경복궁을 비우고 도망간 7일 후였다.

　전란 중에 명장 이순신을 좌천, 하옥시키는가 하면 간신배들의 말만 듣고 사사건건 결단을 못 내리는 리더십 제로의 인물이었다. 그 이후 조선은 쇄락의 길로 접어들었다.

　또한 1962년 소련이 미국 플로리다 바다 건너에 유도탄(미사일) 기지 건설을 시도하자 미국이 격노, 당시 존 F 케네디 대통령이 소련 측에 엄중 경고장을 보냈다. 당장 유도탄 기지를 철거하지 않으면 전쟁을 일으키겠다고 통보했다. 전 세계가 3차 대전, 나아가 핵전쟁이 촉발될지도 모른다는 위기감에 빠져들게 되자 마침내 소련 수상 니키타 후르시초프가 굴복, 유도탄 기지를 철거하고 말았다. 케네디 대통령의 용감한 결단에 전 국민이 환호했다.

　막강한 군사력으로 수많은 생명을 무차별 살해하며 침략해 들어오는 푸틴 대통령에 맨 몸으로 정면에 서서 의연하게 사명을 다하고 있는 젤렌스키 대통령의 분투가 존경스럽다. 양국 협상 진행 상황을 보면 러시아가 완전 물러 설 기미도 보인다. 고위 공무원 70%가 병역 미필자인 게 한국의 정치계다. 항전하고 있는 젤렌스키 대통령에게 아낌없는 박수를 보낸다.

〈2022년 4월 3일〉

삶은 봄을 기다리는 것

그윽한 풀내음이 영혼을 정겹게 흔들어 오는 계절이다. 알게 모르게 봄을 희망으로 포옹하고 살아가는 지혜를 터득했나 보다. 외로울 때 슬프고 괴로웠던 그 나날들에 버릇처럼 봄을 흠모해 오지 않았던가.

봄은 확실하게 삶의 의욕을 잉태하고 꿈을 그려보게 만든다.

프랑스 어느 작가는 '인생은 기다림'이라고 했다던가. 어른이 되기를 기다리고, 학교 졸업을 기다리고, 가정을 이루고 번영을 기다리고… 그런 정도 작가의 서술이었는데 여기에 "삶은 봄을 기다리는 것"이라고 덧붙였더라면 화룡점정(畵龍點睛)이었을 텐데….

겨우 내내 봄을 기다렸던 꽃들, 더그우드(Dogwood), 라일락(Lilac), 매그놀리아(Magnolia, 목련)가 흐드러지게 핀 거리를 산책하며 행복감을 만끽한다. 아! 어김없이 봄이 돌아왔구나. 얼어붙었던 땅을 소리 없이 뚫고 솟아오른 새싹들과 앙상했던 나뭇가지에서 신념처럼 피어난 꽃과 잎사귀들로부터 생동감이 젖어온다. 봄이 소리 없이 안겨온다.

예수가 무덤에서 일어선 부활절이 4월인 것도 우연이 아닌 것만 같다. 혹독한 겨울 시련으로부터 하느님을 믿고 봄의 기운을 받아 새 삶을 지향하라는 뜻 깊은 가르침이 느껴진다.

봄은 화려하고 온유하지만 한편으로는 완강하고도 근엄한 도식을 권유한다. 미술사의 거장 미켈란젤로는 어느 봄날 겸손을 절감했다. 그는 온갖 육체적 고통을 이겨내며 세계적인 평화로 관광객이 줄을 잇고 있는 시스티나 성당 천장화를 완성하는데 꼬박 4년 9개월이 걸렸다. 작품을 완성한 어느 봄날, 모처럼 성당 문밖으로 나와 눈부신 벌판을 바라보던 그는 말없이 다시 성당으로 들어가 제자들의 부축을 받고 사다리에 올라 누워서 자신의 천장화에 쓰인 사인(이름)을 지워버렸다.

의아해하는 제자들에게 그는 "창조주께서는 천산만야(千山萬野) 기화요초(琪花瑤草) 불세출의 봄 풍광을 만드셨는데 내가 그림 한 장 그렸다고 이름까지 써 놓다니 교만이다"라며 겸손을 보였다.

'중용'의 도를 주장한 '장자'가 '호접몽(胡蝶夢)'을 체험한 것도 어느 봄날이었다. 그는 꿈속에서 스스로가 호랑나비가 되어 밤새도록 갖가지 꽃을 찾아 날아다녔다. 이 꿈을 꾸고 나서 그는 지금 내가 살아 있는 것이 이승(현실)인지 나비가 되어 꽃밭을 날아다녔던 꿈속이 참 나인지 모를 일이라며 물화(物化) 절대 환상을 토로했다.

심오한 봄의 의미는 인간들에게 '인생 일장춘몽(人生一場春夢)'이라던가. 더 나아가 남가일몽(南柯一夢), 가벼운 숙제들을 만들어 내 왔다.

봄은 또한 사랑의 계절이다. 열광으로 불타는 여름철만 계속된다든가, 온기 없이 폭풍 설한에 세상을 묻어버리는 겨울철보다 온유한 정감이 넘쳐흐르는 봄이 더 좋다. 봄은 자연스레 사랑을 밀어온다.

"연분홍 치마가 봄바람에 휘날리더라~",

"건너 마을 젊은 처자 꽃 따러 오거든, 꽃만 말고 내 마음도 함께 따 가주…"

성격 급하고 다정스럽지 못해 번번이 연애에 실패했던 루트비히 베토벤(Ludwig Van Beethoven)도 이른 봄 알프스 산자락에 피어나는 야생화 '아델라이데(Adelaide)'를 보고 떠나버린 첫사랑 소녀를 연모하여 곡(베토벤 아델라이데 op.46)을 남겼다.

"봄날의 들판을 거닐면 아름다운 누리가 모두 아델라이데를 찬양한다"고 아델라이데라는 여성을 향한 정열이 넘친 찬가라 한다. 일반적으로 그의 작품들은 선이 굵고 장엄하지만 아델라이데만큼은 매우 애잔하고 섬세한 멜로디로 이어진다. 봄을 타고 온 사랑은 우아하고 신비한 마력이 있는 것 같다.

우리가 살고 있는 지구에는 올해에도 어김없이 봄이 찾아와 사랑과 평화를 권유하고 있는데 우리 인간들은 이렇게도 성스럽고 거룩하고 위대한 봄을 어떤 자세로 받아들이고 있는가.

시인 이상화는 일제 식민지 탄압에 저항하며 "빼앗긴 들에도 봄은 오는가"라고 탄식했다. 한반도는 북한의 핵무기 협박 난동, 남한의 정치인들의 분열, 혼란으로 저절로 춘래불사춘(春來不似春) 탄식이 나온다. 독재정치로 엄혹했던 시절 읊었던 '서울의 봄'을 또다시 부르게 되는 것은 아닌지 현란한 이 봄, 기우(杞憂)가 앞서 유감이다.

〈2022년 4월 14일〉

저항시인 김지하 미니 평전

새벽별처럼 빛났던 저항시인 김지하가 도솔천을 건넜다. 우리 현대사의 격변기에 상징처럼 투혼을 발휘했던 민족시인 김지하, 그의 별세가 마음 한편을 허허롭게 만든다.

김지하는 나의 중동고등학교 1년 후배 동문이다. 본명은 김영일이다. 6.3 굴욕 한일협정 반대운동 때 다시 만났다가 내가 미국에서 17년간의 망명생활을 끝낸 후 해후하게 되었다. 김지하의 막내 외삼촌(서울대 미학과·연극 연출가·국립해오름극장장)도 나와 막역한 친구 사이다.

김지하의 아버지 김맹모 씨는 빨치산이었다가 전향한 인물이다. 김지하 본인도 가까운 친구들에게 아버지의 과거를 실토했고 글을 통해 공개한 적도 있다. 목포 출생 김지하가 어릴 적에 아버지 김맹모는 원주로 이사를 했고 그도 원주 중학교를 다니다 다시 서울의 중동고교에 진학하게 되었다. 아버지 김맹모는 말년에 서울 종로구 '명륜극장' 영사 기사로 또 영화 간판을 그리며 말년을 보냈다.

외삼촌 정일성 씨는 김지하에게 상당한 영향을 준 인물로 미국에 와 디트로이트에 살면서 동포들을 상대로 잠시나마 반정부 활동을 한 바 있다. 정일성에 의하면 김지하의 아버지는 젊은 시절 '유랑극단'을 이끌고 만주 등지까지 순회공연을 하기도 했던 재사다. 어머니 정금성 씨는 이태영, 이희호 여사 민주화 운동 때 가끔 이름을 올리기도 했다.

　서울대 미술대학 미학과가 문리대로 편입되면서 김지하의 천재적 기재가 날개를 달았다. 김지하는 대학시절 심하게 폐병을 앓았다. 친구 송철원(서울대 정치과, 한국영상기록원장)의 부친 송상근 박사(철도병원장)가 그를 입원시켜 치료를 받게 했다. '박정희 군사정권 반대', '한일 회담 반대' 집회 때마다 김도현(전 문화체육부 차관), 김지하가 주로 성명서를 써냈다.

　김지하와 가장 가까웠던 송철원에 의하면 교우 우학명(2008년 사망)의 자택에서 김정남(전 청와대 교문수석), 박재일(우리밀 살리기 운동 대표), 송철원 등이 비밀리에 모여 군부 반독재 성명서를 작성하다 발각돼 모두 구속당한 사건이 있었다.

　김지하는 용케 피신을 하였고 대신 아버지 김맹모가 중앙정보부에 끌려가 지독한 고문을 당했다. 이 사실을 알게 된 김지하가 크게 분노, 판소리 형태의 담시 '오적'을 쓰게 된 동기가 되었다.

　김지하는 미술에 대한 재능도 탁월했다. 여러 차례 난(蘭)을 그려 전시회를 열었고 언론들로부터 흥선 대원군의 '난' 그림과 비교될 정도라는 평을 받았다. 그는 독서량이 엄청났다. 철학, 종교, 역사, 문학, 예술 모든 분야에서 동서양을 넘나들며 막힘이 없는 경지에 도달한 인물이었다.

　담시 오적은 발표되자마자 김지하는 반공법으로 구속되고 이를 실었던 '사상계(발행인 부완혁)'는 즉각 폐간 당했다. 그 이후 김지하는 오적과 비슷한 형태의 담시 '비어(蜚語)'를 발표하여 또 한 번 박정희 정권에 충격을 가했다.

　그리고는 '오적'과 '비어'가 처음으로 공개 발표된 것은 해외 최초 반독재 민주화 운동 신문 '한민신보(발행인 정기용)'이었다. 당시 '오적'은 윤보선 전 대통령 부부가 워싱턴 방문 길에 원본을 밀반출, 정기용 발행인에게 직접 전달하였다. 전달 과정에는 윤보선 대통령의 조카 윤혜구 씨(재미, 외대 총학생회장 출신)의 역할이 있었다.

김지하 씨가 한민신보에 격려 메모와 함께 보낸 중동고교 모자를 쓴 명함판 사진은 그가 민청학련 사건으로 다시 투옥됐을 때 사건의 전말과 함께 보도된 바 있다. 민청학련 사건은 김지하가 학생들을 선동한 배후 조정 인물로 지목돼 구속된 사건이다.

소크라테스가 로마 황제의 사약을 받게 된 죄목은 요약해서 표현하자면 '청년의식 선동죄(?)' 같은 허무맹랑한 혐의였다. 김지하는 결코 굽히지 않고 시를 썼다. '남(南)', '나의 어머니', '별밭을 우러르며', '중심의 괴로움', '흰 그늘' 등 시집을 남겼다. 처음부터 끝까지 백성을 사랑하고 독재 권력의 심장에 비수를 꽂는 절절한 감동으로 이어진 글들이다.

> 황톳길에 선연한 / 핏자국 핏자국따라
> 나는 간다 애비야
> 네가 죽었고
> 지금은 검고 해만 타는 곳… (시 황톳길에서)

김지하의 저항은 수천 년간 시달려 온 우리 민족과 군사 정부의 민중탄압, 자본가들의 착취 횡포에 대한 처절한 고발이었다. 전 세계 문인들은 김지하를 주목했다. 그를 선구자로 존경하며 상을 주었다. 박 정권의 공작으로 노벨상은 후보로 좌절됐지만 정지용 문학상, 만해 문학상, 아시아 아프리카 작가회의 로터스 특별상, 브루노 크라이스키 인권상 등을 수상했다. 천주교 원주 교구장 지학순 주교는 늘 김지하의 든든한 후원자였다.

몇 해 전이던가. 김지하는 만고풍상 오랜 시련에 쇠잔해진 모습이었다. 언어도 어눌해지고 몸짓도 부자연스러웠다. 장모인 '토지'의 작가 박경리와 부인 김영주와는 박정희, 박근혜 부녀 대통령에 대한 정치적 견해 차이로 상당한 갈등을 빚어온 것으로 알려졌다.

"죽음의 굿판 당장 걷어 치워라"는 글은 운동권 젊은 세대의 '아픈 용맹'을 선의로 저지하려던 것이다. 물과 피 모두 생명 존재의 요건이지만 피를 물처럼 흘려선 안 된다는 진리를 충고한 것이다. 그가 투신, 분신자살 유행 앞에 찬양 시를 썼어야 옳았단 말인가.

시인은 시인으로 존중해 줘야 하는데 김지하 같은 영웅 시인을 진보니 보수니 하는 저울대 위에 올려놓고 재판을 하려 드는 소인배들의 아량이 원망스럽다. 김지하는 남북 역대 정권으로부터 줄곧 회유를 받아 왔지만 끝내 문학의 영역을 벗어난 일이 없다.

첼리스트 파블로 카잘스, 최고의 화가 피카소가 완강하게 프랑코 총독의 독재와 바르셀로나 독립운동 탄압을 해외에서 격렬하게 규탄했지만 스페인 국민들은 결코 그들을 변절자니 배신자이니 모략하지 않았다.

우리는 말년의 김지하를 외롭게 하지 않았나. 모두가 반성해 볼 일이다. 우리나라가 어둠에 빠져들며 혼미해질 때 김지하가 새벽별이 되어 다시 사람들이 그의 뜻을 되새길 것만 같다.

나는 5월 8일, 멀고도 가까웠던 동지 김지하의 비보를 듣고 서둘러 원주 가톨릭 병원 영안실로 조화를 보냈다. 할 말이 많지만 지면 관계로 여기서 줄인다.

〈2022년 5월 19일〉

북핵 칼럼에 대한 설왕설래

'7.4 공동성명과 북핵 파장', '북핵 보유 반대 이유' 칼럼이 연이어 워싱턴 한국일보에 게재되자 다양한 반응이 쇄도했다. 격려, 반론, 갖가지 설왕설래(說往說來)를 정리해 내외 국민의 북핵문제나 분단 현실에 대한 눈높이를 가늠해 보았다.

〈의견〉 북한의 핵 보유가 국제적으로 공인받으면 통일 이후 우리 모두의 것이 되는 것 아닌가.
〈응답〉 북 정권의 상투적 변명이다. 남북 어느 쪽도 핵무장을 해서는 안 된다. 핵 보유 집착은 '평화통일' 원칙에 정면으로 위배되는 주장이다.

〈의견〉 북한은 미국이 먼저 경제 제재를 풀면 핵을 포기하겠다고 한다.
〈응답〉 북미 간 상호불신이 너무 깊은 것이 문제다. 북한이 영변 핵 시설을 폐기한 것이 얄팍한 연극인 것이 들통 났다. 김정은-트럼프의 하노이 회담에서 영변 이외의 비밀 핵 시설(5곳)을 추궁하면서 불신이 더욱 심화되었다.

〈의견〉 북한은 자위권 차원에서 핵무기를 보유하는 것이라고 설명

한다.

〈응답〉 아무도 북한에 핵 공격을 시도한 적이 없고 필요성을 강조한 일도 없다. 어느 편도 핵전쟁이 발발하면 공멸이요, 전 국토 폐허화가 불 보듯 빤한데 그런 발상을 하겠는가. 자위를 빙자한 핵 집착은 국제질서를 벗어나 인민들의 자유화 열망을 짓밟고 영구집권 토대를 구축하려는 음모전술이다.

〈의견〉 북한은 남한에 미국이 주둔해 있고 핵 항모가 수시로 한반도 주변을 항해하며 바로 지척인 일본 '가데나', 오키나와 기지에 핵무기를 비축하고 있으니 남한도 핵을 보유하고 있는 것이나 다름없다고 항변한다.
〈응답〉 북한은 소위 피로 맺은 형제국(혈맹)이라며 중국과 '조중우호조약'을 맺고 있다. 북한과 국경을 맞대고 있는 중국도 다량의 갖가지 핵무기를 보유하고 있다.

〈의견〉 북한의 핵무기 개발은 우리 민족의 우수성을 세계에 과시하는 계기인 것도 사실 아닌가.
〈응답〉 다소 자만에 빠진 허풍으로 들린다. 지금 한국의 컴퓨터 전자산업 상품들이 전 세계를 누비고 있다. 한국산 초음속 전투기, 탱크, 군함 등을 각국에서 다투어 구매하려 한다. 핵 연료 원자로 수출은 이미 오래된 일이고 얼마 전에는 한국이 쏘아 올린 우주선 '나로호'가 지구 상공을 돌고 있다. 민족 파멸을 초래할 수도 있는 불행의 씨앗 핵무기를 만들며 선진과학 운운하는 것이 가소롭다.

〈의견〉 북한의 핵 보유는 중국과 러시아가 배후 조종한다는 관측이 있다.

〈응답〉 중국과 러시아가 가장 경계하는 것이 한국, 대만, 일본의 핵무장이다. 그들이 북한의 핵무장을 종용하여 그런 불안을 초래하는 어리석은 짓을 할 리가 없다. 중, 러의 북한 핵무기 배후 협력은 북 정권 지지 세력의 교란 선동일 뿐이다.

〈의견〉 북한은 남한이 사대주의이며 미국의 식민지라고 비난한다.
〈응답〉 먹혀들 수 없는 생 날조 모략이다. 해방 이후 미 군정청이 남한을 통제하고 있을 당시를 떠올리면 어느 정도 근거가 있는 주장이었다. 그러나 지금은 명실상부한 유엔 정회원 독립국이다. 우리 스스로가 민주주의 체제로 대통령을 선출하고 의회주의, 시장경제 원리로 나라를 운영하고 있다. 외교, 국방문제도 미국과는 협력과 협상 관계이지 종속관계는 아니다. 오히려 북한이 수령 절대주의를 유지하기 위해 대 중국 사대주의적 굴종 상황을 번번이 노출하고 있다.

〈질문 다수〉 당신(필자 정기용)이 지향하는 남북 상황은 어떤 것인가.
〈응답〉 남북 서로가 압도하려는 야망을 버려야 한다. 동등한 입장에 서서 한 걸음씩 합의를 도출해 나가는 지혜가 필요하다. 서로를 제압(점령)하려 들거나 우위를 차지하려 들면 반드시 충돌이 일어나기 마련이다.

북한이 국제사회 질서에 진입하여 정상적인 국가로 공인받는 것이 첫 번째 순서이다. 북한이 모든 국가가 반대하는 핵무기를 고수하려는 것은 고립을 자초하는 길이며 통일을 안 하려는 역행이다. 남북 모두가 반드시 통일을 이룩하려는 의지가 결여돼 있다. 통일이란 과제에 부담을 느끼고 분단 고착화를 주장하는 반민족적 이기주의를 용납해선 안 된다. 나는 박정희 시절의 7.4 공동성명이 가장 훌륭한 통일과업의 교본이라고 믿는다.

　북한은 김대중의 '연방제'와 '햇볕정책'에 호응, 대화의 문을 연 적이 있다. 남북이 연방제로 정치, 경제적 균형을 이룰 때까지의 완충기를 갖는 것이 순리일 것이다.

　남북, 상호존중을 보장하는 정책이라고 판단된다. 물론 북미 간의 깊이 파인 불신 해소가 필수선결조건이다. 어느 편으로든 기울어진 통일은 다시 비극을 불러올 공산이 크다. 전 세계에 분단국가는 단 하나, 남북한뿐이다. 생각할수록 가슴 아픈 일이다.

〈2022년 7월 24일〉

잠 못 이루는 윤석열 대통령

윤석열 정부의 국정평가 지지율이 내리막길(28%)을 보여 충격을 주고 있다. 새 정권 집무 3개월이 채 안돼 이렇게 민심을 잃어가고 있다니 큰일이 아닌가.

윤석열 대통령 취임식 공연 제2부 마지막 곡이 하필이면 푸치니(Puccini) 작곡 오페라 투란도트(Turandot) 중 '공주는 잠 못 이루고(Nessun Dorma)'를 불러 왠지 답답하고 불길한 예감이 밀려왔었다.

어느 나라를 막론하고 민심 동향은 조변석개(朝變夕改)라고 하지만 우리 국민의 풍조야말로 특히 요사스러운 것 같다. 임기 시작도 안한 당선자를 놓고 무능 유능을 저울질하고 보름도 안돼 여론조사로 법석을 떨었다. 심지어는 차기 대통령 후보들을 올려놓고 여론몰이까지 하는 등 저질 정치문화가 일상화돼 버린 지경이다. 당선 축하, 협조 대신 공격, 트집잡기부터 시작하는 게 우리 사회다.

신임 윤 대통령은 전 세계가 경제난을 치르고 있는 시기에 취임했다. 세계는 고금리, 고환율, 고물가에 시달리고 있는 중이다. 국민들은 생활이 어려워지면 무작정 정부부터 원망한다. 신임 윤 대통령에 대한 국민의 우려는 경제문제에서보다는 리더십에서 시작되는 것 같다. 그에 대한 국민들의 지적은 '소통 능력 부족'이다. 소통 능력은 지도자가 갖춰야 할 필수 덕목이다. 윤 대통령은 인사문제로 크게 비난을 받고 있다. 당연히 속속들이 잘 아는 사이 즉 정치철학과 소신 성향이 같은 인물을 선택하다 보면 대상이 측근일 수밖에 없다. 오히려 일면식도 없는 생면부지의 인물을 임용해야 한다는 논리가 불합리한 주장이 아닌가. 이런 반론 대신 "전 정부에서는 안 그랬느냐", "더 잘난 사람 나와 봐라" 라는 식의 변명에서 그의 소통 미숙이 드러난다. 물론 부정비리, 음주운전, 관명 사칭, 뇌물수수 따위의 전력이 있는 자들을 등용하는 것도 절대 금기 사항이다. 윤 대통령이 반성해 볼 내용일 것이다. 행정안전부의 경찰국 신설, 교육부의 만 5세 어린이 초등학교 입학 사항도 충분히 긍정적인 면이 있다. 그러나 사전 여론 수렴이나 토의도 없이 불쑥 확정, 방침처럼 공표하여 반대 의견이 불만, 비난으로 증폭되고 있다. 독선으로까지 비친다. 민생을 직접 단속하는 경찰이 무소불위의 공권력을 행사하게 될 경우를 상상해 보라. 경찰권 견제 정책은 매우 타당성 있는 조치이다.

윤 대통령의 도어 스테핑(출퇴근 문답·회견)은 나라를 이끄는 국가 제1인자의 대국민 소통 방법이 아니다. 본인의 저의는 십분 이해가 되지만 매일 출퇴근 때마다 기자들과 대화를 나누면 말이 많아지고 무게감이 떨어지고 진담과 잡담, 사담, 농담이 뒤섞여 말실수를 생산하게 마련이다. 주변에서 모두들 도어 스테핑에 집착하지 말라는 의견이다.

대통령의 일거수일투족은 모두 공개념으로 해석된다. 공과 사가 딱 부러지게 구분되지 않으면 당장 국민들의 비난이 쏟아진다. 부인 김건희 여사에 관한 갖가지 잡음도 없어야 한다. 너절한 개인 일탈, 무분별 매너, 월권 등으로 소문이 난다면 이건 대통령 위신이 손상되는 일이 아닌가.

윤 대통령은 자신이 어떤 위치에서, 무엇을 위해, 무슨 목적으로,

무엇을 하는 존재인가를 냉철하게 한 번 더 통찰할 필요가 있다. 현 주변 상황을 포함해서다. 지금 문재인 정부가 임명한 58명이 되는 장차관급 인사들이 법적 임기를 구실로 물러나지 않고 있다. 윤 정부와 반대 노선을 걸어왔던 전 정부 인물들인 만큼 윤 정부 진로에 지뢰가 깔려 있는 셈이다.

야당 박홍근 원내 대표는 국정연설에서 시장 언어를 인용해 '대통령 탄핵'을 여러 차례 언급했다. 비판 세력은 새 정부에 협조하려는 자세보다 오히려 잘못하기를 기다리고 있는 분위기라는 것을 실감해야 한다. 정적 이재명 의원은 단군 이래의 괴물 부정비리 수사를 정치 보복이라며 덮어씌우기를 하고 있다. 이런 사건을 그냥 덮고 지나가면 국가 정의가 나락으로 떨어진다. 이재명 의원이 고발 당해 있는 40여 개의 사건들이 투명하게 발본색원 될 때 윤석열은 국민의 신뢰를 회복하고 열화와 같은 갈채를 받게 될 것이다.

여당의 추잡한 내홍에도 칼을 빼 들어라. 문자 메시지 같은 얄팍한 수단으로 해결하려 들지 말고 대통령답게 큰 획을 긋는 결단을 내려야 한다. 다수의 국민은 전면적인 정계 개편, 인사쇄신, 국정쇄신을 주도할 수 있는 중도지향의 제3세력 출현을 갈망하고 있다. 이 나라가 일부 정상배들의 놀이터가 돼서는 절대 안 된다.

〈2022년 8월 7일〉

■ **맺음말**

　영원히 금기시 되어 오던 비밀들의 빗장이 풀리고 비로소 햇빛을 보게 되는 시간이 온 것 같아 만감이 밀려든다.
　박정희 군사독재 시절, 해외에서의 민주화운동에 관한 뉴스는 전혀 국내로 전달이 불가능했다. 요즈음처럼 인터넷이나 소셜 미디어를 비롯한 각종 전파매체 전달 수단이 없던 때여서 은밀한 입소문이나 암호처럼 풀어서 읽어야 하는 손 편지 따위로 해외투쟁 내용이 겨우 국내로 전달되는 정도였다. 뉴욕타임스나 워싱턴 포스트 같은 주요 언론 매체의 한국에 관한 기사들은 삭제를 당하거나 철저한 검열, 감시, 통제 과정을 밟아야 했던 그런 때였다.
　박정희 군사독재 정권에게 가장 큰 영향력을 가진 것은 미국 정부였다. 백악관이 소재한 워싱턴에서 한국 동포들의 격렬한 민주화운동, 반독재 투쟁이 계속 되는 것은 박 정권의 목에 걸린 가시처럼 커다란 장애물이었을 것이다. 박 정권의 해외 민주화운동 인사들에 대한 직간접의 협박이나 방해공작은 집요했고 점점 더 노골화되어 미국 정부와 종종 충돌까지 빚어지기도 했었다.
　해외에서의 민주회복 반정부 투쟁은 박 정권의 압력이 가중될수록 저항의 불길이 오히려 더 거세게 타올랐다. 그 때의 그 격렬했던, 결코 굽히지 않고 싸웠던 사연들, 그 장엄한 역사가 40여년이 지난 이제야 이 책을 통해 비로소 빛을 보게 되었으니 벅찬 감격이 아닐 수 없다.

　이 책을 써내려가며 겸손하려고 노력했다. 마치 민주화운동을 책의 저자 정기용이 혼자서 주도했던 투쟁인 것처럼 오해하는 독자들이 없기를 바란다.

　저자 정기용은 해외에서 한국의 민주회복을 주장하며 최초로, 그리고 제일 오랜 기간 운영했던 〈한민신보〉의 발행인이자 주필, 편집, 취재기자를 두루 담당했던 장본인이었다.

　김대중, 김재준 박사(한국기독교장로회(기장) 설립자, 목사), 김상돈(초대 민선 서울시장), 임창영(전 유엔 대사), 전규홍(초대 서독 대사), 로광욱 박사(의사) 등 원로들과 최석남 예비역 장성, 이용운 해군 제독, 학계의 동원모 박사, 조웅규 박사 등과 청년학생 층의 마동성, 고의곤 등을 규합하여 한민통(한국민주회복통일촉진국민회의)을 창립, 출범시켰다.

　저자 정기용은 당시 중년의 나이로 원로들과 청년학생들 사이에서 교량 역할을 맡아 행동의 폭이 클 수밖에 없었다. 책 내용에 정기용 이름이 자주 등장할 수밖에 없었던 점을 독자 여러분이 양해해 주시길 바란다.

　이 책은 사실상 저자 한 사람이 아니고 함께 민주화 반독재 투쟁을 했던 수많은 동지들이 함께 엮어낸 작품이라고 주장하고 싶다. 이 책을 함께 투쟁했던 동지들, 먼저 세상을 떠난 원로 지도자들의 영전에 바친다.

　책 발행에 헌신적으로 협조해준 이종국 한국일보 워싱턴 편집국장에게 깊이 찬사를 전한다. 또한 샌프란시스코 동포사회의 원로 지도자 박희덕 선생과 워싱턴 역사상 첫 1.5세 한인회장(2011-2012)을 역임한 최정범 동지의 격려에도 감사를 전한다.

이창재 미네소타 한인성당 부제(Deacon)는 한때 한국민주혁명을 함께 조직하고 활동한 바 있는 민주투사이자 통일운동가다. 이 선배의 많은 충고에 감사드린다. 강릉대학교 초대 학장 정기성 박사(경주 정씨 양경공파 종친회장)의 갖가지 조언에도 고마움을 전한다.

책 제목 〈영원한 사랑, 대한민국〉은 평소 존경하는 김정남(전 청와대 교문 수석) 선생의 고견을 참작했다.

그리고 아내 이문자 씨의 헌신적인 도움을 잊지 않고 이 책 발행의 보람과 기쁨을 함께 하고자 한다.

2023년 2월

저자 적음

―〈참고〉―
한민신보 열람은 대한민국 국회도서관, 김대중 도서관, 미국 의회 도서관, 6.3동지기념사업회에서 할 수 있다.

정 기 용

- 1940년 서울 생
- 동국대 정치학과 재학 중 6.3시위 주도
- 65년 도미해 링컨대학교서 수학
- 71년 반독재 민주화 신문인 〈한민신보〉 창간해 16년간 운영
- 한국민주회복통일촉진국민회의(한민통) 창립 멤버로 홍보위원장 역임
- 80년 광주민주화운동 시 백악관 앞서 89일간 단독시위
- 88년 윤길중 민정당 대표 보좌역(비서실장)
- 1990년 한국서민연합회 조직해 2006년까지 회장 역임
- 95년 서울시장 출마
- 현 자유광장 대표

- 010-3182-2788(서울)
- 1-571-326-6609(미국)

영원한 사랑 대한민국
– 한민신보 발행인 정기용의 해외민주화운동 비망록

펴낸날 | 2023년 3월 25일
지은이 | 정기용
펴낸이 | 박상영
펴낸곳 | 도서출판 정음서원
주소 | 서울특별시 관악구 서원7길 24, 102호
전화 | 02-877-3038
팩스 | 02-6008-9469
신고번호 | 제 2010-000028 호
신고일자 | 2010년 4월 8일

ISBN | 979-11-972499-9-0
정가 | 25,000원 (25US$)
ⓒ정기용, 2023

※ 이 책은 저작권법에 의해 보호를 받는 저작물이므로
   저작권자의 서면 허락 없이는 무단 전재 및 복제를 할 수 없습니다.
※ 잘못된 책은 바꾸어 드립니다.